AF503711

HISTOIRE

DE

BOULOGNE-LA-GRASSE

ET DES

AUTRES PAROISSES

ÉRIGÉES SUR LES TERRES DE LA TERRIÈRE

Données par Clotaire III et Se Bathilde à l'Abbaye de Corbie, en 662.

Ouvrage couronné par la Société des Antiquaires de Picardie, en 1886.

L'ABBÉ MARTIN-VAL

COMPIÈGNE

IMPRIMERIE A. MENNECIER

17, Rue Pierre-Sauvage, 17

—

1891

HISTOIRE

DE

BOULOGNE-LA-GRASSE

HISTOIRE

DE

BOULOGNE-LA-GRASSE

ET DES

AUTRES PAROISSES

ÉRIGÉES SUR LES TERRES DE LA TERRIÈRE

Données par Clotaire III et S^e Bathilde à l'Abbaye de Corbie, en 662.

Ouvrage couronné par la Société des Antiquaires de Picardie, en 1886.

L'ABBÉ MARTIN-VAL

COMPIÈGNE
IMPRIMERIE A. MENNECIER
17, Rue Pierre-Sauvage, 17

1891

HISTOIRE

DE

BOULOGNE-LA-GRASSE

CHAPITRE PRÉLIMINAIRE

Boulogne-la-Grasse appartenait anciennement au *Pagus ambianensis*, et, avant la Révolution du siècle dernier, il était de la généralité d'Amiens et de la châtellenie de Montdidier. Une partie du territoire ressortissait au bailliage de Roye, c'était la propriété de Corbie : l'autre partie était du bailliage de Montdidier.

Les terres du bailliage de Roye se mesuraient au journal, à 45 ares 90 centiares ; celles de Montdidier, à 42 ares 91 centiares.

Aujourd'hui, Boulogne fait partie du département de l'Oise et de l'arrondissement de Compiègne. On se demande sur quoi se sont basés ceux qui, en 1790, ont délimité le département de l'Oise d'avec celui de la Somme. Il est impossible de le deviner. S'ils avaient pris pour ligne de démarcation l'écoulement des eaux, cette ligne aurait dû passer sur la crête de la montagne : s'ils avaient voulu une vallée, ils en trouvaient une entre Boulogne et Hainvillers. Ils ont préféré une ligne courbe autour de la montagne du côté d'Ouvillers, de Remaugies, de Fescamps et de Bus, sans aucun point de repaire, sans autre délimitation qu'une ligne idéale. Il est vrai que ce qui s'est produit à Boulogne n'est pas un fait isolé, car trop souvent l'arbitraire l'a emporté sur l'intérêt des populations. Comprend-on encore, par exemple, pourquoi notre pays situé à 3 lieues de Montdidier est attaché au tribunal de Compiègne, ville éloignée de 7 à 8 lieues ?

En 1790, Boulogne fut attribué au district de Noyon. L'arrêté du 23 vendémiaire an X, le donna au canton de Lassigny. Cinq mois après, l'arrêté du 3 ventôse le transporta au canton de Ressons-sur-Matz.

L'organisation ecclésiastique suivit le sort de l'organisation civile. Du diocèse d'Amiens et du doyenné de Montdidier, notre paroisse passa au diocèse de Beauvais et au doyenné de Ressons.

La population a fini par accepter tous ces changements. Néanmoins on remarque que les Boulonnais conservent toujours des rapports bienveillants avec les paroisses de leur ancien diocèse.

Population. — Le chiffre de la population a beaucoup varié, surtout depuis un siècle et demi.

En 1469, on comptait 80 feux.

Voici une statistique plus exacte.

En 1720	habitants	330
1791	—	745
1821	—	720
1826	—	790
1831	—	786
1836	—	770
1882	—	482

Ainsi, en 56 ans, on trouve une diminution de 288 habitants, et on ne signale aucune épidémie dans ce laps de temps. Une cause particulière a dû amener cette décroissance. Nous ne la signalerons pas, car elle est visible. Là où le sentiment chrétien disparait, bien d'autres choses disparaissent avec lui.

Géologie. — GRAVES, donne pour altitude : 156 mètres au point le plus élevé de la montagne ; 134 mètres à l'ancien télégraphe aérien, et 113 mètres à Bains.

La montagne de Boulogne est une butte de sable fin et jaunâtre, mélangé de rognons, qu'on appelle ici *gorus*, qui se désagrègent facilement sous l'action de l'eau, de la gelée et du soleil. Le sable quartzeux, appelé en géologie, *sable Soissonnais*, caractérise le terrain tertiaire. Au-dessous de cette butte de sable est un banc de coquillages marins difficile à percer. On le voit à fleur de terre à la base de la montagne, du côté de Fescamps, d'Onvillers et de Conchy. Dans le pays, on le rencontre souvent en creusant le sol. Les fossiles y sont nombreux. Les principaux sont : *nummulites planulata, alveolina oblonga, cyrena cuneiformis, voluta acuta, cucullea crassatina, pyrula tricarinata, cerites involutum, anomia tenuistria, ostrea angusta, pleurotoma pyrulata, turitella edita, melania inquinata et triticea ;* des ammonites, etc. Ces fossiles sont très friables.

Le sol de la vallée, à cause des eaux qui s'y amassent, est d'une culture plus difficile que celui de la montagne, mais il est d'une fertilité remarquable.

CHAPITRE PREMIER

Ce que les historiens ont écrit sur Boulogne-la-Grasse.

Différents auteurs ont écrit sur Boulogne-la-Grasse. Il n'est peut-être pas hors de propos, en commençant cette histoire, de rapporter ce qu'ils ont dit.

Le P. DAIRE, dans l'*Histoire du Doyenné de Montdidier*, a écrit :

« A Boulogne, surnommé *La Grasse*, *Bononia pinguis*, les terres sont médiocres parce qu'elles sont fortes et difficiles à labourer. On y compte 17 fiefs. Les principaux sont Valfleury et Riffart, appartenant au seigneur de Bains, le petit Boulogne et Elincourt, le fief Marémontier consistant en 80 livres de revenus, droits de champart et de censives sur un quartier de bois. Le fief de Betembus, appartenant au duc d'Aumont, a aussi des censives ; un autre fief porte le nom de Dericcourt.

« La partie de Boulogne dépendante de Montdidier, et composant à peu près la moitié du village, appartient à M. Favier, marquis de Bains. Le reste de la seigneurie dépendante de Roye appartient à l'abbaye de Corbie.

« Les Bénédictins de Saint-Arnoult, de Crépy, y ont un bien affermé, environ 200 livres.

« La chapelle de Notre-Dame dépend du Chapitre de Boulogne-sur-Mer. (Le père Daire aurait dû préciser davantage et dire : La chapellenie de Notre-Dame-de-Pitié qui est en dehors de l'église dépend du Chapitre de Notre-Dame de Boulogne-sur-Mer.)

« Le fief Carouge, appartenant au seigneur, relève des grandes Tournelles de Montdidier. »

SCELLIER, dans son *Histoire manuscrite du Bailliage de Montdidier*, écrit aussi :

« Il y a une quarantaine de maisons qui relèvent du prieur de Marémontier, proche Montdidier.

« Boulogne renferme des habitants très laborieux. Leur principal commerce consiste en fromages dits, fromages de Rollot, à cause du lieu voisin où le plus grand débit s'en fait tous les jeudis pour la province et les circonvoisines. Aussi, les pâturages y sont-ils excellents et très abondants, quoique sur le haut et les contours d'une montagne assez escarpée. Les prairies garnies d'arbres de toutes sortes de fruits, d'où découlent quantité de petites sources qui filtrent, serpentent et se perdent dans toutes les parties différentes, et qui font de ce territoire comme un jardin des plus agréables, en même temps qu'il est des plus lucratifs. Les foins y sont très estimés, et on y recueille abondamment des fruits de toutes espèces qui garnissent toute l'année les marchés d'Amiens, de Montdidier, de Compiègne et de Roye. Il n'est donc pas étonnant que cette cure vaille, année commune, 2,000 à 2,200 livres. Cette cure est mise sur le livre des décimes qui est à l'évêché, sur le pied de 750 livres, et la fabrique de 600 livres. »

CAMBRY, *Description de l'Oise*, tome I, page 125, fait cette narration :

« Au télégraphe de Boulogne, on aperçoit la commune de Bus au milieu des bois et des collines du Santerre : dans la plaine immense qui se déploie sous les yeux, on distingue quelques clochers, des masses d'ombre et de lumière, Fescamps, et quelquefois, dans les beaux jours, le clocher de la cathédrale d'Amiens et Montdidier : c'est l'aspect d'une mer immense et dans le calme : vers d'autres points de l'horizon, on voit Tricot, Coivrel, les montagnes de Clermont, l'abbaye de Saint-Martin-aux-Bois, La Neuvilleroy, Lataule, le château de Séchelles, précédé d'une vaste et riche plaine, les montagnes qui couvrent Senlis, les monts voisins de Noyon, Saint-Quentin. »

GRAVES, *Annuaire de l'Oise* 1838, dit :

« Le territoire de cette commune est inégal, montueux

vers le centre, divisé en vallons ou plis de terrain vers l'Est, plane au Nord et au Sud-Ouest ; il n'a pas d'eau courante ; le sol mêlé de sable et d'argile, rend les chemins impraticables pendant la saison humide. Le village, bâti sur le côteau central et sur les pentes, est formé de maisons espacées par des jardins, ombragées de plantations nombreuses qui en dérobent totalement l'aspect ; elles sont réparties en plusieurs rues tortueuses, divergentes, constituant des quartiers isolés, désignés par les noms de *Saint-Eloi*, de *Rue d'en Haut* (Rue-là-Haut), *Petit-Marais, Bout de la Ville, Terrière, Rue du Château*, etc... La plupart sont encore couvertes de chaume.

« Il est probable que ce lieu a pris son nom de la nature argileuse du sol sur lequel il est bâti. »

Puis, cet auteur raconte la légende de la grâce accordée aux habitants par un Roy — légende dont nous parlerons plus loin.

L'abbé Lebœuf dit dans ses Mémoires « que le 22 janvier 1307, Philippe-le-Bel était à Boulogne, en Picardie. »

M. E. Coët, de Marle, dont les ouvrages sont si appréciés des savants et des archéologues, a donné une longue et belle notice sur Boulogne-la-Grasse dans l'*Histoire des Communes de l'arrondissement de Compiègne*, publiée en 1883. Comme cet ouvrage est très répandu, nous nous abstiendrons d'en citer des extraits.

On peut lire aussi différents articles concernant notre pays :

1° Dans l'*Histoire de la ville de Roye*, par M. Coët, ouvrage couronné par la savante *Société des Antiquaires de Picardie* ;

Et 2° Dans l'*Histoire de la ville de Montdidier*, par le regretté V. de Beauvillé.

Ces deux ouvrages sont même nécessaires à celui qui veut connaître complètement l'histoire de Boulogne-la-Grasse. Nos villages étaient comme des forts avancés qui protégeaient les cités, et souvent l'histoire générale de la ville voisine est leur propre histoire.

CHAPITRE II

Sur le nom de Boulogne-la-Grasse.

Nous lisons dans l'*Histoire des Villes de France*, par Guilbert. — Art. Boulogne-sur-Mer — que César voulant avoir une place forte pour assurer la tranquillité de ses conquêtes dans la Morinie, désigna en face de Gessoriac, l'emplacement d'une ville nouvelle et qu'il confia la direction des travaux à Q. Pedius, son parent. Celui-ci, qui était de Bologne en Italie, prit, dit-on, cette ville pour modèle et en donna le nom à la cité naissante. Ce fut vers l'an 50 avant l'ère chrétienne.

Pour nous, le nom de Boulogne-la-Grasse a une semblable origine. Les légions de César qui franchirent tant de fois notre montagne, allant de Beauvais, ou plutôt du camp de Bailleul-sur-Thérain, vers la Belgique et *vice versa*, y établirent un camp et désignèrent cette station par le nom de *Bononia* (ou Bolonia), soit par similitude de situation avec le *Bononia* d'Italie, soit pour rappeler la Patrie absente. Rien ne s'oppose à cette supposition. M. E. Coët, nous dit dans son *Histoire de Roye*, que l'an 57 avant Jésus-Christ, César passa par Bains quand il fit avancer ses troupes vers *Bratus-pantium*.

Si on ne veut pas admettre que notre camp a été établi par César ou par quelqu'un de ses lieutenants, et, si on reporte son établissement à 100 ou 150 ans plus tard, vers l'an 140, comme quelques-uns le pensent, rien n'empêche de dire qu'un nouveau Q. Pedius n'ait donné à notre montagne le nom de sa ville natale. Ce qui s'est fait une fois peut se faire encore.

Afin de répondre à certaines idées prétentieuses, nous

ferons observer que Boulogne-la-Grasse ne fut jamais *ville*. Dans un grand nombre de dictionnaires latins et dans plusieurs géographies anciennes, on lit : « *Bononia*, ville d'Italie, de Picardie, etc. ». Dans le *Magnum Dictionarium latinum et gallicanum*, de Petrus Donatius, Lugduni 1708, on trouve : *Bononia*, ville d'Italie appelée *la-Grasse*, à cause de la bonté de son territoire. Il y a encore une ville de ce nom en Picardie, que quelques-uns écrivent et prononcent *Boulogne*. Et sur ces données, des auteurs confondant les deux Boulogne, ont dit que jadis le nôtre portait le nom de ville. Mais dans ces citations, il s'agit évidemment de Boulogne-sur-Mer. Qui ne sait en effet, que le Boulonais, comme la Morinie auquel il confine, faisait partie de l'ancienne Picardie ? La glorieuse prétention que nous combattons ne trouve donc d'excuse que dans un amour excessif de son pays, ou dans l'ignorance.

Certaines chartes antérieures au XIVe siècle, concernant notre pays, portent, *in villa Bononia*. Cette expression *villa* ne veut pas dire *ville*, mais château, maison importante, villa, village.

Dans une charte du XIIIe siècle, nous avons lu : *Bononia crassa vel pinguis*. Ce qui prouve que le mot *la-Grasse* a été ajouté pour désigner un pays gras, un pays fertile.

Le Pouillé du diocèse d'Amiens de 1301, dit : *Bolonia*.

Dans les actes du XVIe siècle on trouve *Boullogne* et *Boulongne*. Au bas d'un tableau du collatéral nord de l'Eglise, dans la relation de la mort de Mre Roussel, il est écrit ainsi. Les papiers délivrés au bailliage de Montdidier pour servir aux actes de Baptêmes, Mariages et Sépultures de la paroisse, le portent également. Mais nous ferons remarquer que cette manière d'écrire le nom de notre pays, n'a jamais été celle des Curés et des Marguilliers qui écrivaient toujours *Boulogne*.

Boulogne-les-Bus (bus-bois), parce que Boulogne était entouré de bois, ou parce qu'il était voisin du village de Bus.

Boulogne-sur-Corbie. — Un acte d'inhumation du 13 Mai 1745, fut fait par Mre Simon Chandellier, curé, sur l'ordre de M. Billecocq, bailli de la seigneurie de Boulogne-sur-Corbie. Présent à l'enterrement : Antoine

Mallet, lieutenant de la Seigneurie de Boulogne-sur-Corbie.

Des auteurs ont écrit, *Boulogne-la-Grâce*. Dans tous les actes authentiques rédigés à Boulogne, nous n'avons trouvé en aucun cette orthographe. Pour la justifier on récite la légende suivante : Il fut un temps (à quelle époque ?) où le seigneur de Boulogne se révolta avec ses vassaux contre l'autorité du Roy (lequel ?). Pour les punir, le dit Roy ordonna de raser le village. Mais ce Roy étant venu à Boulogne, fut touché du repentir des habitants et leur fit *grâce*. Cette légende rapportée par Graves et V. Lhuillier, n'est appuyée d'aucun document.

D'autres prétendent que le nom de *grâce* fut donné à cause des nombreux miracles obtenus par l'intercession de Notre-Dame de Boulogne, en grande vénération dans les siècles passés. Ni dans la tradition locale, ni dans les écritures qui nous restent, rien ne rappelle ces bienfaits éclatants de la Mère de Dieu.

On nous a objecté la note suivante : « Le 3 février 1552, le roi Henri II accorda pour dix ans à Tesco Martio, gentilhomme italien, natif de Boulogne-la-Grâce (sic), de fabriquer seul, dans le royaume de France, verres, mirouers, canons et autres espèces de verreries, à la façon de Venise, à l'exclusion des autres verriers. » On doit donc écrire Boulogne-la-Grâce.

Il est facile de répondre.

Il s'agit ici d'un gentilhomme italien et non d'un habitant de notre montagne. On sait que pendant le XVIe siècle, la France fut inondée d'artistes étrangers, notamment d'Italiens appelés par François Ier et ses successeurs. Boulogne-la-Grâce, patrie de Tesco Martio, était la ville d'Italie que nous appelons aujourd'hui Bologne, mais qui autrefois avait nom Boulogne-la-Grasse, *Bononia* ou *Bolonia Crassa* (voir tous les dictionnaires). Que l'écrivain français, rédacteur de cette note, ait écrit *la grâce* au lieu de *la grasse*, il n'y a rien de surprenant. On ne peut pas exiger des étrangers une orthographe exacte des noms de lieux ou de villes. Au reste, il n'y eut jamais de fabrique de verres dans notre Boulogne. Si quelque chose de semblable eut existé ici, la tradition en aurait conservé le souvenir.

CHAPITRE III

Les premiers lieux habités.

Ce n'est qu'après bien des recherches et des observations sans nombre que nous sommes arrivé au résultat que nous allons exposer. Dans nos investigations, nous avons été du connu à l'inconnu ; faisons de même dans notre dissertation.

Aujourd'hui Boulogne nous présente plusieurs groupes d'habitants, qui sans doute se rapprochent, mais qui ne sont pas encore arrivés à former un tout homogène. L'esprit de la population varie suivant les groupes, le langage même présente une différence et les habitudes ne sont pas non plus semblables. L'habitant d'un quartier dit qu'il ne voudrait pas habiter tel autre quartier. De tout cela il résulte que l'unité n'est pas faite réellement, malgré les bons rapports de voisinage. On distingue facilement l'habitant de la Montagne de celui de la Vallée, et l'habitant de la Terrière de celui des rues Là-Haut et Saint-Eloi. C'est qu'en effet il y a là quatre noyaux distincts (1).

(1) Aux XIVe et XVe siècles, chacun des groupes formant Boulogne-la-Grasse, avait un seigneur particulier qui aimait à s'appeler seigneur de Boulogne. On voit quelle confusion en résulte pour l'histoire de notre pays. Dans les siècles suivants, lorsque les titres honorifiques se multiplièrent, quiconque possédait sur le territoire une certaine quantité de terres, bien que n'habitant pas le pays, ajoutait aussi à son nom le titre de seigneur de Boulogne, évitant de dire *en partie*. Et c'est pour n'avoir point fait attention à cette particularité, que beaucoup

De ce point de départ remontons au Moyen-Age, au XIIe siècle, par exemple. Les chartes nous parlent de la Terrière, *Toccacus* ou *Terraceus*; de la Montagne, *Bononia pinguis vel crassa*, le Boulogne-la-Grasse proprement dit; du petit Boulogne, c'est-à-dire du groupe d'habitations bâties sur le versant méridional de la Montagne et formant la Vallée; enfin, de Saint-Eloi-Fontaine, *Sancti Eligii fons*, comprenant la rue Saint-Eloi, la rue Là-Haut et la rue d'Onvillers qui s'allongeait presque jusqu'à la fontaine Saint-Maclou. Une église particulière, sous le vocable de Saint-Eloi, desservie par des religieux, était au centre de ce dernier groupe. Tandis que, entre la Montagne et la Terrière existait une autre église dite de la Nativité-de-Notre-Dame, ayant à sa tête un curé ne relevant que de l'Evêque diocésain.

Du XIIe siècle remontons au VIIe. Nous retrouvons la Terrière dénommée dans la charte de Clotaire III de 662, et la Montagne avec Frodin, son seigneur.

Quant aux autres groupes, nous n'avons aucune donnée certaine, aucun nom dans les chartes. Nous verrons pourtant tout à l'heure que ces lieux n'étaient pas inhabités.

Au IIe siècle, nous avons la Montagne occupée par les Romains et mise en communication par des voies nouvelles avec les différents postes militaires des environs.

Avant le IIe siècle, Boulogne était-il habité? C'est la question à résoudre.

Tous les historiens disent que la voie romaine de Beauvais à Bavay passant par Boulogne, est une voie gauloise romanisée; qu'elle fut établie pour mettre en communication tous les pays Gaulois de l'Ouest et de l'Est; qu'elle était le chemin par lequel de nouvelles hordes descendaient du Nord, cherchant des pâturages pour leurs troupeaux. Peut-on croire que les gras pâturages de notre pays n'aient point été remarqués par les tribus envahissantes?

Mais apportons des preuves qui ne soient pas des suppositions.

Il existe autour de la montagne nombre de fours à pote-

d'historiens ont rendu leur récit incompréhensible. Nous pouvons donner pour exemple les seigneurs de Bains, pris souvent pour seigneurs de Boulogne, lorsqu'ils ne l'étaient qu'en partie.

ries. Ce sont eux qui vont nous fournir ces preuves. Leurs débris sont des témoins irrécusables.

Deux étaient situés sur la pointe nord de la montagne, Le plus élevé nous donne une poterie fine, blanche ou noire, que les connaisseurs rapportent à l'époque gallo-romaine. Celui qui est situé plus bas, présente des poteries blanches, noires et rougeâtres. Ces dernières ont la couleur, non des poteries romaines, dites terres de Samos, mais celle du grès rouge, tel qu'on le rencontre dans les environs, à Beuvraignes, par exemple. Elles sont d'une époque plus récente. On en retrouve encore plusieurs échantillons en descendant vers Saint-Nicaise et Conchy, où les ouvriers de Boulogne allèrent plus tard porter leur industrie.

Sur les flancs méridionaux de la Montagne, à droite en descendant, nous trouvons d'autres débris près de leurs anciens fours. Ce sont encore des restes de poteries gallo-romaines ressemblant à ceux dont nous avons parlé en premier lieu.

Mais, près d'une mare qu'on appelle la Flaque, au nord, était un établissement considérable. Des débris nombreux couvrent le sol. On les rencontre dans les sentiers, dans les jardins et dans les bosquets. Ce sont les restes d'une poterie grossière de forme et de pâte, d'une cuisson mauvaise, par conséquent facile à casser avec les doigts. Les contours des fortes pièces ont pour ornementation un enfoncement produit par l'empreinte d'un bâton ou l'extrémité d'un doigt. Tout y est primitif et sans caractère. C'est l'enfance de l'art. Ces débris sont sans conteste d'une époque antérieure à l'occupation romaine.

Cette partie de notre montagne aurait donc été habitée anciennement.

Il y a encore un autre lieu ancien à Boulogne, c'est la Terrière, ainsi appelée parce que les nombreux potiers établis autour de la montagne, venaient y prendre la terre propre à leur industrie.

D'après la charte de 662, nous pouvons croire que ce lieu était important, puisqu'il fut, avec ses dépendances, l'objet d'une donation royale. En effet, les terres et les bois, dont la Terrière était le centre, partaient d'Hainvillers et allaient jusqu'à Bus et Fescamps.

A quelle époque fut habité cet endroit ? Nous ne pouvons le préciser. Pour avoir cette importance au VIIe siècle, on peut croire qu'elle ne lui vint pas en un seul jour et qu'il était occupé depuis longtemps.

La Terrière a toujours été un lieu de prédilection pour les habitants de Boulogne. Elle est regardée comme le centre du pays. C'est là qu'est la place publique où se rend avec plaisir la population aux jours de fêtes. Là sont établis les jeux de l'arc, de la boule et de la paume. Là aussi est le vieux tilleul mesurant à la hauteur d'un mètre plus de 7 mètres de circonférence. Tout cet ensemble ne nous indique-t-il pas que ce lieu est ancien et qu'il est probablement le berceau du village.

On peut demander ici pourquoi notre pays n'a pas conservé le nom de la Terrière, et comment il est advenu qu'il a pris celui de Boulogne, nom du groupe des habitations de la Montagne. Voici notre réponse.

Par la donation de Clotaire III et de Sainte-Bathilde, les moines de Corbie devinrent propriétaires de la Terrière et de ses dépendances, et par suite, seigneurs de tous ces biens. Mais Corbie était éloigné de Boulogne. De plus, les moines n'exploitaient pas par eux-mêmes ces bois et ces terres. Tandis que le seigneur de la Montagne était là dans son manoir et près de son donjon. Il n'est donc pas étonnant que le nom de Boulogne ait prévalu sur celui de la Terrière. Lorsque, après la donation de Karados, les terres et les bois de la Montagne accrurent le domaine des religieux, le nom de Boulogne était entré dans le langage.

Il y a un document que nous ne devons pas dédaigner pour cette explication. Il a pour titre, *Super controversia sancti Eligii fontis et presbyteri de Bolonia*, charte de Geoffroi I, d'Eu, évêque d'Amiens, à l'occasion de la difficulté survenue entre Guillaume, moine de Saint-Eloi-Fontaine, et Georges, curé de Boulogne, en 1231 (Voir au chapitre de Saint-Eloi-Fontaine). Georges y est qualifié de curé de Boulogne et non de la Terrière. Ce qui prouve, qu'à cette époque, ce nom l'avait déjà emporté sur l'autre. Selon toute probabilité, cette appellation devint générale au IXe ou Xe siècle, lorsque le donjon donna une certaine importance à la seigneurie de la Montagne.

CHAPITRE IV

Occupation Romaine.

Déjà nous avons publié quelques pages sur ce sujet, et elles ont été accueillies avec bienveillance. C'était un essai. Grace à de nouvelles données, le travail que nous offrons aujourd'hui est plus complet. Puisse-t-il intéresser autant que son aîné.

La question que nous allons traiter exige de longs développements. Voici les divisions de ce chapitre : 1° Existence d'un camp romain sur la montagne de Boulogne ; 2° A quelle époque fut-il occupé ?

§ 1er. — EXISTENCE D'UN CAMP ROMAIN A BOULOGNE-LA-GRASSE.

M. Plessier, conducteur des ponts et chaussées à Maignelay, observateur sérieux et chercheur infatigable, membre correspondant de la Société historique de Compiègne, s'exprime ainsi dans une note insérée au Tome IV du bulletin de la dite Société : « Le village de Boulogne-la-Grasse est traversé dans sa plus grande longueur par l'antique voie de Beauvais à Bavay, par Saint-Just, et l'une de ses rues principales a été constituée de toute ancienneté par cette importante chaussée. Cette particularité pouvait suffire, à elle seule, pour assurer à cette localité une origine des plus reculées, mais une découverte relativement récente est venue confirmer tout l'intérêt que présente ce pays pour les archéologues. »

Oui, Boulogne est un pays ancien, habité par les Gaulois d'abord, et occupé ensuite par les Romains.

L'endroit choisi par les Romains pour s'établir dans notre pays, fut la montagne. Là, les rues forment encore un parallélogramme digne de remarque, auquel on ne peut arriver que par trois voies. L'une vient de Beauvais par Rollot, l'autre de Roiglise *(Rhodium)* par Beuvraignes, et la troisième de Fescamps.

Sur les contours nord et ouest de cette montagne, sont trois villages situés à égale distance : Onvillers, Remaugies et Fescamps. Leurs noms indiquent une origine romaine.

L'étymologie d'un nom n'est pas une preuve directe. Cependant, elle n'est pas à rejeter, surtout dans les conditions où nous nous trouvons.

Onvillers, *Undarum villa*, pays des eaux. En effet, à certaines époques, ce village est inondé par les eaux qui descendent de Boulogne et lui causent des dégâts considérables. L'été, les lourds orages qui ne peuvent franchir la montagne, se déchargent à la pointe et envahissent de leurs eaux ce village. L'hiver, la fonte des neiges produit des torrents ; toutes ces eaux emplissent les rues et les caves, et font crouler les habitations.

L'opinion de D. Grenier, sur la formation de ce village, est assez curieux pour être rapportée ici. Onvillers, *Hunorum villa*, aurait été fondé par une colonie de Huns, de la tribu des Lètes, qui envahirent la Gaule au 3e ou 4e siècle. Lihons-en-Santerre serait de la même époque. Ces Huns auraient eu une idée assez bizarre de s'établir dans ce trou marécageux, rempli souvent par les eaux qui découlent abondamment de la montagne. Nous aimons mieux croire à une colonie d'ouvriers choisissant ce lieu comme étant plus rapproché de son travail.

Remaugies, *Remum agere*, agiter la rame, aller en barque. C'était sans doute un passage difficile à cause des eaux qui s'y amassaient, et il fallait se servir de barques pour la franchir : ou bien c'était un étang sur lequel les soldats de notre camp aimaient à faire une partie de barque.

Enfin Fescamp, *Festum campi*, fête du camp, endroit où les soldats allaient festoyer. La vie d'un camp est rude en temps de guerre, mais en temps de paix. rien n'empêche le soldat de prendre de joyeux ébats. Cette étymologie hasardée par plusieurs écrivains, ne nous paraît pas exacte : il faudrait dire *Festum castrorum*, car *campus* n'a jamais voulu dire *camp*. Aussi, nous avouons nos préférences pour l'explication suivante : *Festum campi*, fête dans la plaine, fête dans les champs. Fescamps est, en effet, situé en pays plat, bâti le long de la route conduisant à Villers-les-Roye ou au camp du Vieux-Castil. Si Onvillers et Remaugies présentaient les agréments des pays d'eau, Fescamp pouvait offrir un autre sujet de fête. Et qui sait si les soldats de Boulogne ne se rencontraient pas là avec ceux du Vieux-Castil pour se divertir ensemble dans la plaine ?

Ces étymologies latines ont leur valeur et elles donnent à penser que nous sommes sur un terrain habité, fréquenté par les Romains, qui ont eux-mêmes dénommé ces lieux.

Un camp, disent les auteurs qui se sont occupés de la castramétation, doit être placé dans les trois conditions suivantes :

1° Il doit être à l'abri de toute surprise de l'ennemi. Il faut que le soldat qui veille ou se repose, soit assuré de la vie pour le lendemain. S'il est courageux, il ne craint pas la lutte corps à corps, mais il ne veut pas être frappé à l'improviste. La guerre est un art et non une simple tuerie.

2° Un camp doit être placé de manière à n'être jamais inondé par les pluies du ciel ou par le débordement des rivières.

3° Enfin, il est nécessaire pour la santé du soldat, qu'il soit placé loin des lieux humides malsains, et que l'air et la lumière y arrivent abondamment.

Le camp de Boulogne, avons-nous déjà dit, était situé sur la montagne, à l'endroit où sont aujourd'hui les maisons de cette portion de notre pays que nous appelons *la Montagne*. En examinant sa situation, nous voyons qu'il était difficile à un ennemi de s'emparer de ce poste par surprise. De cette hauteur la vue porte au loin, et toute surprise est impossible. A l'est, au nord et à l'ouest sont des forêts à travers lesquelles une armée ne peut s'aventurer ; du côté de Fescamps, une montée escarpée ; du côté de Beuvraignes, un chemin rude et accidenté, protégé par des bois à droite et à gauche. Enfin, une troisième entrée par la route venant de Beauvais ; mais celle-ci est surveillée par la montagne au nord et défendue par des marais et des bois au midi. Voilà la situation d'alors : elle est encore à peu près la même aujourd'hui.

Il est évident que nous trouvons là, la première condition exigée pour l'établissement d'un camp, la sécurité.

La seconde et la troisième résultent de la hauteur à laquelle le camp était placé. Peut-on désirer un lieu plus sain et mieux aéré ?

Le camp était à gauche de la grande voie de Beauvais à Bavay ; et même, nous ne serions pas éloigné de croire que cette voie le coupait en deux portions, et que les maisons situées à droite, ainsi que l'école, l'église et le cimetière en faisaient partie. Des talus formant remparts au midi et à l'est, des débris de l'époque romaine, des silex, des poteries grises et noires, souvent trouvées de ce côté, le donneraient à penser. A moins cependant qu'en cet endroit n'ait été le lieu sacré, le temple dédié aux divinités payennes. L'église actuelle, élevée à la même place, quoique dans des conditions très défavorables de solidité, en rappellerait le souvenir.

Des visiteurs de notre camp ont émis l'opinion suivante : On ne peut admettre que le camp ait été traversé par une grande voie de communication telle qu'était celle-ci ; cette partie, réservée et fortifiée sur la droite de la route, pouvait renfermer le sanctuaire où les Romains faisaient les exercices de leur culte, mais derrière le temple devait être un poste d'observation, car, de ce lieu élevé où la vue porte si loin vers Noyon et vers Compiègne, il était facile d'envoyer des signaux et d'en recevoir.

Cette idée neuve semble très juste. En effet, nous ne pouvons supposer que les différents campements romains de nos contrées aient été isolés et sans aucun mode de communication. Les généraux avaient besoin d'entente et ils étaient parfois dans la nécessité de demander des secours. Or, de ce point culminant, ils apercevaient le Gannelon, le mont de Catenoy et le poste du Vieux-Castil. Rien donc d'improbable dans cette opinion.

De ce poste, si nous descendons à l'est, nous rencontrons au bas de la côte, dans une espèce de cuvette formée par la montagne, un endroit appelé *les Prés de Bains*. Là, dans le fond est un petit étang qui servait naguère à faire blanchir le chanvre. Des sources nombreuses l'alimentent et ses eaux s'écoulent vers Saint-Nicaise.

Il y a peu d'années, on a découvert dans cet étang trois grosses pierres avec orifice central s'adaptant à un conduit en maçonnerie venant de la montagne. Il a été constaté que le ciment en était très dur et que cette construction ne ressemblait en rien par son travail, à celle de notre époque. C'était donc une œuvre ancienne, et probablement un aqueduc romain servant à l'écoulement des eaux du camp, ou bien l'orifice d'une source donnant ses eaux dans l'étang dont nous parlons, et où les soldats allaient se baigner. Car pourquoi cette dénomination *de prés de Bains ?*

Avant d'arriver à Boulogne, le voyageur venant de Rollot, rencontre la belle propriété de Bains, lieu ancien et dont font mention les ouvrages écrits sur la Picardie. Tous les historiens ont répété que le nom de Bains a été donné à cet endroit à cause des bains naturels qui s'y trouvaient et dont se servaient les Romains. Mais où donc étaient ces Romains ? Quel lieu habitaient-ils ? Nous ne voyons pas de poste plus rapproché que celui de Boulogne (1). Quand on sait que les conquérants des Gaules

(1) Dom Grenier a écrit : « Le château de Bains, situé sur la voie romaine qui passe à Rollot, et ensuite près de Boulogne-la-Grasse en Vermandois, est, au jugement de l'abbé Le Bœuf, une indication certaine de bains romains en ce lieu... C'étaient des bains naturels ou des eaux thermales, qui sont tombées dans l'oubli. Une colonie *d'habitants de Boulogne en Italie* aura choisi le voisinage de ces eaux pour y bâtir *le village qui porte encore le nom de Bains*. » D. Grenier aurait dû écrire : pour y bâtir auprès de ces bains le village qui porte le nom de Boulogne. Car Bains ne fut jamais un village, et le village le plus près de ces bains naturels est bien Boulogne-la-Grasse, dont dépend Bains. On voit qu'avant nous on croyait que Boulogne-la-Grasse devait son origine aux Romains.

faisaient un fréquent usage de bains et qu'ils suivaient, sur la terre étrangère les coutumes de leur patrie, on n'est pas étonné de les voir profiter des avantages que leur offrait la situation exceptionnelle de notre pays.

Toutes ces raisons nous conduisent à dire qu'il y eut anciennement un camp sur notre montagne et que ce camp fut occupé par les Romains.

§ 2. — A QUELLE ÉPOQUE LE CAMP DE BOULOGNE FUT-IL OCCUPÉ ?

Pour établir un fait, il faut des preuves ; ces preuves doivent être données par des témoins qui ne peuvent tromper, sinon, celui qui parle peut-être soupçonné d'erreur. Les témoins que nous avons, nous les produirons, nous discuterons leur témoignage et nous admettrons la conclusion qui sortira du débat. L'écriture nous fait défaut, il est vrai, et en cela nous ressemblons à beaucoup d'autres historiens, mais nous nous contenterons des témoins muets qui sont encore à Boulogne et que chacun peut interroger. Les monnaies, les tombeaux, les poteries, les tuiles et les armes parleront.

A. *Les Monnaies.*

Dans un beau travail sur *le Mont César de Bailleul-sur-Thérain*, M. l'abbé Renet, dont la parole fait autorité en archéologie, détermine presque mathématiquement l'époque où ce camp fut occupé par les légions romaines, et il se sert, pour sa démonstration, des monnaies ramassées en cet endroit. Son argumentation est si claire, qu'après l'avoir lue, il est impossible de ne pas admettre ses conclusions. Il s'agit, dit-il, page 110, de savoir « l'époque à laquelle ces monnaies ont échappé à la circulation. » Cette appréciation est difficile pour chaque pièce en particulier. Si toutes les monnaies trouvées étaient encore à fleur de coin, nous serions assurés qu'elles ont été perdues à l'époque où elles ont été frappées... Pour déterminer au moins approximativement l'époque à laquelle les soldats romains les ont laissées tomber de leurs mains, nous n'avons qu'à tenir compte de l'effacement produit par l'usage, ou, comme l'on dit, du *frai de circulation*. Puis le savant membre de la Société académique de l'Oise, examinant chacune des pièces trouvées dans les sables du Mont-César, arrive à des conclusions qui frappent l'esprit et le déterminent à adopter le jugement rendu.

Le livre de M. Renet est complet. L'étude des monnaies y est faite longuement et savamment. Quant à nous, nous n'avons pas la prétention de traiter avec un talent égal la question qui nous occupe ; d'autant plus que le camp de Boulogne n'a pas jeté un si vif éclat que celui de Bailleul, dont la mission semble avoir été de faire respecter la puissance romaine des Bellovaques, sans cesse remuants et enclins à secouer le joug de l'étranger.

Il a été trouvé un très grand nombre de monnaies romaines sur la montagne et le long de la grande voie de Beauvais à Bavay ; et tous les jours, en retournant le sol, les ouvriers en recueillent de nouvelles. C'est que les Romains ont passé longtemps par cette route et ont séjourné pendant des siècles dans notre pays.

Afin de mieux délimiter notre tâche, nous n'étudierons que quelques-unes des monnaies trouvées sur l'emplacement du camp ou tout auprès. Celles-là ont, à notre avis, une plus grande valeur et leur autorité pèsera davantage.

Nous suivrons dans notre énumération l'ordre chronologique.

Auguste. — Nous n'avons qu'une seule monnaie de cet empereur. IMP DIVI F. — Au revers : AVGVSTVS DIVI F. Pièce très usée.

Tibère. — Une seule également. TIBERIVS CAESAR AVGVSTI F IMP.

Claude I. — TI CLAVDIVS CAESAR AVG PM TRP IMP. Tiberius Claudius, Cæsar, Augustus, Pontifex maximus, Tribunitia potestate, Imperator. Tête à gauche, avec une couronne de lauriers. — Au revers : NERO CLAVDIVS DRVSVS GERMAN IMP. Nero Claudius, Drusus, Germanicus imperator. S-C. Senatus-consulte, avec permission du Sénat. Au milieu, un superbe arc de triomphe surmonté de la statue de l'empereur à cheval.

— TI CLAVDIVS CAESAR AVG PM TRP IMP. — Au revers : Pallas casquée. CONSTANTIÆ AVG. S C.

— TI CLAVDIVS CAESAR AVG PM TRP IMP. — Au revers, la Liberté. LIBERTAS AVGVSTI.

Ces pièces sont de Claude Ier, né dix ans avant Jésus-Christ et mort l'an 54 de notre ère. Après l'an 33, il ajouta à ses titres les noms des deux fils de Germanicus, Néron et Drusus, morts jeunes.

Néron. — IMP NERO CAESAR AVG P MAX TRP PP. Imperator Nero, Cæsar, Augustus, Pontifex maximus, Tribunitia potestate, pater patriæ. Tête nue sur un globe. Revers : une Victoire ou une Renommée volant à travers les airs, la main droite posée sur un globe qui figure le monde. S. C. Pièce bien conservée : elle est décrite dans Cohen, n° 253.

— NERO CAESAR AVG GERMAN IMP. Tête à gauche, Renommée volant à travers les airs, la dextre posée sur un globe. S. C. Pièce en cuivre rouge, perforée en deux endroits. Néron régna de l'an 54 à l'an 68.

— IMP NERO CAESAR AVG PM... Tête nue à droite. — Au revers : la déesse de l'abondance tenant une corne de la main gauche, tandis que la droite est étendue. S. C. et GENIO AVGVSTI. Il convenait bien à Néron qui faisait couler par torrents le sang des Chrétiens, à Rome et dans tout l'empire, d'invoquer le génie d'Auguste, le pacificateur de l'univers ! Cette pièce est aussi perforée en deux endroits.

Nous n'avons trouvé aucune monnaie des empereurs suivants, si ce n'est une seule, presque illisible, de Vespasien. ...AR VESPASIAN AVG.

Ainsi, aucune monnaie des empereurs depuis 68 jusqu'à 117, c'est-à-dire, jusqu'à Hadrien. C'est qu'en effet, nous croyons que l'occupation du camp de Boulogne a été interrompue après la mort de Néron.

Nous avons donc là *une première période* d'occupation commençant à Claude Ier. Et cette opinion est d'autant plus probable que la monnaie de cet empereur, décrite la première, est intacte et n'a point subi le *frai de la circulation*. Elle a été abandonnée aussitôt après son apparition.

Hadrien. — HADRIANVS. Tête imberbe, laurée, à droite. Au revers : on ne voit plus que S de senatus-consulte. Pièce très affaiblie. Hadrien régna de 117 à 138.

Antonin. — ANTONINVS AVG PIVS PP TRP XIII. Antonin, Auguste, le Pieux, Père de la patrie, revêtu pour la 13e fois de la puissance tribunitienne. Pièce de moyenne grandeur, en argent, neuve et tout à fait à fleur de coin. C'est la plus belle que nous ayons trouvée. La tête porte une couronne de laurier. A la différence des empereurs précédents, Antonin porte la barbe. On ne lit plus sur cette monnaie les titres élogieux de *Imperator*, de *César*, ni les noms des empereurs dont on prétendait s'assimiler la gloire ; le titre de *Pius*, le Pieux, est préférable. Et on sait qu'Antonin le mérita toute sa vie. Au revers est un personnage symbolique, la main droite étendue, pour marquer que la protection de l'empereur s'étend sur le monde, tandis que la main gauche laisse tomber quelque chose à terre, ce sont les bienfaits que répand surabondamment le maître de l'empire. COS IIII, appelé quatre fois aux honneurs du Consulat. Le règne de cet empereur est de l'an 138 à 161.

Cette monnaie, que n'a point éprouvé le *frai de la circulation*, a dû être abandonnée aussitôt son arrivée au camp. Or, le 4e consulat d'Antonin eut lieu environ vers l'an 145. A cette époque, notre camp était donc habité. C'est la *deuxième période* d'occupation.

— ANTONINVS AVG PIVS PP TRP XII. Grande monnaie de bronze avec belle patine, plus vieille que la précédente, puisqu'elle fut frappée à l'époque du 12e tribunat d'Antonin. Au revers : la déesse debout entre les lettres S. C.

— M. ANTONINVS AVG TRP XX. Grand bronze. Tête de l'empereur portant la couronne de laurier. Au revers : un personnage assis, la main gauche appuyée sur la paume d'une épée, la droite portant un trophée. La paix règne dans le monde, l'épée se repose.

Faustine. — DIVA FAVSTINA. Au revers, une déesse : la legende est effacée. Cuivre jaune, grand module. Cette Faustine est : *Annia Galeria*, femme d'Antonin.

Lucille. — LVCILLA AVG. Tête couronnée. Au revers, la déesse assise, la dextre étendue ; la senestre est appuyée sur un sceptre. S. C. C'est la femme de Lucius Verus associé à l'empire en 161 et mort en 169.

Il est évident que le camp de Boulogne fut occupé à cette époque.

Nous n'avons trouvé aucune monnaie des règnes suivants. Un siècle s'écoulera depuis Antonin jusqu'à Gallien et rien ne nous révélera la présence des Romains sur notre montagne. Mais à partir du règne de Gallien, les monnaies sont considérables ; ce sont celles de la *troisième époque* d'occupation.

Gallien. — GA...ENVS AVG. Tête à droite, couronne à grands rayons. Au revers, un guerrier la main sur un bouclier, la gauche sur une épée. VL... VICT.

Posthume. — Sur le parcours de la voie romaine et dans le camp, les monnaies de cet empereur ont été ramassées en grand nombre. Plusieurs de celles que nous avons trouvées sont à fleur de coin. Nous en avons en grand bronze, en petit bronze, en métal blanc, et d'autres qui ont été saucées.

— POSTVMVS PF AVG. Couronne à grands rayons. Au revers : ....ITA. Le champ est rempli d'attributs ; on dirait un arc, un carquois et une corne d'abondance. Cette pièce est perforée en deux endroits. Elle a sans doute été portée en guise d'amulette.

— IMP C POSTVMVS. Moyen bronze ; tête à gauche, barbue, couronnée. L'empereur porte le *Paludamentum*. Au revers : Victoire ailée, tenant de la droite une couronne, et de la gauche une branche de laurier. Devant la Victoire, un personnage à genoux pour recevoir la couronne. VICTORIA AVG. La Victoire d'Auguste. Le règne de cet empereur commença vers l'an 258.

Victorin. — IMP... VICTORINVS PF AVG. Empereur usurpateur dans les Gaules, de 265 à 267.

Claude II. — IMP C... CLAVDIVS AVG. Tête à droite. Couronne à grands rayons étroits. Au revers : un personnage tenant une corne d'abondance. Pièce maigre et saucée. Elle semble plutôt avoir été trempée dans un bain d'étain que dans un bain d'argent. Cet empereur mourut en 270.

Les monnaies des Constantins et des Valentiniens, recueillies à Boulogne, sont si nombreuses que nous nous abstiendrons de les citer. Nous ne donnerons que les suivantes qui présentent certaines particularités.

Crispus. — IVL CRISPVS NOB CAESAR. Julius Crispus, nobilissimus Cæsar. Petit bronze. Au revers, VOTA X, vota publica decennalia. Inscription : CAESARVM NOSTRORVM. Exergue : PLON. Percussa Londini. V luna bicornis. Pièce mal imitée et probablement fausse.

Constantin II. — CONSTANTINVS IVN N C. Constantinius junior, nobilissimus Cæsar. Tête à gauche avec diadème. Au revers : BEAT TRANQLITAS, entourant un monument surmonté d'un globe. L'inscription du monument est illisible. A gauche, F. Exergue : PLON.

Constance. — CONSTANS PF AVG. Au revers : SECVRITAS. Type ; la déesse tient une couronne à la main ; O F I : LVG P. Frappée dans le 1ᵉʳ atelier monétaire de Lyon. Constance mourut vers 350.

Constance II. — CONSTANTIVS PF AVG. L'empereur porte un diadème. Au revers : deux personnages en face l'un de l'autre, présentant chacun une couronne, la main extérieure appuyée sur une lance. Au milieu, une branche de laurier. VICTORIAE. Constance II mourut en 363.

Magnence. — IMP MAGNENTIVS AVG. Magnence, empereur usurpateur en Gaule, de 350 à 353. Au revers : FELICITAS REIPVBLICE. Dans le champ, un guerrier tient un étendard de la main gauche. A. Exergue : TRP. Percussa Treviris, frappée à Trèves : moyen bronze.

Gratien. — DN GRATIANVS PF AVG. Dominus noster Gratianus, pius, felix, Augustus. Au revers : REPARATIO REIPVBLICAE : guerrier debout, tenant de la main gauche le globe du monde surmonté d'une Victoire, et relevant de la droite une femme prosternée. Gratien mourut vers l'an 383.

Il est donc évident que notre camp fut encore occupé par les Romains pendant cette *troisième période* qui commence à Posthume, vers l'an 258.

De tout ceci il résulte que le camp de Boulogne fut occupé à trois reprises différentes et bien déterminées. Ces époques correspondent avec les grandes guerres que les soldats romains eurent à soutenir dans la Gaule Belgique, pour établir définitivement leur domination sur les peuples du Nord. La dernière occupation fut longue, parce que les Romains gardaient la grande voie que suivaient les hordes franques pour pénétrer dans les Gaules dès le IVᵉ siècle.

B. *Les Sépultures.*

Au commencement de l'année 1875, des extracteurs de pierres ont découvert, à 400 mètres environ de la voie romaine, à gauche, en suivant le chemin qui mène à l'église, avant d'arriver à la première rue du camp, cinq à six tombes orientées de l'est à l'ouest. M. Plessier, qui a vérifié cette découverte, en a fait la narration suivante : « Les squelettes représentés en général par les os du crâne, des jambes et des bras, se trouvaient à une profondeur de 1 mètre 70 à 1 mètre 80, et la tête tournée uniformément au couchant. Les corps avaient dû être placés dans des bières en bois avant l'ensépulturement, ainsi que l'attestent de forts clous rouillés auxquels adhéraient encore, au moment de la découverte, des fragments de bois colorés par l'oxyde de fer, et provenant certainement des cercueils.

L'un des squelettes avait la tête posée sur la convexité d'une tuile faîtière. Mais il ne fut rien trouvé d'intéressant dans cette tombe. Les autres, au contraire, renfermaient des vases en verre, en terre rouge et noire d'une forme élégante, d'une pâte très fine et se rapportant exactement, par leurs dispositions et leur galbe, aux fioles et poteries gallo-romaines. La plupart de ces vases portaient, d'ailleurs, en relief ou en creux des ornements entrelacés, pampres, festons, etc., attestant une fabrication soignée et une excellente époque.

Ces poteries étaient généralement au nombre de trois dans chaque tombe, et placées invariablement à hauteur d'épaule du côté gauche. Il nous a été impossible de découvrir aucun débris d'armes ou d'ustensiles... Il y avait aussi un moyen bronze romain, perforé à sa partie supérieure, ayant été porté sans doute, en guise de médaille.

Enfin, dans l'une des tombes furent rencontrés les objets qui donnent à cette découverte son véritable intérêt et une certaine valeur archéologique. Ce sont : 1° Une petite statuette et un bélier en terre blanchâtre, ne paraissant pas avoir subi l'action du feu ; 2° un petit coq et sa poule en métal gris, cassant, et ressemblant à un alliage de plomb et de zinc ; et 3° un dyptique en même métal dont le corps et les volets, de très petite dimension, sont couverts de ciselures ou hachures très fines. » Ces divers objets ont été vendus à vil prix à un amateur, et ensuite avec bénéfice par celui-ci à un brocanteur qui les revendit bientôt à M. Mathon, pharmacien à Beauvais, moins toutefois la monnaie et les poteries.

La présence de ces tombes à Boulogne ne peut étonner celui qui a étudié la topographie gallo-romaine et en particulier le terrain de notre pays où sont tant de débris des siècles passés. Il est hors de doute que ces tombes, découvertes récemment, ne sont pas les seules existantes ici, et que si des fouilles intelligentes étaient pratiquées en cet endroit et dans les environs, elles amèneraient la découverte d'autres tombes, peut-être, même d'un véritable cimetière.

On raconte qu'un ancien propriétaire de la terre où ces objets furent trouvés, avait reçu de ses aïeux le conseil de ne jamais vendre cette terre, parce qu'un trésor y était enfoui.

Voilà donc une trouvaille qui apporte des preuves à nos affirmations, puisque ces objets sont de l'époque gallo-romaine.

C. *Les Poteries.*

Nous n'avons pas vu les poteries précédentes qui sont parties au loin enrichir un grand musée. Mais, selon les dires des ouvriers, elles ressemblaient pour la forme et le dessin aux débris que nous trouvons de l'autre côté du camp et dont nous avons déjà parlé. En effet, à 500 mètres environ de l'endroit où campaient les soldats, sont deux fours à poteries que nous avons fouillés profondément. Nous n'avons trouvé que des débris, il est vrai, mais ils attestent sûrement l'époque gallo-romaine. On y fabriquait la poterie fine, le grand et le petit vase. La plupart portent dans le haut une belle couronne de stries, de losanges ou de ronds juxtaposés. D'autres ont des lignes obliques ou droites faites en couleur rouge, noire ou marron. Dans les sept sortes d'échantillons ramassés, aucun ne porte plusieurs couleurs. Nous sommes donc encore ici en présence de poteries gallo-romaines véritables, faites en cet endroit, pour les besoins du camp et des habitants de la montagne.

Afin de formuler un jugement plus certain, nous avons d'abord fait venir du Mont-César, de Bailleul, des débris des poteries que l'on y trouve, et l'on nous a envoyé des pièces en tout semblables à celles que nous avons ici. Nous nous y sommes rendu pour voir par nous-même et étudier sur place les diverses trouvailles, et toujours nous avons rencontré les mêmes modèles.

Le grand vase et les débris dessinés, planche IV, dans le livre de M. Renet, ont leurs semblables sur le Mont de Boulogne. Cette corrélation est frappante et prouve que notre camp fut occupé à la même époque que celui de Bailleul.

Plusieurs fois aussi nous avons visité les fouilles et le musée de Hermes. Là encore nous avons été frappé de la ressemblance avec les débris de notre pays, des vases exhumés par M. Hamard. Et dans cette riche collection, nous avons admiré une poterie grise qui a dû être fabriquée par nos ouvriers. Sa belle couronne de losanges tracés au stylet indique son origine.

Jusqu'ici l'on n'avait jamais songé à étudier ces fours à poteries qui sont dans un terrain inculte. Si les ouvriers qui ont défriché le bois qui le couvrait, il y a une quarantaine d'années, avaient prêté un peu plus d'attention, nous aurions de plus riches débris. Mais, à cette époque, on ne savait pas. C'est ainsi qu'il nous a été montré une hache en fer et une lame de couteau semblables à celles de Hermes, remontant aux temps des premiers Mérovingiens.

Dans le cimetière actuel de Boulogne, les fossoyeurs lèvent souvent des débris de vases mis autrefois dans les cercueils. Il suffit de regarder sur chaque tombe pour en trouver des fragments. Ils proviennent de la montagne.

Entre Rollot et Courcelles, sur le bord de la voie romaine, au lieu dit le *Bois-des-Sapins*, des extracteurs de sable découvrent journellement des tombes anciennes, dans lesquelles sont des vases de toute dimension et de toute couleur. Ils ressemblent trop aux débris de nos fours, pour ne pas avancer qu'ils ont été travaillés par nos ouvriers. Et chacun s'accorde à dire qu'ils sont de l'époque gallo-romaine.

D. *Les Tuiles.*

Non loin de ces fours à poteries, en avançant vers Bus et au bas de la montagne, nous avons remarqué deux ateliers de tuiles ou pannes romaines. La mesure de celles que nous avons est de 51 centimètres en longueur et de 38 en largeur. Les faitières portent 30 de long et 15 de large. Elles sont rouges, bien moulées et d'une terre bien délayée. Leurs côtés sont à angle droit. Celles trouvées à Romangies, auprès de l'ancien château, sont identiques. Tandis que celles du Mont-César, de Bailleul, n'ont que 42 centimètres sur 32, et leurs côtés sont arrondis, suivant le dessin que nous avons sous les yeux. Nous croyons celles de Boulogne et de Romangies plus vieilles que celles du Mont-César (Voir *Fescamps*, le manuscrit de Scellier).

Ces tuiles étaient propres à couvrir les cabanes dans lesquelles logeaient les soldats. Mais quelle charpente fallait-il pour supporter une semblable toiture? Supposons l'entrée par le pignon et le problème n'est pas difficile à résoudre. Pour la construction rapide, les baliveaux de la forêt étaient abattus et attachés ensemble avec ces énormes clous dont nous possédons deux échantillons; puis, des traverses étaient placées à 45 centimètres de distance, et les tuiles posées sur la terre et appuyées contre les montants, le logement était fait. Avec tous les matériaux sous la main, bois et tuiles, la construction s'élevait du matin au soir comme par enchantement.

M. Léon Chateau, dans son livre, *Histoire et Caractères de l'architecture en France, depuis l'époque druidique, jusqu'à nos jours,* écrit: « Les habitations de nos aïeux étaient des huttes en bois et en terre, analogues à celles qu'on rencontre encore aujourd'hui chez les peuplades à demi-sauvages de l'intérieur de l'Afrique ou de l'Amérique. Les demeures élevées à l'ombre des épaisses forêts qui couvraient notre pays, réunies en petit nombre, souvent isolées, ressemblaient assez à de grandes ruches d'abeilles. Les matériaux qui les composaient étaient des plus communs et des plus fragiles; le bois à peine équarri, la terre délayée, les branchages, formaient à peu près l'appareil de ces primitives constructions;

aussi, aucune d'elles n'est-elle venue jusqu'à nous ». Telles devaient être les habitations de notre montagne. L'art gaulois élevait la demeure du soldat romain. Comment en effet aurait-on bâti autrement ? Le bois et l'argile étaient là, tandis qu'il eut fallu demander au loin des matériaux plus solides. Voilà ce qui explique l'absence de cercueils en pierre tant à Boulogne qu'à Rollot. Voilà pourquoi également nous n'avons rencontré sur notre montagne, ni pierre sculptée, ni inscription lapidaire rappelant un monument ou un nom ancien.

E. *Les Armes.*

Les armes en fer nous font défaut. Nous ne pouvons rapporter à l'époque romaine une épée longue de 80 centimètres et large de 22 millimètres, trouvée à la montagne à côté de plusieurs squelettes. Cet objet est de l'époque franque.

Un habitant, en creusant dans la vallée, près de la voie romaine, a rencontré à côté d'ossements humains, des monnaies anciennes, des objets en bronze et en or, ainsi que des armures. Nous n'avons jamais pu vérifier l'exactitude de ce fait.

D'autres personnes racontent également certaines trouvailles riches dont elles furent témoins.

Au bas de la montagne, du côté de Rollot, d'Onvillers et de Fescamps, dans toutes les pièces de terre cultivées, en y prêtant un peu d'attention, on trouve facilement des silex taillés, des pointes de flèches et de lances, des couteaux et des haches, particulièrement du type Moustier. Les plus belles de forme et de patine se rencontrent dans le fief des *Groseilliers*. Dire le nombre et décrire les variétés trouvées en cet endroit, est impossible. Il semble que John Evans qui, dans son *Age de la pierre*, fait figurer tous les types recueillis en Grande-Bretagne, a dessiné ceux de Boulogne.

Nous en avons trois dans notre collection qui méritent une mention spéciale. La première, d'une belle couleur noire, d'un poli parfait, a été trouvée dans un jardin à la Terrière. L'autre, plus petite, verdâtre, bien polie également, a été rencontrée auprès d'un petit vase sous la marche d'une cave. Son tranchant est en biseau. Ces beaux types sont, disent les uns, en jade ou en jadéïte; selon d'autres, ils sont en serpentine. Quoi qu'il en soit, il est difficile d'envisager un travail plus parfait. La troisième est d'une matière moins précieuse; elle a été ramassée à la montagne. Ces haches, d'une matière étrangère, ont dû être apportées par un peuple voyageur. On sait qu'elles sont rares. Viennent-elles des Celtes ou des Gaulois? Ont-elles appartenu à des Romains? Il n'est pas aisé de trancher cette question.

Mais c'est surtout sur la montagne, auprès des fours à poteries cités précédemment, que nous avons eu le bonheur de recueillir un nombre extraordinaire de silex taillés. Là, sur le point le plus culminant de cette montagne de sable, où l'on chercherait vainement un caillou, un silex ordinaire, nous avons ramassé en peu de temps plus de deux mille pièces. Nos amis, conviés à ce riche butin, en ont pris autant qu'ils ont voulu. Si un jour ce terrain est remué par la charrue, il sera facile de doubler nos collections.

Le doute sur l'authenticité de ces silex n'est pas permis. A la seule inspection on voit qu'ils ont tous été travaillés et taillés exprès. Le hasard ne peut faire des tailles si régulières et toujours suivant un plan intentionnel. Puis, comment se trouvent-ils en cet endroit, sur une longueur de cent mètres environ? Nous l'avons déjà dit, la montagne n'est qu'une butte de sable. Il faut donc admettre qu'ils ont été apportés sur cette crête et taillés là.

La science relativement aux silex taillés a fait depuis quelques années un grand pas. Jadis on disait que ces armes n'étaient plus en usage depuis trois mille ans au moins : on les reportait à des temps appelés *préhistoriques*, c'est-à-dire, *inconnus*, à cause de leur éloignement, mettant ainsi tous les peuples sur le même degré de civilisation. On sait que ce sentiment est erroné. M. N. Joly, professeur à la faculté des sciences de Toulouse, correspondant de l'Institut, dans son livre, l'*Homme avant les Métaux*, résume ainsi la question : Tous les hommes se sont d'abord servis pour armes, de silex éclatés ou taillés. A mesure que leur civilisation se développait, ils les polissaient, puis il les abandonnaient pour les armes d'airain, de fer ou d'acier. De plus, longtemps les armes en silex furent en usage avec les armes en métal. Le jour où un guerrier entrait en possession d'une arme en fer ou en airain, il ne jetait pas pour cela ses armes en silex auxquelles il était habitué, et qu'il pouvait facilement remplacer quand elles étaient perdues ou cassées. L'usage simultané des deux espèces d'armes est admis aujourd'hui. Au reste, à la bataille d'Hastings, en 1066, Guillaume-le-Conquérant n'eut-il pas à combattre des soldats frappant avec des haches en silex ? (1)

Lorsque les armes en métal parurent, le riche avait la faculté de les acquérir, mais le pauvre le pouvait-il ? Le soldat romain les obtenait de l'État, mais le Gaulois, de qui les aurait-il reçues ? L'habitant des forêts qui trouvait si facilement le bois pour fabriquer un arc ou des flèches, afin de défendre son indépendance et de pourvoir à sa nourriture, de qui aurait-il reçu des armes plus parfaites ? Est-ce des Romains, ses ennemis ? Ce sont là autant de raisons qui prouvent que les Gaulois de notre montagne se servaient encore d'armes de pierre à l'époque de l'occupation romaine. Enfin, à côté du soldat, il y avait l'ouvrier. Or, c'est auprès des fours à poteries que nous avons recueilli cette quantité considérable de silex taillés. Ce qui nous fait dire qu'ils étaient les armes et les outils des ouvriers qui travaillaient nos poteries gallo-romaines. Pouvait-on, à cette époque, demander à ces travailleurs des objets plus parfaits ? Si le soldat du camp se glorifiait de sa lance de fer, l'ouvrier gaulois s'enorgueillissait également de son arc et de sa flèche, armée d'un dard de

(1) Il est probable, écrit M. Edmond Caillette de L'Hervilliers, que les premières armes chez les Gaulois ont été en silex, jusqu'au moment où, par une circonstance fortuite, ils découvrirent dans le sein de la terre un métal dont ils avaient jusqu'alors ignoré l'existence. Malgré l'opinion de certains antiquaires, il est admis que les Gaulois se sont servis très anciennement d'armes en métal, ce qui n'empêche pas que, dans le même temps, au milieu des peuplades des bois, on ne se servit d'armes en silex. Ainsi les sauvages américains se servent en même temps et des fusils européens et de leur vieux casse-tête. L'usage de ces deux natures d'armes a donc été simultané, comme l'établit la découverte de tombeaux dans lesquels on a trouvé réunies des haches en silex et des armes en bronze. (Pierrefonds-La Folie, etc., page 64.)

silex, qu'il lançait adroitement sur l'ennemi où sur l'oiseau qu'il voulait abattre. Avec sa hache, il tuait la bête fauve ; avec son couteau, il la dépouillait ; et avec son grattoir, il se préparait un vêtement pour braver les rigueurs de l'hiver.

Nos derniers témoins confirment donc également notre assertion première, que la montagne de Boulogne-la-Grasse fut habitée anciennement. Les débris des peuples qui y ont séjourné, sont des témoins irrécusables.

M. Ar. Rendu, dans une petite brochure sur le *castellum romanum stativum* de Montigny, prouve que cet endroit désigné sous le nom de fort Philippe est un camp romain et non un camp féodal. Après avoir développé les preuves de sa thèse, il conclut ainsi : « Enfin, joint à cet ensemble d'arguments, voici qui est décisif : au *prætorium*, on trouve des tuiles, et dans l'enceinte, des poteries romaines. » Que dirait le savant archéologue, si, traitant le même sujet que nous, il avait en mains toutes les preuves que nous avons énumérées ?

CHAPITRE V

Occupation franque.

L'occupation romaine dura près de 500 ans. Pendant ce long espace de temps, notre montagne vit bien des fois les légions des empereurs occuper son camp, soit pour y passer leurs quartiers d'hiver, soit pour s'y reposer au passage. Or, nous ne pouvons présumer que pendant une occupation si longue, il ne se soit établi aucun romain dans notre pays, ni qu'aucune alliance n'ait été contractée entre eux et les Gaulois. Tout nous porte à croire le contraire. Les chartes du VIIe siècle nous donnent des noms latins. Donc des familles romaines étaient restées à Boulogne.

Au IVe siècle commencèrent les invasions des Francs dans les Gaules. Les soldats gallo-romains repoussèrent les premières tentatives. Mais, d'année en année, les hordes du Nord renouvelèrent leurs essais. *Elles cherchaient*, disaient-elles, *une patrie et des terres.* Sous Mérovée, au Ve siècle, les Francs s'emparèrent d'Amiens et s'établirent dans les pays qui bordent la Somme. Des luttes nouvelles allaient s'engager entre les habitants de la Gaule (Gaulois et Romains) et les Francs, nouveaux venus. Ceux-ci, au caractère rude, au corps robuste, aux habitudes sévères comme celles des peuples du Nord, combattirent pendant cent ans pour détruire la puissance romaine. De leur côté, les soldats de Rome, sans cesse harcelés par un ennemi infatigable, reculèrent peu à peu et perdirent d'abord les provinces éloignées. Bien des combats ont dû se livrer avant l'établissement des Francs à Soissons. Enfin, la gloire de Rome s'éclipsa et ses armées marchèrent de défaite en défaite. En 496, dans les plaines de

Tolbiac, Clovis brisa à jamais la puissance de ses ennemis pour s'établir et régner sur leurs ruines.

Les Romains étant vaincus, notre pays passa sous la domination des Francs et fit partie du royaume de Soissons.

Un changement pareil ne peut se faire sans secousse violente. Dans toutes ces invasions Boulogne, placé sur la grande voie du Nord, dût compter de nombreuses victimes et subir de grandes pertes. L'histoire générale nous fait deviner l'histoire locale. De grandes propriétés perdirent leurs maîtres et les conquérants s'emparèrent de leurs biens. Depuis l'endroit appelé aujourd'hui *Hainvillers*, jusqu'à cet autre nommé *Bus*, tout le terrain situé entre ces deux points extrêmes passa par droit de conquête aux mains du chef franc.

Ces nouveaux conquérants des Gaules n'ont généralement laissé aucun monument attestant leur séjour ou leur passage. Ils n'étaient pas constructeurs. Descendant des bords de la Vistule sur le Rhin, puis du Rhin dans les Gaules, ils n'avaient appris aucun art. Ils n'étaient pas sauvages, mais ils ne brillaient pas non plus par leur civilisation. Ils s'emparèrent des biens et des maisons des Romains, heureux de ne plus camper dans les plaines ou dans les bois. C'est ce qui nous explique la rareté des monuments des VIᵉ, VIIᵉ et VIIIᵉ siècles. Il fallait que Charles-le-Grand allât visiter l'Italie pour rapporter en France le goût et l'art de bâtir. Encore cet élan que produisit le génie du grand Empereur et Roi, fût-il presque étouffé à sa naissance par les divisions intestines qui éclatèrent au partage de son empire. Et ce ne fut qu'au Xᵉ siècle que l'art des constructions reparut pour produire ensuite des chefs-d'œuvre impérissables.

Les Francs n'avaient pas non plus de monnaies. Ils se contentaient de celles des Romains. Aussi trouve-t-on rarement des monnaies antérieures à Charlemagne. (Celles, en petit nombre, recueillies à Boulogne, sont trop frustes pour que nous leur attribuions une date certaine, bien que quelques-unes paraissent se rapprocher de l'an 1.000.)

Dans certaines localités, à Hermes, à Monceaux, à La Boissière, à Villers-lès-Roye, etc., des nécropoles ont donné des objets de luxe et des armes provenant des

Francs. Jusqu'ici rien de semblable n'a apparu à Boulogne, parce que le terrain n'a jamais été exploré (1). Cependant des tombes incinérées découvertes, nouvellement, ne laissent aucun doute sur le passage des Francs dans notre contrée. Disons quelques mots de ces étranges sépultures que nous avons pu examiner en détail.

La première de ces tombes était à l'entrée de la Terrière, à droite, à la profondeur d'un mètre environ. D'abord, un lit de chaux; au-dessous, des charbons, des ossements humains et des os de cheval parfaitement reconnaissables; dans le fond, encore de la chaux. Puis, un lit de tessons provenant de vases romains et gallo-romains. Plusieurs corps ont dû être incinérés en ce lieu.

La seconde s'est rencontrée à gauche, presque en face de la première. La fosse avait 3 mètres de longueur; des ossements humains brûlés et mélangés avec des ossements d'animaux, des charbons et de la chaux, mais point de débris de poteries.

La propriété voisine qui touche au cimetière actuel de la paroisse est couverte de morceaux de poteries anciennes. Une monnaie trouvée en cet endroit porte : PHILIPPUS.

La troisième est à l'entrée du chemin de Bethombus. Elle renferme les mêmes débris. Les tessons proviennent certainement des fours de la montagne.

Faisons remarquer que ces fosses incinérées se trouvent toutes à bord du chemin, dans des talus, exposées au midi et orientées uniformément de l'est à l'ouest. Du reste, aucun signe qui puisse faire connaître si ces corps brûlés là étaient chrétiens ou païens, des corps de soldats ou d'officiers.

La coutume de brûler les corps cessa à Rome vers le IIIe siècle, sous l'influence du christianisme. Mais en Germanie cet usage subsista plus longtemps. Charlemagne fut obligé de rendre des ordonnances sévères pour faire cesser cet abus.

Généralement on rapporte à l'établissement des Francs dans nos contrées, les fosses incinérées qui s'y rencontrent.

(1) Des sondages récents ont déterminé quelques endroits où sont des sépultures anciennes; elles n'ont pas encore été visitées.

CHAPITRE VI

La Religion.

Aucun peuple ne peut vivre sans religion. Quelle était donc celle des habitants de notre montagne ?

Les Gaulois suivaient le druidisme avec ses rites et ses cérémonies cruelles et superstitieuses. La montagne de Boulogne, couverte de bois sombres et mystérieux, se prêtait admirablement aux évolutions sacrées des prêtres gaulois. Il est hors de doute que notre pays vit cette religion en exercice. Cependant, il ne nous reste aucun monument. En certaines contrées, on montre les tables levées où s'accomplissaient les sacrifices, et les allées bordées de pierres que parcouraient mystérieusement les prêtres et les fidèles dans leurs actes religieux. Mais ici rien de semblable n'existe.

Que les Romains, envahisseurs des Gaules, aient porté avec eux leur culte particulier, c'est un point affirmé de tous les historiens. Que des Gaulois heureux de se délivrer du joug des Druides, qui exerçaient sur leurs sujets un empire tyrannique, aient embrassé la religion des conquérants, c'est encore un fait sans conteste. Le peuple-roi savait bien que sa domination ne pouvait s'établir sans la pratique de la religion. Ainsi donc, du temps des Gaulois comme du temps des Romains, les habitants de notre montagne avaient un culte.

Un jour vint où les fausses divinités durent quitter leurs temples pour y laisser entrer le vrai Dieu. Le christianisme avec ses dogmes consolants allait régénérer le monde. La Gaule accueillit la religion nouvelle, et dans toutes ses provinces des chrétientés se fondèrent. Dès les temps apostoliques, de vaillants prédicateurs parcoururent le nord de la Gaule et y portèrent l'Evangile. Citons parmi ces généreux apôtres, Saint-Front, qui, de Périgueux s'avança jusque dans nos contrées; Saint-Denis, martyrisé à Paris; Saint-Lucien, à Beauvais; Saint-Firmin, à Amiens; Saint-Quentin, à Vermand; Saint-Crépin et Saint-Crépinien, à Soissons. Est-ce croyable que notre pays situé sur une grande voie de communication, n'ait pas vu les premiers missionnaires catholiques? Si les documents particuliers nous font défaut, l'histoire générale nous permet d'affirmer que, dès les premiers siècles, l'Evangile était connu à Boulogne.

En face de notre camp, au bord de la grande voie et dans l'axe même de cette voie venant de Saint-Just, est bâtie l'église dont le voyageur aperçoit le clocher à plus de cinq lieues de distance. La situation de cette église est singulière. Le cimetière l'entoure, et ce cimetière où se trouvent fréquemment des débris de poteries romaines et mérovingiennes, semblait, il y a quelques années, un lieu fortifié par des talus et des fossés. Est-ce là qu'aurait été autrefois le temple païen remplacé plus tard par le temple chrétien?

En examinant l'église actuelle, dont le chœur offre tous les caractères du XIIe siècle, on voit que le mur de clôture à l'orient, a été élevé sur une ancienne maçonnerie que les constructeurs ont trouvée assez solide pour n'être point démolie. A quelle époque remonte cette maçonnerie? Il est difficile de le dire. Les morceaux de tuiles qui entrent dans sa composition, ne proviennent pas de pannes romaines; ils sont d'une date plus récente. Mais à cause de leur épaisseur, nous les jugeons plus anciens que les débris du vieux donjon. Si donc on fixe au IXe siècle la construction du donjon, il faut reporter à deux ou trois siècles antérieurs cette maçonnerie.

Lorsque les religieux de Corbie devinrent propriétaires de la Terrière, le premier de leurs soins eût été d'élever une église qu'ils auraient construite sur leur terrain. Nous n'avons vu nulle part qu'ils se soient occupés de cette œuvre.

Si Frodin, le pieux seigneur de la Montagne, qui fit don aux moines d'un certain bien qu'il possédait près de leur abbaye de Corbie (Voir M. Darsy, *Bénéfices de l'église d'Amiens)*, avait fait bâtir cet édifice, il l'aurait indubitablement érigé sur son propre domaine. Il ne l'a point fait. Un temple chrétien existait donc déjà à Boulogne.

Mais notre église est élevée sur un terrain qui n'a jamais appartenu à aucune seigneurie, ni à celle de Corbie, ni à celle de la Montagne, ni à celle de Bains.

Au XIIe siècle, lors de sa reconstruction, nous ne voyons aucune des seigneuries y concourir particulièrement. Dans les siècles postérieurs, nous ne les voyons pas non plus réclamer le droit de présentation à la cure, droit qui s'acquérait par le titre de fondateur ou d'insigne bienfaiteur. L'auraient-elles omis, si elles l'avaient eu ?

Dans aucun des nombreux titres concernant l'abbaye de Corbie que nous avons lus aux archives de la Somme, nous n'avons pas trouvé que les religieux fussent tenus, même gros décimateurs, aux réparations soit du chœur, soit de la nef. Pourquoi ? Parce que notre église existait avant la donation de Sainte Bathilde et qu'elle était indépendante des seigneuries.

Le curé jouissait de cette indépendance et ne relevait que de l'évêque d'Amiens et de son tribunal. S'il en eut été autrement, la contestation qui surgit en 1230 entre le curé de Boulogne et le prieur de Saint-Eloi-Fontaine aurait été jugée, non par l'évêque diocésain, mais par l'abbé de Corbie, comme le fut celle survenue en 1661 entre le curé de Bus et le vicaire perpétuel de Fescamps.

Dans un grand nombre d'églises de campagnes, on voyait des chapelles seigneuriales, des autels auxquels nommaient des seigneurs, des abbés, des prieurs. A Boulogne, tout était à la communauté. Lorsque Karados, pour accomplir son vœu, voulut faire quelque chose en faveur de la cathédrale de Boulogne-sur-Mer, il fut obligé de construire une chapellenie en dehors de notre église.

Dans les comptes de la Fabrique, nous voyons celle-ci appliquer annuellement des sommes importantes à l'entretien de l'église, du presbytère, de la maison vicariale et de l'école. Tous ces détails confirment bien notre thèse, que l'église a toujours été la propriété de la communauté chrétienne, c'est-à-dire, de la paroisse, et non celle des seigneurs. De là nous concluons qu'elle existait avant l'établissement des seigneuries.

On peut nous demander si le temple chrétien a été élevé sur l'emplacement du temple païen et au milieu du cimetière Gaulois. A cette question nous répondrons qu'un motif sérieux a dû faire construire notre église dans l'endroit où nous la voyons aujourd'hui. Deux vases Gaulois, trouvés récemment auprès de ses murailles, nous font supposer qu'elle est placée dans l'ancien cimetière.

Nous terminons ce chapitre par la réflexion suivante : Pendant les trois premiers siècles de notre ère, les légions romaines parcoururent les Gaules en tout sens et y établirent de nombreux campements. Or, il est avéré que ces légions renfermaient un certain nombre de chrétiens. En disant donc qu'ils furent eux aussi des missionnaires de l'Evangile, nous sommes d'accord avec J. Corblet (*Agiographie des Saints du Diocèse d'Amiens*, t. II, p. 105). Nous ajoutons : Ces soldats n'érigèrent-ils nulle part, à proximité des camps par exemple, des oratoires pour y pratiquer leur culte? Si des préfets et des chefs de légions étaient des persécuteurs, tous ne l'étaient pas.

CHAPITRE VII

L'Abbaye de Corbie et la donation de la Terrière.

Sainte Bathilde était petite-fille d'Ethelred, premier roi chrétien des Saxons. Devenue reine de France par son mariage avec Clovis II, fils de Dagobert, en 649, elle apporta sur le trône toutes les vertus d'une sainte. Son élévation fut avantageuse au Roi et à la Cour qu'elle édifia par sa sagesse ; à l'église, dont elle défendit les droits ; à l'Etat enfin dont elle rechercha constamment les intérêts.

Clovis II mourut en 656, à l'âge de vingt-trois ans, laissant trois fils : Clotaire III, Childéric et Thierry, tous dans un âge voisin du berceau. La reine Bathilde, leur mère, bien que placée sous la domination du maire du palais, Erchinoald, gouverna quelque temps pendant la minorité de ses enfants. Clotaire III, était roi de Neustrie et de Bourgogne, avec Soissons pour capitale, ou lieu principal de sa résidence. Notre pays était donc du royaume de Soissons.

Ce fut pendant la régence que la pieuse reine de France donna les preuves les plus éclatantes de sa foi et de son zèle pour la religion. Regardant avec raison les monastères comme des écoles de vertu, de respect et de vrai progrès, elle en fonda quelques-uns et en releva d'autres de leurs ruines. En tête des plus célèbres qu'elle fit construire, nommons celui de Corbie.

Depuis quelque temps elle cherchait un lieu convenable pour y ériger un grand monastère, quand un ancien maire du palais, sous Clotaire II, Guntland, vint à mourir sans postérité. Le comté de Corbie, vaste espace de terre et de forêts qui avait une étendue de six lieues, au confluent de la Somme et de la rivière de *Corbeia*, lui avait été donné comme récompense de ses services. Ce domaine fit retour au fisc royal, et Bathilde y fonda la célèbre abbaye qui devait être une des gloires religieuses de la France. Dans un premier diplôme où n'apparait que le nom de son fils, Clotaire III, nous trouvons la donation de toutes les terres qui dépendaient du comté de Guntland : Warloy-Baillon, Canaples, Vignacourt, Talmas, Bertangles, Forceville, Louvencourt, Authuile, etc. Un second diplôme daté d'Éterpigny, 23 décembre 657, signé de Bathilde, accorde diverses immunités au monastère dont les constructions furent commencées cette année-là. Un troisième diplôme, du 2 des Ides de septembre 662, signé de Clotaire et de Bathilde, ajoute aux donations précédentes, la ville même de Corbie, quatre nouveaux villages dans le diocèse d'Amiens, trois dans celui d'Arras, un village encore dans le diocèse d'Amiens et une forêt. Puis, la sus-dite charte continue ainsi : « Egalement une portion, dans un lieu appelé la *Terrière*, que Frodin a acheté à Ursin, et que le même Frodin a échangée avec notre fisc pour une autre chose, dans le diocèse d'Amiens, que nous concédons à la dite abbaye, à partir de ce jour, libre de toute charge, même de la visite des juges ordinaires. » (Pièces justif. n° 1).

Par ce diplôme, l'Abbaye de Corbie devenait propriétaire d'une des partie des biens royaux situés à Boulogne. Quelle était cette partie ?

Nous l'avons déjà dit, les propriétés fiscales, avant cette donation, partaient d'*Hainvillers* et de *Bains*, et, prenant toute la montagne de Boulogne, elles s'étendaient jusqu'à *Bus* et *Fescamps*. Un parallélogramme allongé serait la figure de cette vaste propriété.

Mais le Roi avait échangé la montagne contre la Terrière avec Frodin. Alors, celui-ci devint le premier seigneur de la Montagne. Une langue de terre partant de Saint-Eloi-Fontaine et venant aboutir à la Cavée, ou la Tête-Robin, parait avoir été son lot. L'autre partie, la Terrière, avec ses appartenances telles que nous les avons délimitées, fut le lot des Religieux.

A partir de ce moment, l'histoire de notre pays va se renfermer dans celles des deux seigneuries établies par

Clotaire III et sa pieuse mère. Mais au XVe siècle, après la donation de Karados, elles seront réunies pour n'en plus former qu'une seule entre les mains des Religieux et Abbés de Corbie. Toutefois, au XVIIe siècle, la seigneurie de Bains, primitivement établie par les Religieux pour se décharger d'une partie des soins qu'exigeait leur vaste domaine, deviendra ambitieuse, et, profitant de la distance qui sépare Boulogne de Corbie, elle prendra le titre de seigneur de Boulogne, omettant à dessein les mots *en partie*. A chaque dénombrement le procureur réclamera, mais Bains finira par l'emporter au moins dans l'esprit des habitants, qui croiront plutôt à l'autorité d'un maître visible qu'à celle d'un maître inconnu.

CHAPITRE VIII

Les voies anciennes.

L'étude des voies anciennes d'un pays présente un intérêt réel, parce que ces voies sont la preuve des relations extérieures du peuple dont on écrit l'histoire. L'isolement n'est pas dans la nature de l'homme ; il aime la société et il cherche à communiquer avec ses semblables. De plus, la guerre et le commerce qui entrent pour une bonne part dans la vie des nations, exigent des routes pour se transporter d'un point vers un autre. Plus les voies sont anciennes, plus l'antiquité d'un pays est certaine, et son importance qualifiée par là même. Souvent le passage d'une route ou l'établissement d'un poste militaire donne naissance à des agglomérations d'hommes qui, plus tard, ont formé de grandes cités, à mesure que leur commerce s'est développé. L'histoire des voies d'un pays rentre donc dans l'histoire de ce pays même.

Boulogne-la-Grasse doit son importance première à la voie antique de Beauvais à Bavay. Le plateau de la montagne, d'un accès difficile, fut remarqué par des généraux romains, qui y firent camper leurs troupes pour les mettre en sûreté. Autour du camp ou du poste militaire, se rassemblèrent à la longue les familles dispersées dans les bois environnants, et des rapports s'établirent entre les Romains et les indigènes, en sorte que nos pères purent acquérir de leurs vainqueurs des notions d'une civilisation plus avancée. Et qui sait si en se faisant les serviteurs des soldats du camp, ils ne devinrent pas leurs élèves dans plusieurs industries, notamment dans l'art de fabriquer les poteries dont tant de débris couvrent notre sol ?

Enfin, les soldats de notre camp devaient pouvoir communiquer avec leurs frères établis dans les environs. Des voies nouvelles furent créées pour relier entre eux les différents postes militaires. Elles sont encore bien reconnaissables. Mais, lorsque les Romains, après une longue possession, furent chassés par les Francs, lorsque la paix eut succédé à la guerre, ces routes facilitèrent les relations extérieures.

Dans les siècles suivants, sous les Carlovingiens, l'importance de Boulogne ne se démentit pas. A côté de l'ancien camp abandonné, fut construit un château ou manoir dont les fossés sont encore visibles. Bien défendu par l'escarpement de la montagne du côté de Fescamps, et abrité par les bois, il était dans un site des plus agréables. Un peu plus loin, caché dans la forêt et sur l'inclinaison même de la colline, un donjon bâti pour s'opposer aux invasions normandes. Voilà qui établit l'importance de notre pays. Il n'est donc pas étonnant d'y trouver tant de voies anciennes.

Une grande voie, celle de Beauvais à Bavay par Vermand ; trois autres partant de la montagne, se dirigeant vers Montdidier, vers Léchelle et vers Compiègne ; une autre allant de Montdidier à Noyon et passant par Boulogne ; une sixième passant par Bains ; enfin, le tronçon de la voie de Beauvais à Noyon ; telle est la liste des voies anciennes dont nous allons parler.

A. *Voie gauloise ou romaine de Beauvais à Bavay.*

L'existence de cette voie ancienne n'est contestée que par un seul écrivain de notre siècle. Il a voulu donner à sa ville natale toutes les gloires. Elle est pourtant bien reconnaissable sur tout son parcours, depuis Beauvais jusqu'à la frontière de la Belgique.

La ligne droite qui est un des caractères distinctifs des premières routes établies par les conquérants des Gaules, se retrouve sur le territoire de Boulogne comme dans les autres pays qu'elle traverse. Le voyageur descendant de la côte de Voimont, près de Saint-Martin-aux-Bois, aperçoit, dans l'axe même de la voie, le clocher de l'église de Boulogne, à une distance de vingt kilomètres environ. Cette rectitude dans l'alignement est généralement expliquée par la rareté des lieux importants entre le point de départ et le point d'arrivée. De Beauvais, en effet, elle ne rencontrait que *Sinomovicus* (Saint-Just-en-Chaussée), distant de 6 à 7 lieues ; puis, *Rodium* (Roiglise), placé sur la voie romaine de Soissons à Amiens et éloigné de Saint-Just d'environ une dizaine de lieues. Quelle distance à parcourir pour le soldat armé ? Et quelles fatigues pour gravir et descendre ces côtes que ne voulurent point éviter les premiers constructeurs de la voie ? Il faut convenir que cette étape aurait été longue et pénible. La nécessité d'un campement intermédiaire se révèle de suite et on cherche pour le soldat un point d'arrêt. Déjà, nous l'avons dit, le poste de Boulogne, placé entre Saint-Just et Roiglise, s'impose de lui-même pour offrir au soldat une étape à la fin de la journée.

De Rollot au territoire d'Hainvillers, cette grande voie a conservé son alignement primitif. Mais à partir *du Pré à la Fosse aux Hériés*, elle était à gauche du chemin actuel jusqu'à l'extrémité du parc de Bains. Des ouvriers, en creusant l'étang, l'ont retrouvée entière avec ses différentes assises de pierres et de cailloux.

A quelle époque eut lieu cette déviation ? Nous ne saurions le préciser. Il est probable que c'est l'œuvre intéressée d'un seigneur de Bains (1).

Dans la traversée de Boulogne, il est aussi facile de reconnaître son passage, quoique certaines constructions aient anticipé sur sa largeur. Du milieu de la rue de la vallée, qui est son axe primitif, elle franchissait en ligne droite la montagne pour arriver devant l'église. De là, faisant inflexion à gauche, elle allait directement à l'entrée du chemin que nous appelons aujourd'hui *le vieux chemin de Roye*, par lequel elle descendait vers Beuvraignes.

Nous avons un jour parcouru la plaine entre la montagne et la route de Flandre, en suivant la ligne droite de l'ancienne voie. Nous avons été étonné de trouver à droite et à gauche, de nombreux débris antiques sem-

(1) Un ancien plan de la seigneurie d'Invillé, dressé vers 1786, pour M. Magnier de Bains, montre bien la brisure faite à notre route au pré Lafosse.

blables à ceux de Boulogne. Preuve évidente du passage des Romains en ce lieu.

V. de Beauvillé prétend que l'antique route de Beauvais à Bavay n'est pas celle passant par Saint-Just et Boulogne pour aboutir à *Rodium*. Il en préfère une autre passant par Ansauvillers, Gannes, Pérennes, Montdidier, La Boissière et Saint-Georges-de-Roye. Ce grave écrivain se met en opposition avec tous ses devanciers. Le tracé qu'il propose est une ancienne voie, même gauloise, mais ce n'est pas la voie romaine dont parle Dom Grenier et tant d'autres historiens. Il lui manque la rectitude dans l'alignement — le *statumen* propre aux voies romaines — et le témoignage que donnent les débris antiques, les armes, les monnaies, les vases, les sépultures, etc., que l'on trouve fréquemment le long des routes suivies par les légions de Césars et des Empereurs. Les fouilles opérées à La Boissière, près de cette voie, en 1886, ne nous ont montré que des objets Francs et quelques monnaies du Bas Empire. Nous laissons donc au savant historien de Montdidier son opinion.

Guillaume Delisle, membre de l'Académie royale des sciences, ne marque pas notre grande voie dans sa carte du Diocèse de Beauvais, dressée en 1710. A sa place, il met une chaussée Brunehaut, allant de Beauvais à Noyon, répudiant ainsi toutes les traditions et les données de l'Histoire. Nous dirons la valeur de la carte dressée par Delisle, dans notre dernier article, lorsque nous examinerons la voie dont il donne le tracé par notre pays.

B. *Voie du Camp de Boulogne à Montdidier.*

Le camp de Boulogne n'avait, du côté de Fescamps, qu'une seule issue. Mais, au bas de la côte se présentaient deux chemins, l'un se dirigeant vers Montdidier, l'autre vers Villers-les-Roye en passant par l'Echelle-Saint-Taurin. Le premier fait le sujet de cet article.

Les Romains avaient coutume de loger leurs soldats dans des camps isolés. Tous les anciens camps sont à distance des villes : le camp du Mont-César de Bailleul, le camp de Catenoy, etc... De ces camps partaient des voies qui les mettaient en communication avec les centres populeux, où la présence des troupes pouvait être nécessaire, soit pour empêcher un soulèvement ou le réprimer, soit pour assurer la perception des impôts et veiller à la liberté du commerce. De plus, les besoins de la vie devaient forcément établir entre le camp et la cité voisine certains rapports. Ce que le camp ne pouvait fournir pour l'habillement et la nourriture du soldat, on le demandait à la ville.

A l'époque de l'occupation du camp de Boulogne, quelle était la ville la plus rapprochée? Nous n'en trouvons point d'autre que Montdidier. Sans discuter ni l'ancienneté, ni l'importance de cette ville, il nous suffit de savoir qu'elle était réunie à Noyon par une voie dont nous parlerons plus loin, et à Venette, par une autre exactement connue. Il n'est donc pas étonnant que le camp de Boulogne ait été en communication directe avec elle, par une voie spéciale qui porte encore le nom de *Vieux Chemin de Montdidier* et dont voici la direction.

De son point de départ qui est sur la route de Villers-les-Roye, elle contourne un peu la montagne, passe devant le donjon, prend à droite, traverse la plaine, puis le bois de Remangies — où elle est visible. — De là, elle se rend directement au bout du village, laissant à droite l'ancien château et l'église. Il y a quelques années un sentier marquait encore son passage. De Remangies elle joint l'église de Piennes, pour aller se réunir à la voie de Montdidier à Noyon, à deux kilomètres plus loin. Le témoignage des anciens nous a indiqué ce tracé qui répond parfaitement aux données du cadastre actuel et aux anciens plans terriers que nous avons consultés.

C. *Voie du Camp de Boulogne a Villers-les-Roye ou au Vieux-Castil.*

Cette voie qui descend de notre montagne vers Fescamps, est unique dans cette direction. Examinée attentivement, on peut se convaincre qu'elle fut primitivement établie suivant une ligne droite. C'est sur ses bords, qu'à 3 kilomètres de Boulogne, furent construites les premières maisons qui donnèrent naissance au village dont nous avons déjà parlé, Fescamps, *Festum campi.*

Après avoir traversé Fescamps dans toute sa longueur, elle se dirige vers Marquivillers par le chemin Dupierre, dont les talus élevés servent de limite au territoire de Grivillers sur un long parcours. Quand un chemin présente un alignement direct et sert à délimiter plusieurs territoires, nous disent les auteurs, il y a une forte présomption qu'il est une voie ancienne. Nous ne pouvons passer sous silence ce caractère évident d'ancienneté. Le village de Marquivillers a sa rue principale formée par le passage de notre voie qui conduit à Léchelle où elle entre par la *rue de Boulogne*.

Ce nom de rue de Boulogne est significatif. Quels rapports existent aujourd'hui entre Léchelle et Boulogne? Aucuns. Il faut donc remonter plus haut dans l'histoire du pays pour avoir l'explication de ce nom. On comprendrait que cette rue portât le nom de Marquivillers, village voisin; mais qu'elle ait pris le nom d'un village distant de plusieurs lieues, c'est là un indice des rapports anciens. En effet, un peu au-delà, près de Villers-les-Roye, était aussi un camp ou au moins un poste militaire romain. Eh bien, c'est par la voie que nous décrivons, que ce camp était en communication avec le nôtre. Un gué encore visible dans la rivière d'Avre indique aussi son passage.

D. *Voie du Camp de Boulogne vers Compiègne.*

Venette (village près de Compiègne) était anciennement relié par une grande route avec Montdidier. C'était donc un lieu important. Non loin de là était le Mont-Gannelon où séjournèrent les légions de Rome. Les environs de Compiègne sont au surplus pleins de débris qui attestent la domination romaine. Nous pouvons donc supposer avec quelque vraisemblance, que le camp de Boulogne, déjà relié à plusieurs autres postes importants, le fut également avec les environs de Compiègne.

Nous en étions à cette supposition quand des indices certains nous furent révélés. Du bas de l'église, près de l'entrée du camp, descendait un chemin aujourd'hui supprimé, mais dont on retrouve l'établissement sous la terre végétale des jardins. Plusieurs fois, en construisant de ce côté, des ouvriers l'ont mis à découvert, notamment en 1857 et en 1883, et en ont retiré une grande quantité de matériaux. Sa direction est bien vers Compiègne en suivant le chemin qui conduit à Orvillers et passe près des *champs mal buqués.*

E. *Voie de Noyon à Mondidier passant par Boulogne.*

Cette voie est signalée de différents côtés. D'abord son existence n'a été que soupçonnée. Simon, dans son addition à l'histoire du Beauvaisis, dit *qu'elle allait à Noyon,* sans indiquer ni son point exact de départ, ni les pays par où elle passe. — Graves, après lui, dans l'énumération des voies incertaines dans l'Oise, écrit : « Quelques traditions locales signalent l'existence d'une communication antique entre Noyon et Montdidier... On fait *vaguement,* à Boulogne-la-Grasse.... mention d'une route ancienne dont on ne peut plus reconnaître le tracé ; d'autre part, les vieux plans marquent sur la montagne de Larbroye, entre Noyon et Cuy, des lieux dits *le Frestoy* et *Cauchelle,* dont les noms sont significatifs, et la colline qui domine Cuy porte celui de *Châtelet.* Ce serait donc aux environs de Vauchelles, Cuy, Lassigny, Canny-sur-Matz, Roye-sur-Matz, Conchy et Boulogne, que les recherches devraient être portées. »

Ce que Graves, faute de temps et de documents, n'a pu constater, d'autres l'ont fait depuis. Grâce à des recherches actives et l'inspection des chemins, l'existence de cette antique voie est un fait acquis.

Plusieurs fois, des archéologues sont venus à Boulogne pour vérifier son point d'arrêt ou son point d'intersection sur la voie romaine, et ils ont constaté qu'il ne s'agit pas ici d'une bifurcation de la route de Beauvais sur Noyon, mais d'une route distincte faite pour relier deux cités importantes en deçà et au-delà de notre pays.

De Noyon à Canny, à Conchy elle est reconnue aujourd'hui. Les plans terriers et le cadastre signalent partout *le vieux chemin de Noyon.* Les habitants du pays qu'elle traverse la connaissent bien et l'indiquent à quiconque la leur demande.

De Conchy, elle vient au moulin de Boulogne, appelé

le moulin de Conchy ; puis elle va près de la fontaine Grossessaulx. Là elle s'arrête en face d'un marais qu'elle traversait autrefois en ligne droite, l'espace de 465 mètres, pour s'aboucher avec la ruelle Saint-Eloi, et se continuer, en passant près la fontaine Saint-Maclou, jusqu'à Montdidier.

Le limon du marais aura un jour recouvert la chaussée et le voyageur l'aura délaissée pour prendre le chemin tortueux de la Bataille. C'est pour cela que le plan cadastral appelle aujourd'hui le chemin de la Bataille, *vieux chemin de Noyon*.

Notre étude sur les voies anciennes de Boulogne devait s'arrêter là. Mais, comme en étudiant une question, il arrive souvent qu'une nouvelle surgit, nous allons indiquer le résultat imprévu auquel nous sommes arrivé. Il pourra intéresser les archéologues de la Somme et de l'Oise qui donneront la solution dernière. De là notre sixième paragraphe (1).

F. *Voie de .... à Noyon ? passant par Bains.*

Le voyageur qui vient de Montdidier vers Boulogne, deux ou trois cents mètres avant d'arriver à Onvillers, voit à sa droite un chemin vert, large, et avec remblais des deux côtés. On l'appelle, à Onvillers, *le chemin de Noyon*. Primitivement il se continuait à travers la propriété de Bains, passant près d'une vieille tour dont nous avons vu les fondations et sous les fenêtres du château actuel, pour entrer à la sortie du parc dans une cavée appelée à Boulogne *la Cavée de Noyon*. De là se continuant vers le Pot-à-Beurre, il rejoignait la voie de Noyon dont nous avons parlé à l'article précédent, un peu avant le moulin de Conchy, et se confondait avec elle.

(1) Le Maïeur et les échevins de Montdidier, d'après la charte communale de leur ville, avaient le droit de travers à Boulogne-la-Grasse, parce que Boulogne était dans les limites de la châtellenie. Etait-ce sur cette voie qu'existait ce droit ou sur celle de Boulogne à Montdidier, appelée ici le *vieux chemin de Montdidier*, dont nous avons parlé, paragraphe B ? Nous optons pour la première.

Cette voie fut rejetée par un des seigneurs de Bains, en dehors du parc, du côté de Rollot, il y a longtemps. Telle est la tradition du pays.

D'où venait cet ancien chemin ? Nous l'ignorons complètement. Dans un plan de 1769, nous avons remarqué qu'il se continuait, dans la Somme, à travers une pièce de terre où il n'est plus visible aujourd'hui. Son axe donnerait la direction de la ferme de Forestil ou de la Motte-d'Etelfay. Quel est son point de départ ? Est-ce Moreuil ? Est-ce Saint-Marc-en-Chaussée, sur la route de Soissons à Amiens ? Est-ce Guerbigny ?

G. *Voie de Beauvais à Noyon.*

Cette voie que Guillaume Delisle indique dans la carte du diocèse de Beauvais, dressée en juin 1710, n'existe pas à proprement parler. Elle n'est formée que d'emprunts à d'autres routes depuis Beauvais jusqu'à Noyon, excepté dans son passage sur le territoire de Boulogne. Ici, seulement, l'espace d'une lieue environ, de la grille de Bains au moulin de Boulogne, dit le moulin de Conchy, elle a une existence propre et indépendante. Au reste, il est facile de la vérifier ; son encaissement, sa largeur, le nom de la Cavée de Noyon que porte l'endroit où vient se souder sur elle *la voie inconnue* dont nous avons parlé dans l'article précédent, tout indique bien là un chemin ancien, que d'aucuns appellent le *vieux chemin de Noyon à Tricot.*

Le point de départ de cette route, ou sa bifurcation, a lieu à deux pas de la grille de Bains. Elle prend sur la droite et elle se dirige vers le Pot-à-Beurre, d'où elle sort par le chemin dit le Pot-à-Beurre de Conchy, pour aller joindre la voie de Montdidier à Noyon, près du moulin, et gagner cette dernière ville en suivant la même route qu'elle emprunte dans tout son parcours. Ainsi, comme nous l'avons dit, elle n'existe guère que l'espace d'une lieue. Elle n'est qu'un chemin pour éviter l'angle que l'on ferait en allant à Boulogne chercher la voie ancienne de Montdidier à Noyon.

Guillaume Delisle, avons-nous dit, à l'art. A, n'admet pas la grande et antique voie de Beauvais à Bavay, passant par Boulogne. Il lui faut pourtant expliquer une voie ancienne reconnue et admise depuis Beauvais jusqu'à Saint-Just, et au-delà. Alors, il trace une route qui va à Noyon en passant près de Boulogne-la-Grasse, se mettant ainsi en contradiction avec les traditions locales et les historiens. Mais il est si peu certain de son passage, qu'il met sur sa carte Tricot et Courcelles à droite de la chaussée, Hainvillers à gauche, Vaussoir à droite. Lorsqu'il fallait écrire tout le contraire. Et ce ne sont pas là les seules erreurs que nous avons relevées. Voici un échantillon de son inexactitude. Il place Sorel entre Orvillers et Courcelles, Biermont est plus près de Cuvilly que Sorel. Dans le canton de Maignelay, il met Domfront sur la rive droite du Dom. Il indique Maignelay (Halluin), plus près de Sains que le Caurel. De Sains à Gannes, la route passant par le Longbus est presque droite. Delisle veut qu'à la sortie du Longbus on incline à droite et que l'on aille chercher Gannes à la *pointe* du bois de la Hérelle, etc... Nous nous arrêtons dans cette énumération, et nous demandons si la réputation de Delisle n'est point surfaite.

Pour se mettre en opposition avec ses devanciers et mépriser les données certaines de la tradition, il faudrait de son côté éviter des erreurs aussi matérielles et aussi nombreuses, sinon, le lecteur est en droit de mal juger le travail qu'il a sous les yeux, fût-il l'œuvre d'un académicien.

Ici s'arrête notre étude sur les voies anciennes de Boulogne-la-Grasse. Puissions-nous avoir éclairé quelque point intéressant de notre histoire locale.

CHAPITRE IX

Le Donjon.

Non loin de l'emplacement du Vieux-Château, dans le bois, se trouve sur la déclivité de la montagne un endroit appelé le donjon. Aucun chemin n'y conduit, et le visiteur qui partirait de l'extrémité de la rue du Mesnil pour s'y rendre, ne le trouverait que difficilement, après avoir franchi plusieurs fossés larges et profonds. Un sentier connu seulement des habitants permet d'approcher de la butte sans trop de difficulté.

La position de ce donjon est on ne peut mieux choisie. Soit que l'on arrive à Boulogne par Fescamps, soit qu'on y vienne par le vieux chemin de Montdidier, on passe auprès de lui et on ne l'aperçoit pas. Les accidents du terrain et les bois le dérobent à la vue.

Depuis quelques années, des archéologues sont venus à Boulogne. Ils ont visité avec nous les voies anciennes, les fontaines, le camp et toutes les curiosités qu'offre notre pays ; mais, arrivés en face de cette motte de terre entourée de fossés qui se croisent, ils ont avoué leur étonnement et leur impuissance à définir ce qu'ils voyaient. Ils nous ont demandé de faire des recherches et d'exécuter des fouilles. Eh bien, nous devons le dire, après tous nos travaux, nous ne sommes pas plus avancé que le premier jour. Aucun historien ne parle du donjon de Boulogne et les historiographes modernes qui ont écrit sur notre pays n'en disent pas non plus un mot. Avaient-ils la crainte de se compromettre ?

Depuis une cinquantaine d'années, à différentes fois, on a entrepris des fouilles. M. Ducos, ce savant, ce riche propriétaire de Bains, a fait pratiquer une tranchée assez profonde dans le sens de la longueur, et il n'a recueilli qu'un reste d'épée rouillée. On disait que cette butte renfermait des précipices, des oubliettes, des caves profondes, et rien de tout cela n'a été découvert. On sait seulement qu'il y a un puits et on connait l'endroit. Ainsi déçu, M. Ducos fit arrêter le travail des ouvriers. Depuis cette époque, un habitant de Boulogne, dans l'espérance de trouver là une fortune, obtint de M. Alcibiade Fasquel, nouveau propriétaire de Bains, la permission de fouiller cette butte. Après quelques jours d'un travail infructueux, il abandonna également son entreprise. Ainsi, les fouilles exécutées en cet endroit, n'ont donné aucun résultat. Nous pensions ces années dernières, que les ouvriers employés à un grand abattis d'arbres et de taillis opéré de ce côté de la montagne, auraient trouvé un objet quelconque, des monnaies, des débris d'armes ou de poteries, voire des ossements, rien ne nous a été signalé.

Autour de cette motte de terre qui a 42 mètres de longueur et 33 de largeur, étaient encore il y a quelques années seulement, des restes de murailles faites de grès et de pierres diverses. Les habitants qui construisaient une grange ou une maison, obtenaient toujours du propriétaire la faculté d'aller au donjon chercher les grosses pierres dont ils avaient besoin. Quand il ne resta plus que des débris, la municipalité les obtint pour empierrer la rue du Mesnil. Ainsi, tout s'en allait peu à peu. Aujourd'hui, le touriste ne ramasse plus que de rares morceaux de tuiles au sommet de la butte. Sur ces restes de tuiles nous ferons néanmoins deux observations, c'est : 1° Qu'ils proviennent de tuiles anciennes, leur épaisseur n'est pas égale à celle des pannes romaines, mais elle est supérieure à celle des tuiles qui recouvrent encore nos vieilles églises ; et 2° quelques débris ont un trou de 8 à 10 millimètres de diamètre, ce qui indique qu'elles étaient attachées et non posées sur des lattes comme celles de nos jours.

En arrivant par le sentier des bois, on voit que pour atteindre la butte sur laquelle était le donjon, il fallait passer par l'un des deux ponts que, sur notre plan, nous avons désigné sous le nom de pont-levis. Remarquons pourtant que par celui d'en bas on arrivait de suite en face de l'endroit où devait être l'entrée du fort, si nous en jugeons par l'état des fossés, tandis que par celui d'en haut il fallait faire un long circuit et contourner le grand fossé avant d'arriver à la même entrée.

Si d'un côté ce donjon n'est protégé que par un seul fossé large de 15 mètres, il est mieux défendu du côté de la Cavée et du Vieux-Château. Trois lignes de tranchées larges et profondes, dont les terres ont été rejetées pour former des talus, en empêchent l'accès. La plus éloignée de ces tranchées a un développement de 275 mètres.

Nous posons ici cette question : Sommes-nous véritablement en face d'un donjon ?

A Boulogne, le mot employé pour désigner cet endroit est toujours *donjon*. Partant de cette donnée consacrée par le temps, nous demandons à quelle époque il fut construit ? Il faut nécessairement se reporter au temps des invasions normandes et dire qu'il formait avec Bains, Rollot, le Tronquoy, Hainvillers, Orvillers et Mortemer une ligne de défense pour arrêter les courses des Barbares du Nord. Descendant ou remontant les rivières, ces hommes, durs à la guerre, campaient en un point quelconque et de là ravageaient les pays d'alentour. Le fort de Boulogne aurait donc été bâti, ainsi que ses voisins, pour s'opposer aux excursions de ces pirates qui, plusieurs fois, s'établirent à Guerbigny. (Voir sur ce sujet le travail de Peigné-Delacourt, dans le tome IV des bulletins du Comité archéologique de Noyon.) C'est la seule explication plausible que nous voyons à l'établissement de notre donjon. L'histoire générale, aussi bien que l'histoire locale, est muette sur son origine, sur les combats livrés dans ses alentours et sur l'époque de sa disparition ; tandis qu'elle a conservé le récit des faits concernant les châteaux-forts du Tronquoy, de Rollot et de Mortemer. *(Histore de Roye*, par M. Coët).

Dirons-nous que là fut la première habitation des seigneurs de la montagne, de Frodin, par exemple, en 662 ? Il faudrait convenir que c'était une singulière habitation que ce donjon isolé dans les bois, d'un accès difficile puisqu'il était placé sur la plus forte inclinaison de la côte. Mais l'emplacement du Vieux-Château est bien connu. Il était à l'extrémité de la rue du Mesnil (nom significatif) auprès du bois, et à environ deux cents mètres du donjon.

Ainsi, en résumé, nous ne pouvons rien expliquer relativement à ce fort ancien que nos amis visitent souvent. Que d'autres plus habiles déterminent si vraiment nous sommes en présence d'un donjon.

Si nous ne craignions de nous mettre en opposition avec les traditions du pays, nous émettrions une idée que quelques-uns regarderont peut-être comme singulière. Cette motte de terre si bien dissimulée par les accidents de terrain et par les bois, d'un accès très difficile à cause de sa position et des fossés qui l'entourent, cette motte de terre qui renferme, dit-on, des caves et des oubliettes, ne serait-ce pas ce que l'on appelle en Picardie *une muche*, un endroit où à l'époque des guerres les seigneurs et les habitants allaient déposer ce qu'ils avaient de plus précieux ? Il existe dans un grand nombre de villages environnants, des muches ou refuges souterrains creusés dans la craie. Mais, à Boulogne, à cause du sable, il était impossible d'en établir de semblables. Aurions-nous donc ici un système particulier de cachette ? C'est une idée que nous recommandons à l'attention de nos confrères. Ils seront indulgents si nous nous trompons.

Nous avons déjà dit ailleurs que ce donjon avait pu être bâti au IXe siècle. C'était probablement un édifice en bois posé sur une base de pierres. « On constate, dit Peigné-Delacourt, l'absence de toute construction en pierre pendant les trois siècles qui suivirent la chûte de l'empire romain dans les Gaules. » C'est ce qui nous explique pourquoi nous n'avons trouvé en cet endroit que des pierres provenant des fondations.

A l'époque où le système féodal prit place largement chez les Francs, dit encore le même savant, les enceintes fortifiées se multiplièrent et prirent la forme circulaire. On leur donna généralement le nom de *mottes* en raison de l'existence d'un tertre placé au milieu du terrain entouré de fossés. C'est sur cette éminence qu'on plaça les donjons en pierre *et en premier lieu des tours en bois.* » Il eût été difficile d'élever ici, sur un terrain sablonneux et peu stable, une construction en pierre. Pour cette raison, nous croyons plutôt à l'existence d'une muche, d'une cachette fortifiée, qu'à celle d'un donjon véritable.

CHAPITRE X

La seigneurie de Boulogne-la-Grasse (La Montagne).

Frodin avait reçu du Roi et de Sainte-Bathilde les terres et les bois de la Montagne en échange de la Terrière, et il devint ainsi le premier seigneur de la portion de notre pays appelée *Boulogne-la-Grasse*. Son domaine s'étendait sur le plateau et sur les pentes. Il était resserré entre le chemin du Marais-sous-la-Rue, la tête Robin et le vieux chemin de Montdidier d'un côté ; le chemin de Bus, la Hétroie et l'église de l'autre ; d'un bout il était limité par la chaussée de Montdidier à Noyon, et de l'autre par l'ancien chemin de Bus, vers la Corrière.

Lorsque les moines de Corbie connurent l'étendue de leur propriété, ils cédèrent à Frodin ou à quelqu'un de ses successeurs, la partie qui était sur le bord de la grande voie romaine et que nous appelons Bains, moyennant certaines conditions. Ainsi, la seigneurie de Boulogne fut agrandie.

Nous ignorons les noms de nos seigneurs pendant plusieurs siècles. Il nous faut aller jusqu'en 1116, pour trouver un nom certain.

En cette année 1116, concession ou bail fait, par Nicolas Ier, abbé de Corbie et tout le couvent au nommé Seibrand de Montreuil, de la terre de Saint-Pierre et le moulin situé *aux Fortes*, au terroir de Boulogne et que la dite église de Saint-Pierre avait tenu et possédé légitimement de toute ancienneté. La dite église possède en la dite ville des revenus provenant tant des terrages que des dîmes, un demi-muid de seigle et demi-muid d'avoine ; de trois courtils chacun payant un sol et un setier d'avoine et d'un pré 2 sous, et du moulins tous les ans, 3 muids de blé-froment, seigle et mélange d'orge et avoine par tiers.

La concession ou bail faite pour 7 ans, à charge de payer par an, à la Saint-Remy, un marc d'argent ou 30 sous, au choix du receveur ; et, après l'expiration de ces ans, la terre retournera à l'abbaye. *Terram Sancti Petri et molendinum que apud Fortas in terra Bononiensi adjacent et quæ Ecclesia Sancti Petri antiquo jure tenuerat. — Habet enim Ecclesia nostra in prælata villa redditus tam de terraceo quam de decima.* Ce Seibrand de Montreuil était-il simplement fermier de la terre de Corbie ou bien seigneur de la Montagne et en même temps fermier de la Terrière ? Ce dernier sentiment nous paraît plus probable, quoique nous n'ayons pas de preuve positive.

On trouve dans un registre de Philippe-Auguste (roi de France de 1180 à 1223), présentement à la bibliothèque nationale, le rôle des chevaliers de la châtellenie de Montdidier qui furent appelés à prêter serment devant le Roy pour les fiefs qu'ils possédaient dans sa circonscription : *Symon de Espaeres et de pertinenciis debet stagium per duos menses in anno et tenet homagium dominum Alodum de Copoi, Galterum de Espaeres, Droconem de Bolonia debet exercitum equitatum adusum viromandensem.*

Et un peu plus loin :

Renaldus de Lis homo de Trunquoi de fortericia et avoeria et vicecomitatu ejus et hominum suorum, ejus homines sunt, Gaufridus Peloz, Robertus de Trunquoi, Hugo de Vaus, Droco de Trunquoi, Petrus Balloz, Droco de Bolonia, et debet exercitum et equitatum ad usum viromandensem.

Nous avons ici un nom certain, Drogue ou Druon, seigneur de Boulogne.

Pierre de Boulogne, chevalier, était seigneur de Boulogne en 1225. Il avait pour femme Massa et pour fils Barthélemy. Ce Barthélemy, par un acte de 1231, constitua une rente au profit de son oncle maternel.

Foulques de Boulogne, chevalier et seigneur de Bains, vendit en 1239, à Pierre de Fontaine, dit le Clerc, toute la dîme qu'il tenait à Raineval (Gaign., p. 186).

Peigné-Delacourt, dans les planches faisant suite à l'*Histoire d'Ourscamp*, n° 68, donne son sceau, qui est : 5 tours donjonnées, posées 2. 2. et 1 (qui est d'Argies).

Ce Foulques de Boulogne était-il de la famille d'Argies.

En 1240, nous avons *Simon d'Argies*, seigneur de Boulogne et de Bains, châtelain de Roye, marié à Gilles de Tricot, dans le nom est cité dans une charte de 1265 au cartulaire d'Ourscamp. Il vendit une rente de 50 livres à Charles, comte de Valois, en 1290.

En 1248, Jean d'Argies, dit Jean de Boulogne et de Bains, vidime la lettre de Mgr Druion, dit Vilain, chevalier, son père, déclarant que Pierre Bloogniaus et Aélide, son épouse, Pierre Maillard et Agnès, son épouse, ont vendu à l'église d'Ourscamp leurs vignes à Villiers, près Ourscamp. (Gaign., p. 186). Le sceau est semblable à celui de Foulques. 5 tours donjonnées. 2. 2. et 1. SIGILLVM IEHAN DE BOVLOGNE. (Peigné-Del., *loco citato*).

En 1334, Regnauld d'Argies était seigneur de Boulogne et de Bains, et châtelain de Roye. Il fournit en cette année 1334 le dénombrement des biens de la Terrière qui consistaient en 47 buviers de bois, 80 journaux de terre, 8 journaux de prés, un moulin à vent. En cens d'avoine, 8 muids 2 septiers, argent, chapons, poules, terrages, corvées et 2 hommages ou 2 fiefs.

Le 3 juillet 1348, il fournit à l'abbaye de Corbie le dénombrement de ce qu'il possédait dans sa seigneurie de la montagne ; ce qui prouve que cette seigneurie relevait de l'abbaye, avant la donation de 1413.

« Dénombrement de la terre de Boulogne-la-Grasse fourni à l'abbaye de Saint-Pierre de Corbie par Regnauld d'Argies, chevalier, châtelain de Roye et sire de Boulogne, consistant en la seigneurie et voirie partout où les masures s'étendent, un manoir et un jardin de 5 journaux ou environ ; 39 hostises et masures qui doivent cens et rentes, dont 23 chargées chacune de 64 septiers d'avoine et 23 deniers, etc., plus 5 journaux 1/2 de prés et 275 verges de vignes qui doivent des cens. Le tout au long spécifié. Un moulin qui rendait par an 10 muids de blé, plus 177 journaux de bois en 4 pièces, plus 68 journaux de terre en 17 pièces, le tout spécifié. Plus 12 journaux ou environ de terres tenues à terrage à raison de 9 du cent ou 20 deniers de rachat et 20 gerbes de don, plus la justice haute, moyenne et basse, sur tous les objets, masures, terres, prés, bois, etc., et le 13e denier en cas de vente. »

De cette terre dépendaient deux arrières fiefs, l'un qui valait 32 sous de cens par an et le champart sur 160 journaux de terre. L'autre consistait en 21 journaux de terre. Le dit seigneur avait encore le droit de corvées sur Fescamps.

Aux Essarts de Bus, il y avait des terres qui devaient 10 sous, quand elles portaient à Bus droit de corvées.

1368, *Jeanne d'Argies*, épouse de René de Hangest. Le 16 janvier 1369, messire de Hangest prêta hommage au seigneur abbé de Corbie pour la seigneurie de Boulogne, possédée par son épouse. Et pour les droitures à cause du relief, il paya LX sous et pour le chambellage XXX sous.

En 1390, *Jean d'Argies*, seigneur de Parvillers, écuyer, hérita cette seigneurie de sa cousine Jeanne d'Argies.

« 5 juin 1390, relief fait par Jean d'Argies, écuyer, seigneur de Parvillers et de Boulogne-la-Grasse, d'un fief qui s'étend en la dite ville de Boullogne à lui échu par la succession de Jeanne d'Argies, épouse de messire René de Hangest, sa cousine, et a fait hommage à charge du dénombrement dans 40 jours en présence de Jean d'Argies, chevalier, seigneur de Blérancourt. »

Dans un aveu de la terre de la Houssoie, près Remaugies, mouvant de la châtellenie de Montdidier, du 13 mai 1399, Jean d'Argies s'intitule *sire de Bains et de Boulogne-la-Grasse*.

Ce fut devant lui que furent publiées les lettres prononçant la réunion de la ville et de la châtellenie de Chauny à la couronne de France en 1411. Voici le libellé de cet acte : « Ces présentes furent publiées en jugement en la cour du Roy (Charles VI) notre sire à Laon, par devant nous Jehan, seigneur de Bains, de Houssoye et de Boulogne-la-Grasse en partie... chambellan du Roy, nostre sire et son bailli du Vermandois, le sahmedi XXVIIIe jour de novembre de l'an mil IIIIe et onze. »

Un *vidimus* de la même charte fut fait peu après le précédent jugement par *Jehan seigneur de Sains*

(Morainvilliers), de Houssoye et de Boulogne-la-Grasse en partie, *chevalier, chambellan du Roy et bailli de Vermandois, à la résidence de Laon.*

Ce fut ce Jean D'Argies qui vendit la seigneurie de la Montagne en 1402, à Jean des Quesnes Karados, bailli de Rouen, en se réservant celle de Bains, ce qui lui permettait de s'appeler encore, *sire de Boulogne. Seigneur de Boulogne, en partie.*

Karados prit deux saisines de la terre et seigneurie de Boulogne acquise de Jean D'Argies et de son épouse (dont le douaire avait été remboursé sur le prix de la vente), la première le 5 août 1402, et la seconde, le 26 août 1404.

Jean des Quesnes avait pour épouse Marie de Quinquempoix.

Le 10 mars 1413, d'un consentement mutuel, ils firent leur testament par lequel ils donnaient à l'abbaye de Corbie la terre et seigneurie de Boulogne-la-Grasse, s'ils venaient à mourir sans enfants, à condition que les religieux de la dite Abbaye seraient tenus de fonder une chapelle dans leur église, en laquelle ils feraient mettre les armoiries et les blasons des dits seigneur et dame fondateurs et y feraient célébrer chaque jour une messe pour le repos de leurs âmes et chaque semaine un service chanté à notes, tel jour qui sera déterminé par ladite abbaye et les exécuteurs testamentaires.

Ces pieux époux n'eurent point d'enfants. Mais Jean avait un fils d'un premier mariage, surnommé également Karados.

Karados père étant mort vers 1417, son fils attaqua la validité du testament de 1413. Pendant de longues années, le Parlement eut à s'occuper de cette affaire qui ne fut terminée définitivement qu'en 1480.

Une enquête fut ordonnée. Le résultat en est consigné sur un rouleau de parchemin long de 40 pieds, conservé aux archives de la Somme.

Cette enquête était à peine terminée (1453) que Karados fils mourut aussi sans postérité. Alors ses héritiers se présentèrent pour réclamer leur part dans la seigneurie de Boulogne. Et l'abbaye de Corbie dut continuer à défendre ses droits.

En 1458, Marie de Quinquempoix mourut également.

De nouvelles réclamations s'ajoutèrent aux précédentes.

Le 19 janvier 1459, Jean Luillier (ou Loullier), comme héritier de Marie, fit relief de deux fiefs, l'un situé à Rocquencourt et l'autre à Villers-Tournelle. Puis, il voulut faire relief de la moitié de la terre et seigneurie de Boulogne-la-Grasse, tenue de l'église de Saint-Pierre de Corbie. Mais le procureur fiscal s'y opposa, faisant valoir le testament de M. et de Me Karades, de 1413, au sujet duquel il y avait procès aux Requêtes du palais.

Le 15 août 1460, un héritier, Jean de Morcastel, voulut aussi faire relief de la moitié de la terre et seigneurie de Boulogne. Le procureur fiscal s'y opposa de nouveau, se fondant sur le testament de 1413, au sujet duquel il y avait procès aux Requêtes du Palais.

Peu à peu, cependant, ces héritiers, voyant l'inutilité de leurs réclamations, se désistèrent. C'est ainsi que le 20 mai 1465, noble Jean de Fransures abandonna toutes ses prétentions à condition que l'abbaye acquitterait toutes les charges et fondations portées sur le testament.

Enfin, le 23 mai 1466, intervint la sentence des Requêtes du Palais, contradictoirement rendue entre les religieux, abbé et couvent de Corbie demandeurs d'une part, et sire Jean Luillier et Jean de Fransures défendeurs d'autre part, sur la prise de possession faite par l'abbaye de Corbie, de la terre et seigneurie de Boulogne-la-Grasse, en vertu de lettres de chancellerie et en conformité de la clause du testament du 10 mars 1413. *Avons condamné les dits défendeurs à souffrir et laisser jouir les dits demandeurs d'ycelle terre et seigneurie de Boulogne-la-Grasse, sous les conditions et par la forme et manière contenue audit testament, comme à eux appartenant ; et à leur rendre et restituer la moitié des dits fruits et profits, revenus et émoluments qu'ils en ont pris et reçus depuis le décès dudit feu messire Jean des Quesnes, fils dudit des Quesnes bailly de Rouen.*

Signification de cette sentence fut faite aux intéressés le 24 août 1466, et le procès-verbal de prise de possession fut rédigé le 16 septembre de la même année.

Le 13 juillet précédent, noble dame Marie de Rivery, dame de Ferrières, épouse de Jean des Quesnes fils, avait passé un acte devant un notaire de Montdidier, dans lequel elle déclarait que quoique l'abbaye de Corbie lui ait permis de prendre les fruits et les revenus de la terre et seigneurie de Boulogne, jusqu'à la Saint-Remi 1466, excepté les vignes que la dite abbaye s'était réservées, cependant elle n'en voulait rien prendre ; mais elle promettait de tout restituer à la dite abbaye à laquelle cette terre appartenait à cause de la donation qui lui en avait été faite par le père de son mari.

En 1477, une nouvelle tentative fut faite pour déposséder les religieux.

Le 30 septembre, Jean de Fransures, écuyer et sieur de Tilloy et de Fransures en partie, fils et héritier de Jean de Frausures dit Flameng, fit offre à Messire Jean Danquesne, abbé de Corbie, de relever et payer les droits et faire les services ordinaires pour la terre et seigneurie de Boulogne-la-Grasse ; pour quoi il a offert à découvert 60 sous parisis pour le chambellage et 3 écus d'or, comme héritier de Messire de Karados ; offrant d'en faire la foi et tous les autres droits et devoirs. Sur quoi il lui fut répondu par l'abbaye que la terre et seigneurie de Boulogne lui appartenait et qu'elle lui avait été adjugée par sentence des Requêtes du Palais ; qu'en conséquence elle s'opposait à ce que le sieur de Fransures fut admis à la relever.

Ainsi fut définitivement consommée la réunion des deux seigneuries de Boulogne, celle de la Montagne avec celle de la Terrière, entre les mains des religieux de Corbie. Posons maintenant cette question :

Où donc était située la demeure seigneuriale ou le manoir ? La première rue que l'on rencontre à gauche en arrivant à la montagne par la voie de Beauvais, porte encore aujourd'hui le nom de rue du Mesnil (mansio, demeure, manoir). En effet, cette rue conduit en ligne droite à l'ancien manoir que, le 3 juillet 1348, Reynauld d'Argies inscrivit dans son dénombrement, avec un jardin de 5 journaux environ. Au bout de cette rue, dans la pièce de terre à droite, contre le bois, s'élevait la demeure seigneuriale. Sa position en cet endroit de la montagne était des plus agréables. Dans cette pièce de terre, de nombreux débris anciens, vieilles tuiles, poteries vernissées, décorées de fleurs et d'animaux, monnaies en argent, en or et en cuivre des XII, XIII et XIVe siècles, s'y rencontrent fréquemment. Les musées des riches collectionneurs de Compiègne et d'Amiens en renferment plusieurs chèrement payées, à cause de leur beauté. La dernière trouvée était en or, aux armes de France, écusson couronné et portant 3 fleurs de lys, avec cette inscription : *Karolus, Dei, Gratia, Francor, Rex.* Au revers, la croix à 4 branches terminées par une fleur de lys, avec la légende : XPS, VINCIT, XPS, *Regnat*, XPS, *Imperat*.

Les auteurs ne nous ont laissé ni description, ni dessin de ce château. Le souvenir de son existence est pourtant bien conservé dans le pays et son emplacement est appelé le Vieux-Château.

Nous pouvons présumer qu'il a disparu dans les guerres du XVe siècle, alors que Boulogne était continuellement ravagé par les Bourguigons, les Armagnacs et les Anglais : Ou bien, il a été abandonné par les religieux de Corbie, après la donation de Karados, et il est tombé en ruines.

La première hypothèse nous paraît sinon certaine, au moins très probable.

Nous devons à la suite de ce chapitre, raconter une légende très en vogue à Boulogne. Les personnages qui jouent les rôles principaux nous sont connus, ce sont les deux Karados ; l'objectif du récit est la réunion de la seigneurie de la Montagne avec celle de Corbie. La voici donc telle que la racontaient les anciens, avec ses anachronismes et ses couleurs toutes locales.

La Légende de la Tête Robin.

La Tête Robin, c'était le nom que portait un petit tertre surmonté d'un arbre, qui existait au bas de la montagne, du côté de Fescamps, à la jonction des deux voies anciennes venant, l'une de Villers-les-Roye et l'autre de Montdidier. Ce tertre a disparu depuis 45 ans environ, pour rendre plus facile la montée de la côte. Les anciens de Boulogne racontent avec entrain la légende de ce tertre disparu. Mais, encore quelques années, et elle sera perdue, parce que le monument n'est plus là pour la rappeler.

— En ce temps-là, des Quesnes Canada, ou Carada

(qui ne reconnaît Karados, l'illustre seigneur de Boulogne, toujours fidèle à son roy et pour lequel il combattit si vaillamment?) était seigneur de Boulogne-la-Grasse. Sa demeure, bâtie au bout de la rue du Mesnil, était entre le donjon et le village, non loin de la seule montée qui donnait de ce côté, entrée à l'ancien camp romain. Ce château dont on voit encore les restes des fossés, par sa position sur la crête de la montagne et protégé par les bois, était à l'abri de toute surprise. Canada avait acquis dans différentes guerres la réputation d'un chevalier accompli; et ses prouesses et ses hauts faits d'armes avaient porté au loin sa renommée. Le temps qu'il ne passait pas au service de son roi, il l'employait à la gestion de ses affaires. De nombreux vassaux réunis autour de lui l'aidaient avec ardeur, car ils aimaient leur bon seigneur. Canada avait pour épouse une noble dame, douce et pieuse, qui faisait le charme de sa maison, et qui était non moins aimée que son époux des habitants de la montagne dont elle était la bienfaitrice. Un fils, issu de leur union, Robin, fit de longues années leur joie et leur bonheur. Accompagnant toujours son père à la guerre, il s'éprit passionnément du métier des armes. Un jour donc, que la paix le rendait inactif dans le manoir paternel, il songea à des aventures lointaines. C'était au temps où les chevaliers français allaient en Asie guerroyer contre les musulmans. Robin enflammé du désir de s'illustrer aussi dans des combats singuliers, insinua ses projets à quelques-uns des soldats de son père, et bientôt la petite troupe fut prête. Canada et sa noble dame les virent s'éloigner non sans crainte, car ils connaissaient le caractère bouillant et emporté de leur fils. Quels furent les exploits de cette petite troupe de Français commandés par Robin? Les récits de l'époque ne nous les ont pas conservés. Nous savons seulement que les inquiétudes du départ ne firent que s'accroître au château pour faire place dans la suite à une tristesse profonde. Les années s'accumulaient et nulle nouvelle de Robin n'apportait un peu de consolation au manoir de la montagne. Les vassaux eux-mêmes partageaient le chagrin de leurs bons maîtres. Longtemps donc on attendit en vain.

Enfin, la dame du château, n'ayant plus aucun espoir et voyant sa dernière heure approcher, fit appeler son époux et lui redit toutes les peines de son cœur. Après avoir pleuré longtemps ensemble, ils décidèrent, puisqu'ils n'avaient plus de fils, de léguer toute leur fortune à l'abbaye de Corbie. Au moins quelqu'un penserait à eux et prierait pour eux, quand Dieu les aurait délivré des peines et des chagrins de cette vie. Canada donna son consentement, et l'acte fut écrit. La dame mourut en paix, et le vieux seigneur continua à vivre solitaire dans son château.

Un jour, un bruit de trompettes retentit au loin. Les échos de la montagne qui, depuis longtemps étaient muets, semblaient répéter avec joie les chants de guerre qu'ils entendaient. Canada réunit ses serviteurs à la hâte et leur fit prendre les armes pour recevoir avec honneur ces guerriers. Au loin on voyait la petite troupe s'avancer vers la montagne, l'étendard blanc déployé. Canada eut vite reconnu son fils. Fier des trophées qu'il rapportait, celui-ci se dirigea avec ses compagnons vers le château de son père qui le reçut avec grande allégresse. Les vassaux eux-mêmes prirent part à la fête et allumèrent au plus haut de la côte des feux de joie, pour annoncer au loin le retour de leur jeune seigneur. Pendant quelques semaines ce ne fut que fêtes au château et chez les compagnons d'armes de Robin. Le butin était grand, la richesse entrait dans les familles (1).

Cependant, Robin avait surpris plusieurs fois son père plongé dans une sombre tristesse. A ses questions, le père ne donnait que des réponses évasives qui, loin de calmer les inquiétudes de Robin, ne faisaient que les accroître.

Un matin donc qu'ils se promenaient au bas de la montagne, Robin insista pour connaître le motif de cet abattement, de ce chagrin qui dévorait le cœur de son père, tandis qu'il devrait être heureux de son retour. — Puisque vous voulez, mon fils, savoir ce qui attriste tant

(1) Les légendaires racontent que les soldats de Robin, qu'ils appellent des dragons, logeaient tous dans la rue de Fescamps, qui est au nord et près du château, que dans les jardins appelés les jardins à la cour étaient de grandes écuries pour leurs chevaux, que l'étang des prés de Bains, dont nous avons déjà parlé, servait d'abreuvoir.

mon âme depuis votre retour, ce n'est pas votre retour même, oh ! non, loin de là... je vous croyais perdu et je vous ai retrouvé... mais avant sa mort votre mère, que Dieu ait son âme en paix ! n'ayant plus aucune espérance de vous revoir... nous avons conjointement donné tout ce que nous possédions aux religieux de Corbie, afin qu'ils prient pour nous. Ces bois, ces terres, ce château, ne nous appartiennent plus ; la jouissance seule est réservée jusqu'à mon dernier jour. Voilà, mon fils, ce qui m'afflige. J'ai donné tous vos biens. — A ces mots, Robin entra dans une grande colère, et ne se possédant plus, il tira son épée et perça son père, en disant : Puisque les moines de Corbie sont vos héritiers, qu'ils entrent au plus tôt en possession de leur fortune. — Le malheureux père expira sur le champ, à l'endroit où fut élevé par des mains pieuses ce petit tertre appelé *La tête Robin*, en souvenir du crime qui y avait été commis.

Le fils dénaturé rentra au château, abandonnant dans la vallée le cadavre de son père. De suite il rassembla quelques-uns de ses compagnons et il partit de nouveau guerroyer dans les pays lointains.

Les moines de Corbie recueillirent cet immense héritage. Mais un jour, dit la légende, Robin reparut à Boulogne avec ses dragons. Il mit le feu au château de ses pères et à toutes les dépendances, et il s'enfuit. Depuis ce temps, nul ne le revit dans la contrée. »

Nous n'avons pas besoin de faire remarquer que ce récit ne repose sur aucun fait vrai de notre histoire locale, bien que les personnages soient de notre pays. Ils sont reconnaissables sous leurs noms défigurés. Et voici l'explication de la légende :

Robin, c'est Frodin, le premier seigneur de la montagne en 662. (Robin-Rodin-Frodin).

Canada, Carada c'est Karados, acquéreur du domaine en 1402.

Le voyage éloigné du fils qui va guerroyer en pays étranger est la captivité de Karada, en Angleterre. (Voir l'épisode *des champs mal buqués.*)

Le mot *tête* vient du latin *caput*, qui signifie *commencement*. Cette expression *tête Robin*, donnée au petit tertre qui était au bas de la cavée, veut dire : « Commencement de la propriété de Robin (Frodin). Là, en effet.

commençait la propriété de ce seigneur en 662, et celle de Karados en 1402.

Au xve siècle, Karados ayant légué tous ses biens à la célèbre abbaye de Corbie, d'accord avec son épouse, et Karados fils (d'un premier lit), ayant été évincé de l'héritage, sur ce, la légende fut bâtie. Le mot *tête*, fit soupçonner un crime, et on réunit le nom du premier propriétaire avec celui du dernier, séparés l'un de l'autre par 740 ans, pour imaginer le récit que nous avons raconté (1).

Au reste, voici un exemple du même fait, appliqué au seigneur de Warnavillers. Il sera facile de faire la comparaison.

Ce seigneur avait donné tous ses biens, sa terre de Warnavillers et celle d'Ereuse à l'abbaye d'Ourscamps. Un jour donc il rencontre dans la plaine son neveu qui chassait et lui dit : « Beau neveu, j'ai donné tous mes biens à l'abbaye d'Ourscamps, dans l'espoir que les bons religieux me donneront en retour leurs prières : Qu'en pensez-vous ? — Bien fait, bel oncle. Et lui lâchant un coup de feu, il l'étendit mort à ses pieds, en disant : « Dès aujourd'hui les moines peuvent commencer à prier pour vous. » En punition de ce crime, le beau neveu fut rompu vif à Montdidier.

On le voit, le fond des deux légendes est le même.

(1) Des personnes disent que le mot *tête* fut donné à ce tertre parce que ce fut là que Robin a été mis à mort en punition de son crime.

CHAPITRE XI

Le Quinzième Siècle.

Un historien juge ainsi la fin du règne de Charles VI. « C'est, dit-il, la période la plus funeste de notre histoire nationale : jamais la France ne se vit réduite à de plus affreuses misères. La Providence étendit sur elle sa main et la frappa de plaies comme au temps où le peuple de Dieu attirait sur lui, par ses infidélités, les fléaux les plus redoutables. »

Il n'y eut point pour notre pays d'époque plus féconde en événements lamentables.

Deux partis puissants voulaient s'emparer du pouvoir pendant la maladie du Roi. C'étaient :

1° Les Bourguignons, ayant à leur tête Jean-Sans-Peur, duc de Bourgogne, fortifié par l'appui des classes pauvres et de la populace. On voyait dans son armée un groupe de garçons bouchers et d'écorcheurs, que l'on appelait *Cabochiens*.

2° Les Armagnacs, qui comprenaient la Reine, les princes, les nobles et les riches commandés par le connétable d'Armagnac.

Quand les Bourguignons avaient l'avantage, ils opprimaient les riches et les nobles et en général tous ceux qui tenaient pour la cour. Si les Armagnacs étaient vainqueurs, la fraction qui se disait populaire était livrée à de terribles représailles (1).

(1) Alors la guerre ne se faisait pas avec humanité, j'allais dire, avec cette politesse qu'on y rencontre de nos jours. Voilà

Chacun des deux partis recherchait l'amitié et l'appui du roi d'Angleterre et appelait ainsi un étranger à se mêler des affaires de la France. Henri V accepta les propositions qui lui furent faites. Il vint donc en France avec une puissante armée. Mais, suivant l'habitude anglaise, il trahit les deux partis, et réclama pour lui la noble couronne de Saint Louis.

Tel était l'état de notre patrie au commencement du XVe siècle. Charles VI mourut en 1422. Le jour de ses funérailles, un héraut d'armes cria : Le roi est mort : Vive Henri de Lancastre, roi de France et d'Angleterre. Les Bourguignons furent dans la joie, ainsi que les magistrats vendus à l'étranger. Qui pourrait raconter les calamités que 30 ans de guerres civiles ou d'invasions étrangères accumulèrent sur notre pays et principalement sur la Picardie ? Les villages furent brûlés, les fermes dévastées, les châteaux démolis, les maisons des pauvres comme celles des riches renversées de fond en comble. Des bandes de brigands féroces se répandaient dans les campagnes et y commettaient mille horreurs. Ils traquaient le pauvre monde dans les champs et dans les forêts. Souvent même on voyait les corps des victimes pendus aux branches des arbres ou laissés sur les routes. Les populations fuyaient aussi bien à l'approche des Armagnacs que des Bourguignons. Les villages étaient devenus déserts et les champs incultes. La misère et sa compagne la famine étaient partout, et les ressources manquèrent; il fallut recourir à la mendicité, au vol, à la débauche et au crime.

Enfin, Dieu suscita Jeanne d'Arc qui sauva la royauté et la France. Cependant, notre contrée eut encore de cruelles souffrances à endurer. Les Anglais, battus en certaines provinces, s'acharnèrent sur notre belle Picardie, pour se venger des échecs subis ailleurs. On ne put croire à la paix que quand ils furent repassés dans leur île.

pourquoi nous disons que nos pays avaient autant à souffrir des Armagnacs que des Bourguignons. Lahire, ce général du roi de France, qui fit tant de mal aux Anglais et aux Bourguignons, ne dit-il pas un jour, que *si Dieu se faisait gendarme* (c'est-à-dire, soldat), *Dieu serait pillard ?* On voit de combien de calamités furent accablées nos populations à cette époque funeste.

Pendant toutes ces guerres, Boulogne eut particulièrement à souffrir. Situé non loin de Roye qui était le point de mire des partis, il était sans cesse sillonné par les troupes venant de Compiègne ou de Clermont. Les Bourguignons et les Armagnacs y exerçaient continuellement leurs ravages. C'étaient, sur les routes et dans les bois, des combats sans fin et des embuscades perpétuelles. C'est ce qui explique le grand nombre de tombes isolées qu'on retrouve partout sur le territoire. Enfin, redire tous les malheurs qu'eut à supporter notre pays, est impossible.

Deux faits particuliers, arrivés à cette époque, doivent trouver ici leur place. Nous les rapportons dans le chapitre suivant.

CHAPITRE XII

Les Champs mal buqués. — La Bataille.

Les deux faits que nous allons raconter sont prouvés par la tradition et par les monuments existants à Boulogne. Ils sont, de plus, inscrits dans l'histoire de Montdidier de V. de Beauvillé, et dans celle de Roye de M. E. Coët. Comment se fait-il qu'un auteur anonyme (*Annuaire de l'Oise* 1864), dans une biographie très courte sur Hector de Saveuse, se soit mis en désaccord avec les deux historiens précités, relativement à l'épisode des champs mal buqués? Nous examinerons son sentiment à la suite du premier de ces deux articles.

A. *Les Champs mal buqués.*

En patois picard *buquer* signifie *frapper*. Champs mal buqués, champs où l'on a frappé mal, sans raison, sans motif.

En 1419, Jean des Quesnes Karados, fils de Jean des Quesnes, ancien bailli de Rouen, seigneur de Boulogne, était chevalier, et à l'exemple des vaillants de l'époque, il avait juré foi et hommage au Roi de France, son maître légitime. Le duc de Bourgogne n'avait jamais pu l'attirer dans son parti, et les Anglais trouvaient en lui un ennemi implacable, car il n'aurait consenti à aucun prix à ce que la belle couronne de France fut posée sur la tête d'un monarque étranger. A la vue des malheurs de sa patrie, Karados s'était allié à Charles de Flavy, et, ensemble, ils guerroyaient contre les Anglais et les Bourguignons. Un jour qu'ils tenaient garnison à Compiègne, ils apprirent que la ville de Roye était tombée au pouvoir des ennemis du Roi. A cette nouvelle, leur âme généreuse conçut le hardi projet de reprendre la cité picarde.

Laissons maintenant M. Coët nous raconter le haut fait d'armes de notre ancien seigneur.

« Jean des Quesnes, qui était du parti des Dauphinois, profitant de l'éloignement de Jean de Luxembourg, sortit la nuit de Compiègne, à la tête de cinq cents combattants, accompagné de Charles de Flavy. Ils chevauchèrent toute la nuit et arrivèrent devant Roye. C'était le dimanche 10 décembre 1419. La ville n'était pas gardée, les bons habitants étaient plongés dans le sommeil. Les Dauphinois, escaladant les murailles, entrent en grande partie dans la ville, arrivent sur la place du Marché en criant : Ville gagnée ! vive le Roi et le Dauphin ! A ces cris, les habitants s'éveillent, se jettent sur leurs armes et courent aux murailles ; mais bientôt, ils voient toute résistance impossible. Karados avait ouvert les portes au reste de sa troupe. Perceval-le-Grand, capitaine de la ville pour le duc de Bourgogne, veut rallier les bourgeois et charger les ennemis, mais les habitants, saisis d'épouvante, devant cette brusque attaque, s'enfuirent dans toutes les directions. Le gouverneur comprenant que tout est perdu, remonte à cheval et se dirige vers Lihons, laissant dans la ville sa femme et ses enfants.

« Dès que Jean de Luxembourg eut appris la nouvelle de la prise de Roye, il fit sonner la trompette, rassembla ses gens d'armes et se dirigea en toute hâte vers la ville, il envoya en avant des éclaireurs qui trouvèrent encore dressées contre les murailles les échelles qui avaient servi aux Dauphinois. Ces derniers pourtant faisaient bonne garde, et à la vue des coureurs bourguignons, ils comprirent qu'ils allèrent être attaqués. Ils se disposèrent à la défense et firent pleuvoir sur les assaillants une grêle de flèches et de boulets. Jean de Luxembourg fait investir la ville par ses troupes et fixe son quartier général à Roiglise, les Flamands campent vers Champien. On se bat avec acharnement de part et d'autre : enfin les Bourguignons s'emparent du faubourg de Saint-Gilles.

clos de murailles, non sans une vive résistance qui coûta la vie à un grand nombre de soldats, notamment au brave Rebretaignes, mort à Roye, des suites de ses blessures. Jean de Luxembourg, voyant la tenacité des Dauphinois et n'ayant pas à sa disposition le matériel nécessaire pour faire un siège en règle, dépêcha le sire de Humbercourt, à Amiens, à Noyon et à Corbie, afin qu'on lui envoyât des canons et des arbalétriers; les secours arrivèrent bientôt. La ville de Noyon donna un canon et 50 livres de poudre. Jean de Luxembourg commença une attaque vigoureuse de la place; la ville fut couverte de boulets et les murailles furent battues en brèche. Les Dauphinois comprenant qu'ils ne pouvaient résister plus longtemps à un assaut, demandent à capituler. Ils avaient tenu six semaines, et ce ne fut que vers le 18 janvier 1420 qu'ils consentirent à se rendre. Jean de Luxembourg leur promit la vie sauve, à la condition qu'ils n'emporteraient rien de ce qu'ils avaient pu prendre dans la ville. Ce chef leur donna un sauf-conduit et les confia à la loyauté d'Hector de Saveuse.

« Tandis que les Dauphinois se dirigeaient tranquillement vers Compiègne, arrivèrent à Roye deux mille Anglais commandés par le seigneur de Cornouailles, qui venaient prêter leur concours aux Bourguignons ; c'étaient ceux que Henri V avait fait expédier à Jean de Luxembourg par ses lettres datées d'Aumale du 26 décembre 1419. Dès que les Anglais surent que les Dauphinois étaient partis pour Compiègne, ils s'élancèrent à leur poursuite de toute la vitesse de leurs chevaux ; ils les atteignirent à trois lieues de cette ville, à *Boulogne-la-Grasse*, et là, sans sommation aucune, tombèrent sur eux à l'improviste. Les Dauphinois qui ne s'attendaient pas à cette attaque, marchaient en désordre : ils furent massacrés sans pitié, malgré leur sauf-conduit. Hector de Saveuse fit de dures remontrances au seigneur de Cornouailles qui voulut emmener prisonnier Karados et le lui arracha même des mains : « Cornouailles, lui dit-il, vous savez bien que vous ne pouvez les mettre à finances, et qu'ils ont un sauf-conduit de votre capitaine ! » Mais Cornouailles ne tenant aucun compte de ces observations, lui donne un coup de gantelet sur le bras et garde son prisonnier. Hector de Saveuse dévora cette insulte en silence, parce que les Anglais étaient en plus grand nombre.

« Karados et le sire de Flavy devinrent donc prisonniers des Anglais ; Harbonnières fut pris par Aubert de Folleville qui le conduisit à Noyon et le fit décapiter. Les Anglais, emmenant leurs prisonniers, les conduisirent au village d'Amy. Hector de Saveuse retourna à Roye pour faire part de cet événement à Jean de Luxembourg. Celui-ci en fut courroucé et envoya le lendemain réclamer les prisonniers. Les Anglais refusèrent de les rendre. Jean de Luxembourg menaça de les reprendre par la force. Cornouailles répondit que s'il le faisait, il les mettrait à mort ! Jean se rendit lui-même au camp des Anglais, et ne put rien obtenir, sinon que les Dauphinois fussent traités avec certains égards. Karados et Charles de Flavy furent emmenés prisonniers en Angleterre et n'obtinrent leur liberté qu'en payant une forte rançon. »

Soit qu'il ait eu honte de retourner sans armes à Compiègne en suivant le chemin ordinaire qui était le plus court, soit qu'il ait voulu revoir son pays et sa demeure, Desquenes Karados était revenu par Boulogne. Et ce fut à la sortie du village, sur le chemin d'Orvillers, que s'accomplit cet acte de félonie des Anglais, le massacre de 800 soldats marchant pêle-mêle sur la foi d'un d'un sauf-conduit et accompagnés d'un capitaine ennemi chargé de veiller à l'exécution de la parole jurée. L'endroit où eut lieu ce massacre s'appelle *les Champs mal buqués*.

NOTE

Dans une notice sur Hector de Saveuse, insérée à la suite de l'*Annuaire de l'Oise*, pour l'année 1864, on lit :

« En 1449 nous retrouvons Hector de Saveuse combattant les Anglais à... Compiègne, dont il occupe les faubourgs, et où on le charge de reconduire la garnison qui avait capitulé avec les honneurs de la guerre. Mais un renfort d'Armagnacs, commandés par le comte de Hautuiton et le sire de Cornuaille, ayant rencontré les prisonniers à trois lieues de Compiègne, un combat s'engagea : Ceux-ci furent écharpés et Cornuaille frappa Hector de

Saveuse de sa main gantelée, à quoi celui-ci répondit : « Cornuaille, vous savez bien que vous ne pouvez les flaucher, car ils ont sauf-conduit de votre capitaine. »

Cette narration est fausse en tous points. En voici les raisons :

1° L'auteur déclare un peu plus loin, que les mémoires de Pierre de Fénin, où il a pris ce récit, sont *très diffus*.

2° La date de 1410 n'est pas exacte, il faut dire 1419.

3° Hector de Saveuse conduisait les Dauphinois sortis de Roye et non de Compiègne.

4° Comprend-on un renfort d'Armagnacs, c'est-à-dire de partisans du roi de France, commandés par deux généraux anglais, le comte de Hautuiton et le sire de Cornuaille, qui favorisaient les Bourguignons contre le Roi de France ?

B. *La Bataille.*

On appelle de ce nom un carrefour qui se trouve sur la voie ancienne de Noyon à Montdidier, à la jonction d'un chemin venant d'Orvillers. Un vieil orme se trouve au milieu de la route. A cet arbre est attaché un encadrement renfermant une vierge dite « la Vierge de la Bataille », en grande vénération dans le pays. La statue est petite, en bois ; comme les types anciens elle porte l'Enfant-Jésus sur le bras gauche. La piété de quelques habitants veille à son entretien.

Dans les pièces de terre environnantes étaient encore, il y a un certain nombre d'années, plusieurs habitations formant le hameau de la Bataille. Toutes ont disparu. De temps en temps un puits ou une cave s'écroulent et rappellent que cet endroit fut habité.

Ce nom de la Bataille lui fut donné au XVe siècle, à la suite d'un combat qui eut lieu là entre les Bourguignons et les troupes du roi de France.

En 1437, le capitaine royaliste Lahire voulait se venger de Jean de Luxembourg, chef des Bourguignons. Sortant du château de Clermont, où il tenait garnison, il se met en campagne et ravage le pays du duc de Bourgogne, tandis que Jean de Luxembourg ruine les pays dévoués au Roi. Les châtellenies de Montdidier, Roye et Péronne furent surtout le théâtre des exploits de Lahire. Pillant tout sur son passage, il s'avance jusque sous les murs de Roye. Favorisés par l'obscurité, 40 à 50 soldats escaladent les murailles et crient : *Victoire pour le Roi !* Aubert de Folleville, gouverneur de la ville, que cette attaque imprévue n'a point déconcerté, rallie ses soldats et repousse les ennemis. Ceux-ci prennent la fuite et Aubert de Folleville se met à leur poursuite, comptant leur reprendre ce qu'ils emportaient de la ville.

Lahire et ses soldats prennent par Tilloloy pour gagner l'ancienne voie romaine à Boulogne-la-Grasse. A la sortie du village sur la gauche, le général de Charles VII remarque une large route, celle de Montdidier à Noyon. Il s'y jette avec sa troupe afin de mettre en sûreté le butin qu'il emporte et pour y attendre l'ennemi qui le poursuit. Quand ces dispositions furent prises, les Bourguignons qui ne se méfiaient pas de la ruse d'un ennemi qu'ils croyaient en déroute, arrivèrent et tombèrent ainsi au milieu des Français cachés dans les haies et les bosquets. La lutte fut acharnée de part et d'autre. Les Bourguignons, moins nombreux, se défendirent courageusement, mais ils furent presque tous taillés en pièces. Aubert de Folleville eut la gorge coupée et sa mort fut regardée comme un juste châtiment du crime qu'il avait commis en 1420, lorsqu'il avait fait décapiter à Noyon le brave Harbonnières. Avec Aubert de Folleville, périrent entre autres son neveu Soudan de la Bretonnerie, Huet de Bazincourt et Simon Lemaire.

C'est en souvenir de ce fait, que tous les ans, le 8 septembre, après les Vêpres, le Clergé, suivi des habitants de la paroisse, se rend processionnellement à la Vierge de la Bataille, pour y chanter une antienne. Pieuse coutume que les Boulonnais devraient avoir à cœur de ne jamais laisser disparaître, soit qu'ils la considèrent comme une prière en faveur des soldats qui ont succombé dans la mêlée, soit qu'ils la regardent comme une action de grâce pour la victoire remportée par le général de Charles VII, roi légitime de la France.

CHAPITRE XIII

La Seigneurie de Corbie à partir de la réunion en 1466.

En 1461, Louis XI avait succédé à Charles VII sur le trône de France. Le duc de Bourgogne allait rencontrer dans le nouveau roi un adversaire rusé et actif. Aussi, la guerre se continua-t-elle avec acharnement de part et d'autre, et pendant quelques années encore, notre pays fut le théâtre de luttes acharnées. Tantôt soumises au Roi après une victoire, tantôt revenues au pouvoir du Bourguignon, les populations étaient toujours affligées du fléau de la guerre, et réquisitionnées. C'est à cette époque qu'eut lieu la destruction du fort du Tronquoy et le siège de Montdidier, par Louis XI. Peut-on croire que Boulogne n'eut pas alors à souffrir ? Or, c'est au milieu de ces luttes ardentes que l'abbaye de Saint-Pierre de Corbie devint seule seigneur de notre pays, lorsque le Parlement eût prononcé son arrêt en 1466, au sujet du testament de Desquesnes Karados.

Trois années étaient à peine écoulées, que l'abbaye se trouva en présence d'une grande difficulté.

En 1469, le bailli de Montdidier lui signifia qu'elle devait fournir à l'armée du duc de Bourgogne un certain nombre d'hommes pour sa seigneurie de Boulogne. Naturellement, les religieux refusèrent. Alors le bailli fit saisir les terres et la seigneurie de l'abbaye. Les religieux allèrent trouver le duc de Charolais et lui firent voir que *cette terre était de leur fondation primitive et qu'elle ne devait aucun service en armes*. Le duc de Bourgogne, sur le vu des pièces, fut convaincu, et le 6 novembre

1470, il écrivit au seigneur Abbé qu'il accordait main-levée de la saisie opérée par le bailli de Montdidier. Il en écrivit également audit bailli, lui ordonnant de faire toute diligence pour l'exécution de ses ordres. En conséquence, le 19 du même mois, les officiers de la justice de Montdidier rendirent une sentence qui ordonnait la main-levée (Note 2).

Lorsque plus tard Boulogne rentra définitivement sous la dénomination royale, semblable difficulté se renouvela. Le Roi réclama des hommes d'armes. L'abbaye les refusa encore et présenta ses titres à l'exemption. Ceux-ci furent examinés, et le 18 février 1481, *les commissaires du Roi pour les francs-fiefs déclarèrent la terre de Boulogne qui relevait du Comté de Corbie, exempte, lesdits commissaires ayant vu la fondation et amortissement de tous ses biens par ses fondateurs Clotaire et Sainte-Bathilde en 662.*

Nous avons déjà cité cette charte et nous avons dit qu'il fallait traduire le mot *Taccaeus* par la Terrière. Ce qui est dit ici par les commissaires royaux, en est une preuve bien évidente.

Depuis cette année 1481, jusqu'à la fin du XVIIIe siècle, les religieux eurent une possession non contestée.

Pour exercer la justice, l'abbé de Corbie avait un prévôt et un bailli à Roye, car toutes les terres de Boulogne appartenant à l'abbaye, dépendaient du bailliage de Roye. Puis, un lieutenant à Boulogne, pour faire exécuter les sentences du bailli, des gardes chargés de surveiller les bois, et tous les autres gens de justice, selon que le comportait le droit de haute, moyenne et basse justice.

Des particuliers avaient chargé sur un chariot une pièce de vin, au lieu nommé la Voirie-du-Grand-Maire (aujourd'hui la Grande-Rue), qui se prend depuis la croix de devant l'église jusqu'au chemin de Noyon, et n'avaient pas payé le droit de rouage. Le prévôt de Roye donna commission, le 8 mai 1518, de les assigner, *parce que les religieux de Corbie sont seigneurs haut-justiciers de ce chemin : au moyen de quoi leur appartient le droit de rouage de 4 deniers pour chaque pièce de vin mise sur le chariot.*

La police appartenait au lieutenant du bailli qui demeurait à Boulogne. Dans la nuit du 9 novembre 1613, le feu prit (probablement à la grange dimeresse) « à une grange où étaient renfermées plus de 900 gerbes de blé provenant tant des dîmes et champarts de Boulogne que des terres appartenant au fermier. Le lendemain, le lieutenant adressa au bailli un rapport, où il raconte qu'il a été obligé de se lever la nuit, afin de donner les ordres nécessaires pour éteindre l'incendie, parce qu'il était chargé d'y faire la police. »

Voici un état de la seigneurie de Boulogne certifié en justice, le 19 septembre 1669, qui nous révèle plusieurs particularités :

« La haute, moyenne et basse justice dans un tiers ou environ des habitants et maisons de ladite paroisse composée de 250 feux, suivant les bornes qui y sont plantées. Le surplus de la seigneurie appartient à M. de Bains, dont la maison est bâtie dans la paroisse de Bains et qui possède 13 fiefs dans celle de Boulogne, dont trois : Petit-Boulogne, Grand-Maire et Groseillers, relèvent de l'abbaye. Le seigneur de Bains prétend que l'église est bâtie sur un terrain du fief de Sain....

« Pour exercer la justice, Monseigneur l'abbé a un lieutenant, un procureur fiscal, un greffier, deux sergents et gardes-bois.

« Les droits de lôts et ventes, amendes, aubaines, forages et rouages, censives que les habitants ont refusé de payer, pourquoi il y a eu, en 1666, arrêt du grand Conseil non exécuté. Les droits de dîmes, dont les 2/3 au seigneur Abbé, un sixième cédé au curé par le traité de 1636, un sixième inféodé au seigneur de Bains.

« Le droit de champart sur 45 à 50 journaux d'héritages à la solle de la censive de Corbie à 9 pour cent. Les habitants refusaient de payer.

« Il n'y a aucune maison seigneuriale, ni terres labourables : seulement un pressoir banal ruiné il y avait longtemps, et un moulin à vent sur la Motte-d'en-Bas, ruiné depuis longtemps. Bois, 147 journaux ou environ de taillis. »

Nous devons sur ce document faire plusieurs remarques :

1° Nous avons déjà dit que l'église était construite sur un terrain qui ne dépendait d'aucune seigneurie. Néanmoins, Charles de Favier de Lancry, seigneur de Bains, prétendait avoir sur elle des droits seigneuriaux, parce qu'elle était, disait-il, bâtie sur le terrain d'un fief à lui appartenant. La déclaration de l'abbé de Corbie détruit cette prétention ;

2° Il est parlé d'un accord avec le curé. En effet, le 7 avril 1636, intervint entre le représentant de Monseigneur l'abbé de Corbie et Claude Clamequin, curé de Boulogne, un traité par lequel moyennant la somme de 80 livres, ledit sieur curé s'est départi de la provision de 200 livres à lui adjugées par arrêt du Parlement du 8 mars 1635, et en outre qu'il continuera la jouissance comme son prédécesseur du sixième des dîmes de Boulogne, du sixième des dîmes d'Invillers, le sixième des mêmes dîmes dudit Boulogne, et d'un canton des dites dîmes qu'il possédait seul audit lieu, le sixième des menues dîmes de vin et d'un journal de terre, vignes et prés ;

3° Il est dit que les habitants refusaient de payer certains droits. De là procès.

Nous transcrivons ici tout ce que nous avons trouvé aux archives de la Somme, concernant cette difficulté.

Procès.

En 1662, un certain nombre d'habitants de Boulogne, conseillés par Nicolas Dupuy, refusèrent aux sous-fermiers de l'abbaye de Corbie, qui étaient alors... Flon, Nicolas Longuet et Marie Guillot, veuve de Mathurin Maranger, les champarts, les dîmes, les censives et autres droits. Plusieurs fois ils furent condamnés par le bailli de Boulogne à payer les droits dus légitimement à l'abbaye. Mais toujours ils refusaient. Les fermiers en appelèrent au Grand Conseil et, par sentence du 30 septembre 1666, les récalcitrants furent condamnés à payer comme ils l'avaient toujours fait auparavant.

Voici les noms des condamnés :

Nicolas Dupuy.
Claude Auxenfants.
Marguerite Faffet, veuve.
Antoine Gamache.
Louis de Maruyer.
Eloi Bonvalet.

Nicolas Farin.
Pierre Lhermite.
Jean Villain, le jeune.
Jean Bourdon.
Louis du Quesne.
Charles Bayne.
Charles Lartin.
Pierre de Lyer.
Pierre Patou, l'aîné.
Louis Baillon.
Maximilien Petit.
Claude Bonvalet.
Suzanne Habert.
Charles Collart.
Pasquier Suret.
Charlotte, enfant, fille de Jean Hermilly.
Marie Fornival.
Pierre Gamache.
Jean de Flocq.
Jacques.
Adrien Herlaut.
François de France.
Antoine Petit.
Antoine Breton.
Martin Hallard.
Jean le Comte.
Barbe du Croc.
Antoine Guillain.
Marguerite Bonvallet.
Pierre Mayet.
Marguerite Fa... veuve de François Héry.
Nicolas le Comte.
Florent Bonvallet.
Anne Guibert, veuve de Jean Prévot.
Charles Collenaye.
Anne Puissant, veuve de Jean.
Barbe Anchon.

Plus tard, Nicolas Dupuy refusa encore de payer. Le 13 septembre 1677, il fut de nouveau condamné à payer les droits de censives et ceux de champart, à raison de 9 du cent.

Le même jour, Pierre Tillier subit la même condamnation à cause de pareil refus.

En présence de cette résistance d'un grand nombre d'habitants à payer les droits dus légitimement à l'abbaye, on peut en rechercher la cause. Est-ce parce que les sous-fermiers exigeaient des droits injustes, ou parce qu'ils apportaient trop de rigueur dans la perception de ces revenus ? Evidemment non. Car, dans ce cas, ces sous-fermiers auraient été condamnés. D'où venait donc cette résistance ?

Le chef de la première révolte était Nicolas Dupuy, auquel s'associa Pierre Tillier, ou Tellier, à la seconde. Ainsi, toujours le même homme chef de l'opposition.

A cette époque, les principes subversifs de la propriété commençaient à avoir cours à Boulogne. Les Huguenots de Canny, de Roye-sur-Matz, faisaient des prosélites dans les environs et semaient la haine contre les ordres religieux et les riches.

Boulogne avait quelques partisans de la religion réformée ; témoin le lieu appelé *le Courtil huguenot*. Il est probable que ce Nicolas Dupuy était un partisan des nouvelles doctrines. Nous ne voyons pas d'autre raison à cette révolte contre des droits existants depuis mille ans. On s'essayait à ce que l'on n'accomplirait qu'au siècle suivant, avec cette différence, qu'ici il s'agit d'un fait isolé, tandis qu'alors le fait sera général et exécuté par ordre du gouvernement révolutionnaire.

En 1778, les habitants de Boulogne adressèrent à Monseigneur l'abbé et comte de Corbie une supplique dans laquelle ils lui faisaient les représentations suivantes : « La principale ressource du pays, disaient-ils, est dans la récolte des fruits. Or, depuis cette époque, la paroisse est dans un grand état de misère et de pauvreté. Loin d'avoir pitié du peuple, les officiers de justice de Monseigneur envoient les habitants travailler aux corvées *à cinq lieues* de Boulogne, au lieu de les employer dans les environs. Les habitants supplient donc Monseigneur de prendre en commisération leur pauvreté et de ne plus permettre qu'on les envoie ainsi à de grandes distances pour faire un travail qu'ils pourraient tout aussi bien accomplir sur la route de Flandre, sur le chemin de Montdidier à Noyon, ou sur tout autre, plus proche de leur village. »

Nous n'avons pu savoir quel accueil fut fait à cette supplique.

CHAPITRE XIV

Les Baux généraux.

L'abbaye louait à des particuliers des maisons, des jardins, des petites pièces de terre et des prés, moyennant certaines redevances, minimes la plupart du temps. Mais outre ces petits baux, elle avait un lot important de terres et de bois qu'elle donnait à bail pour un nombre d'années spécifié, à un ou plusieurs laboureurs réunis. C'est ce lot important qui était l'objet des baux généraux dont nous donnons la nomenclature telle qu'elle est conservée dans les Archives de Corbie. Peut-être le lecteur y trouvera-t-il un nom connu ou un fait intéressant.

En 1371, 1378 et 1385, l'abbaye fait bail des terres qu'elle possédait à Boulogne-la-Grasse, à Hinviller et à Conchy-les-Pots, moyennant 32 muids de grains par moitié par an.

Le 22 mai 1394, même bail, mais à condition pour le fermier d'entretenir en bon état la grange dimeresse.

1415 et 1421, même bail, à charge d'entretien de la même grange pour la part que l'abbaye y avait contre le sieur de Bains et le prieur d'Elincourt.

Nota. — 1° Nous n'avons pu lire les noms des fermiers ; 2° Les baux ci-dessus ne renfermaient que les biens de la Terrière. Les suivants comprennent les terres des deux seigneuries réunies.

14 juin 1492, bail pour 9 ans, « de la recette des deniers, coppe de bos ordinaire, pourfil de molin et de toute aultre revenue et seigneurie de Boullogne-la-Grasse, qui fut à Karados des Quesnes, etc... à charge entre autres de payer 60 sous par an pour les gages du Bailly. »

5 mars 1626, cession faite à Jacques Farin par devant Cadet, notaire à Roye par le fermier, pour 8 ans restant à expirer du bail à lui fait par l'Abbaye, de la moitié du droit de bail à ferme fait de la terre et seigneurie de Boulogne... le droit de champart, des vingnes réservées, moyennant 350 livres par an.

29 juillet 1635, bail à Pierre Longuet et Mathurin Maranger, passé devant Pienne, notaire à Amiens, pour 8 ans, à 700 livres par an de la terre et seigneurie de Boulogne-la-Grasse, consistant en justice haute, moyenne et basse, censives tant en argent, poules, chapons, grains, rouage et afforages, ventes, deffaut et amendes de 60 sous parisis et au-dessous ; les 2/3 de grosses dîmes, de grains et vins dudit lieu ; champart avec la coupe de 21 journaux de bois (à 7 ans la coupe) par an ; et tous autres droits, à la réserve de la vigne, du pressoir et du greffe.

Le 28 juin 1710, bail passé devant Déprez, notaire à Corbie, et de la terre et seigneurie de Boulogne, consistant en toute justice, champart, censives, rouage, afforages, amendes de 75 sous, coupe de 21 journaux de bois taillis par an, comprises les bruyères et flaques, à M. Daniel Pellieu, conseiller du Roy, receveur des consignations du bailliage de Roye, y demeurant; avec le marché de Hinvillers, consistant en champart et censives, à la réserve des droits féodaux, dîmes desdits lieux et vigne du prévôt.

CHAPITRE XV

Le Moulin. — Le Pressoir. — Le Four banal
La Grange dîmeresse.

A. *Le Moulin.*

Le bail fait par Nicolas Ier, abbé de Corbie à Seibrand de Montreuil, comprend *le Moulin situé aux Fortes, et molendinum... apud Fortas in terra Bononiensi.* Cet acte est de 1116.

Ce moulin était situé *aux Fortes.* Plusieurs endroits, sur le territoire de Boulogne, sont appelés les *terres fortes.* Quel est donc le lieu ici désigné? Aux nobles appartenait le droit de vent et eau, c'est-à-dire, de bâtir des moulins à vent ou à eau. De plus, ces moulins devaient être construits sur un terrain noble. Telle était la coutume du bailliage de Montdidier, Roye et Péronne, dont faisait partie Boulogne-la-Grasse. Or, la Terrière donnée par Sainte-Bathilde à l'abbaye de Corbie était une terre noble. Nous dûmes donc chercher l'emplacement de ce moulin sur les dépendances de la Terrière (1).

(1) Nous ferons cependant remarquer que ce droit n'est pas écrit dans la coutume aussi clairement que nous l'exprimons ici. Ce n'est que par déduction qu'on arrive à le formuler tel que nous avons fait, comme au reste l'a formulé M. l'abbé Pihan, dans sa belle *Histoire de Saint-Just-en-Chaussée.*

Le texte de la coutume est muet sur ce droit. Les commentaires seuls le spécifient. Citons Claude le Caron.

Sur l'art. XIV, Doit être distingué entre les moulins à eau,

A droite du chemin allant à Bus, avant l'entrée du marais des Maignaux est un petit marais long, mais peu large. Ce marais a toujours été appelé *les Fortes*, peut être par abbréviation de terres fortes. Le bois qui l'avoisine, appelé aujourd'hui *Bois-Mademoiselle*, portait en 1605, le nom de bois de Bains. Non loin de là, en avançant vers Saint-Nicaise, était le bois de Notre-Dame de Boulogne. Ce bois défriché depuis longtemps, a été partagé entre diverses personnes, mais les terres s'appellent encore *les terres de l'Eglise*. Selon les anciennes chartes, ce moulin était bâti entre les Fortes, le bois de Bains et le bois Notre-Dame. Son emplacement était donc auprès du chemin que nous appelons aujourd'hui le *Vieux-Chemin-de-Roye*, à l'endroit connu sous le nom de la Hétroie, l'Etroit, le Raitroit.

La tradition dit en effet, qu'en ce lieu était, il y a longtemps, le moulin de Boulogne.

Le 12 février 1466, il fut loué pour 18 ans. Mais pendant les guerres, il fut brûlé par les ennemis, et il n'est plus fait mention de lui qu'en 1605. « Monseigneur l'abbé de Corbie, loua la place et la motte où était assis le moulin à vent de Boulogne, avec le pourpris et entour, tenant d'un côté au bois du sieur de Bains, d'autre au bois de l'église de Notre-Dame de Boulogne, moyennant une mine de blé mouture, mesure de Roye, et 12 deniers par

et les moulins à vent : l'on ne peut bastir des moulins à eau que l'on ne soit seigneur de la rivière, qui est en domaine et appartient au seigneur du territoire *est in fructu*. Le vent est commun, *ut aer, peut un chacun bastir un moulin sur sa terre*. N° 24.

Mais il ne faut pas se hâter de conclure de cet article que tout propriétaire pouvait élever un moulin sur sa propriété. L'article suivant pose une condition qui rend ce droit illusoire. Le voici :

Sur l'art. XVI. De cet article s'infère qu'un particulier qui n'a droit de voirie et de seigneurie dans un village, ne peut faire construire un moulin pour servir au public du village, ce qui appartient au seul seigneur voyer et justicier. N° 5.

Si par l'article XIV, tout particulier avait le droit de bâtir un moulin à vent, par l'article XVI, ce moulin ne pouvait moudre que pour son propriétaire *seul*. L'article XVI annulait donc le droit de l'art. XIV.

an de cens à la Saint-Remy, à la recette de la seigneurie de Bus ; à charge d'y construire un autre moulin à vent. » Et la charte que nous citons dit : « Que l'ancien avait été détruit pendant les guerres, et que Monseigneur le cardinal ayant trouvé son abbaye chargée de 60.000 livres de dettes, n'avait pu le faire reconstruire. »

Ce moulin fut reconstruit au même endroit. Mais plus tard, pour des raisons que nous ignorons (peut-être parce que les bois l'empêchaient de tourner), il fut transporté à la pointe de la montagne, près de l'endroit où fut dans la suite élevé un télégraphe aérien. Au siècle dernier, il subit un nouveau déplacement, pour être édifié à gauche du chemin de Boulogne à Orvillers. Il portait sur son arbre d'attaque des inscriptions relatant ses diverses pérégrinations. Un incendie l'a fait disparaître en 1846 ou 1847.

B. *Le Pressoir.*

L'abbaye de Corbie, usant de son droit seigneurial à Boulogne, y établit un pressoir banal où les habitants étaient obligés sous peine d'amende, d'aller pressurer leur vin ou leur cidre. Moyennant une légère redevance, chacun pouvait y faire sa boisson. Ce que certaines personnes de nos jours regardent comme une sujétion, était alors un bienfait. Avec ce pressoir général, pas n'était besoin aux particuliers de faire acquisition de tous les agrès nécessaires à la fabrication du vin ou du cidre, ni d'avoir un local spacieux pour les loger. C'était donc une raison d'économie qui avait établi ce système. Les droits de régie étaient primitivement inconnus. Ce ne fut guère qu'au XVIIe siècle que des droits de transit furent imposés, encore étaient-ils réunis aux droits du pressoir. Le tableau que nous donnons plus loin, permet de comparer les droits du siècle dernier avec ceux de notre époque, et on constate que les anciens seigneurs n'étaient pas aussi affamés que le sont les gouvernements du XIXe siècle.

Le 16 octobre 1487, l'abbaye fit une transaction avec les habitants de Boulogne par laquelle ceux-ci reconnurent qu'ils devaient aller pressurer les aines de leur vin au pressoir des religieux, « tant ceux qui avaient des vignes sur la seigneurie de ladite abbaye, que ceux qui en avaient sur d'autres seigneuries, et ont promis de payer la goute de leur vin, de 24 pots, un, et du pressoir pour le pressurage, de 6 pots, l'un ; sur l'amende de 2 sous 6 deniers, chaque fois qu'ils y manqueraient. »

Voici un tableau de la Direction de Roye de 1775, concernant les droits pour le transport du cidre, et les droits du pressoir. On peut juger de leur peu d'élévation relativement à ceux de notre époque :

Pour un demi muid poiré......	6	sous	11	deniers,
Pour une pièce poiré...........	4	—	7	—
Pour deux muids, Paris.	3	—	4	—
Pour une pièce Orléans.........	3	—		
Pour deux pièces Laon.........	10	—	3	—
Pour une pièce Laon poiré	5	—	2	—
Pour une pièce Marne.........	9	—	2	—
Pour deux pièces Laon poiré...	9	—	2	—

Ce pressoir était à la Terrière, mais aucun indice ne nous permet de préciser l'endroit exact.

C. *Le Four banal.*

Nous n'avons trouvé aucun document prouvant que l'abbaye fut en possession d'un four banal. Les habitants avaient-ils le droit de cuire le pain à leur four ? Probablement non. La tradition fait vaguement mention d'un four banal dans la ruelle Saint-Eloi, mais sans dire s'il appartenait à la seigneurie de Corbie ou à celle de Bains.

D. *La Grange dîmeresse.*

Cette grange était à la Terrière. Elle servait à loger les grains provenant des dîmes. L'abbaye de Corbie, le seigneur de Bains et le prieur d'Elincourt-Sainte-Marguerite la possédaient en commun et chacun d'eux était tenu à son entretien selon sa part proportionnelle de dîmes.

Un incendie la consuma avec toutes les récoltes dans la nuit du 9 au 10 novembre 1643. Elle fut reconstruite à la même place, et nous croyons qu'elle existe encore avec sa couverture en chaume dans un jardin, à droite de la ruelle Ragache.

CHAPITRE XVI

Les Fiefs.

Le mot Fief (basse latinité, *feudum* ou *féodum*, de l'anc. all. *fehu* troupeau), est un terme de féodalité. Domaine noble relevant du seigneur d'un autre domaine, concédé sous condition de foi et hommage, et assujeti à certains services, à certaines redevances. Le droit de chasse, les essaims d'abeilles pouvaient devenir *fiefs*.

A cette définition de Littré nous joignons celle de Lachâtre, un peu plus explicative.

« *Fief* (du saxon *fée*, salaire : *od*, bien, propriété), terre donnée à titre de récompense, par un chef franc aux guerriers de sa bande qui l'avaient suivi dans les combats : domaine noble, relevant du seigneur d'un autre domaine concédé sous condition de foi et hommage et assujeti à certains services et à certaines redevances. C'est dans une Charte de Charles-le-Gros, en 884, que le mot *fief* est employé pour la première fois pour désigner ces sortes de concessions que, jusqu'au IXe siècle, on avait appelées *bénéfice*, *beneficium*. »

Primitivement, le fief était donc une récompense. Mais, après le moyen-age, les fiefs s'obtinrent d'une autre façon. Ce qui les multiplia à l'infini. Quiconque possédait quelques pièces de terre sur un territoire, se disait fieffé, *sieur* ou seigneur de ce lieu (1). Si les biens étaient

(1) Un jour la marquise de Bains causait avec une Dame qui se faisait appeler Dame de Boulogne. La fière marquise lui dit : « Madame, vous n'avez le droit que de vous appeler Madame cinq arpents. Rien de plus. »

considérables le possesseur adressait une demande au Roi pour l'érection de sa terre en fief noble, et toujours le souverain l'accueillait favorablement. Aurait-il été de son intérêt et de sa dignité de refuser l'hommage qu'on lui offrait ? (Voir l'érection du fief de Mézières-les-Bus en fief noble.)

Il y avait à Boulogne dix-sept fiefs, parmi lesquels trois fiefs nobles. Les auteurs qui indiquent ce nombre, ne donnent pas les noms de ces fiefs, et nous n'en connaissons que douze.

1. *Valfleuri*, appartenant au seigneur de Bains. Il est impossible de dire aujourd'hui où il était situé.

Il existait autrefois, à l'est du village de Gury, un prieuré de ce nom, qui fut ruiné en 1654 par le régiment de la Feuillade, et qui ne fut jamais rebâti depuis ce désastre. Ses revenus furent réunis à ceux de la mense abbatiale de Saint Remi de Reims, qui avait acquis ce prieuré en 1414, par échange fait avec les moines d'Eaucourt. Notre fief de Valfleuri était-il un lot de terre appartenant audit prieuré et que les seigneurs de Bains auraient acheté aux religieux de Saint-Remi au XVIIe siècle ?

2. *Rillard*, appartenant aussi au seigneur de Bains. Nous croyons qu'il était situé entre Boulogne et Conchy.

3. *Elincourt*, appartenant au prieuré d'Elincourt-Sainte-Marguerite. Il consistait en une portion de champart, censives, lots et vente, estimée quatorze livres.

4. *Marémontier*, consistant en quatre-vingts livres de revenus, droit de champart et de censives sur un quartier de bois.

Le manuscrit de Scellier dit : « Il y a à Boulogne une quarantaine de maisons qui relèvent du prieur de Marémontiers, proche de Montdidier. »

5. *Bethembus*, appartenant, dit le P. Daire, au duc d'Aumont. Ce fief avait des censives.

6. *Deriecourt*. Entre Bains et Hainvillers, à l'extrémité du territoire de Boulogne, est un endroit appelé Devicourt. Est-ce le nom nouveau de cet ancien fief ?

7. *Carouge* ou *Carrouge*, appartenant au seigneur de Bains, relevant des grandes Tournelles de Montdidier.

Ce fief était un bois, de la contenance de 32 arpents et 2 perches, ou 13 hectares 51 ares 59 centiares, situé entre Bains et Rollot.

Il fut saisi avec Bains en 1568, parce que Charles de Lancry s'était fait protestant.

Ce bois est aujourd'hui défriché et il fait partie du territoire de Rollot.

8. *La Choule*. Ce fief était à gauche du chemin de Montdidier à Noyon, un peu avant le terroir de Conchy. Pourquoi l'appelait-on fief de la choule ? (Voir l'art de la choule à Boulogne-la-Grasse).

9. *Garnier*, appartenant à l'abbaye de Corbie.

10-11-12-13-14. Inconnus.

15. *Le Petit Boulogne*. — (Fief noble).

Il nous a été impossible de savoir exactement où était situé ce fief. En 1639, une discussion s'engagea entre le procureur fiscal de l'abbaye et le représentant du seigneur de Bains, à l'occasion d'une saisine que ce dernier sollicitait de l'abbaye, sur le nom à donner à un fief acheté. Suivant l'un, il s'appelait le fief du *Petit Boulogne*, et suivant l'autre, *le fief des Groseillers*.

Le 9 mars 1418, Pierre de Montmorency, chevalier, époux de Madame Marie de Quinquempoix, dame de Haplaincourt, en fournit le relief, paya 60 sous et en fit hommage au seigneur abbé de Corbie. Ce fief était du chef de Marie de Quinquempoix, veuve de Karados, père.

Le 1er juin 1468, Jean de Soirel, écuyer, fils de Reynauld de Soirel, fit relief du même fief : Et le 15 octobre 1470, remise fut faite entre les mains du seigneur Abbé de la somme de quatre livres dix sous, pour le relief du même fief échu aux mineurs Soirel pour le décès de leur père Jean de Soirel (Sorel). A la majorité de l'aîné des enfants de Jean, le 28 juin 1487, il est fait relief du même fief par Pierre de Soirel, pour lequel il est payé 60 sous et 30 sous pour le chambellage.

Pierre de Soirel (ou Sorel) étant mort, son frère Baulde, écuyer, son héritier, en fit le relief le 24 août 1518.

Aux de Sorel succèdent les de la Viefville.

Baulde de Sorel, en mourant, laissa ce fief en héritage à son neveu François de la Viefville, écuyer, sieur d'Orvillers, qui en fit relief par son fondé de pouvoir, le 30 mai 1531.

Le 4 octobre 1602, messire Antoine de la Viefville, chevalier, seigneur d'Orvillers et autres lieux, héritier de François de la Viefville son père, fournit le dénombrement de ce fief, *Nommé Boulogne, tenu en foy et hommage de l'abbaye de Corbie, à cause de la terre et seigneurie de Boulogne-la-Grasse, pour quoi il paie 60 sous et pas de chambellage.*

Antoine de la Viefville mourut le 11 juin 1607, et fut inhumé dans l'église d'Orvillers-Sorel où se voit son mausolée.

Le 15 septembre 1624, l'héritier d'Antoine de la Viefville, Claude, seigneur d'Orvillers, vendit ce fief à Isaac de Lancry, seigneur de Bains.

Un autre fief, dont nous ignorons le nom, fut vendu en même temps, il consistait en 8 journaux 1/2 de terre et 1/2 journal 1/2 quartier en roture, faisant partie des terres acquises des héritiers de Hugues Caudel (Il est probable que le fief dont il s'agit ici, était une portion du fief des Groseillers).

Ces deux fiefs mouvaient en plein hommage de l'abbaye. Or, le 21 février 1639, par son procureur fondé, messire Isaac de Lancry, chevalier, seigneur de Bains, Boulogne-là-Grasse et autres lieux, fit demander la saisine de ce deux fiefs, *en offrant de faire la foi et hommage, et justifiant du paiement des droits faits à l'abbaye.*

Le procureur fiscal fit opposition à cette demande. Il allégua :

1° Que le titre de seigneur de Boulogne n'appartenait qu'à l'abbaye, à cause de la donation de Karados de 1413, donation confirmée et maintenue par les arrêts du Parlement de 1466 et de 1483, et que personne autre que l'abbaye ne pouvait se dire seigneur de Boulogne-la-Grasse.

2° Que le fief vendu par M. d'Orvillers à M. de Bains, dont saisine était demandée, se nommait le fief des Groseillers et non le Petit-Boulogne.

Le procureur fiscal se trompait évidemment.

3° Que pour le second fief (partie du fief des Groseillers, comme nous l'avons dit plus haut) dont on demandait la saisine, il avait été saisi faute d'hommes successibles et les fruits confisqués à l'abbaye, qui seule avait le droit de s'en emparer, comme seigneur unique et général de Boulogne.

Le procureur de Me de Lancry répondit :

1° Que le sieur de Bains ne prétendait pas être le seul seigneur de Boulogne, mais des deux tiers au moins.

2° A la deuxième objection, il opposa que le fief s'appelait bien du *Petit-Boulogne* et non *des Groseillers.*

Nous n'avons rien trouvé qui nous éclairât sur l'issue de cette discussion. Mais il est probable que le seigneur de Bains acheta aux héritiers d'Hugues Caudel, la contrepartie, car le 20 octobre 1649, dix ans après la première demande, il obtint la saisine dudit fief, consistant en 15 journaux 22 verges, tant terre que prés en 4 pièces.

La dernière fois qu'il est parlé de ce fief, c'est dans un dénombrement du 9 juin 1672, ainsi conçu :

« Dénombrement fourni par dame Madeleine de Lancry, épouse de Mre Antoine de Blottefière, chevalier, seigneur de Plainval, et la dame sa sœur Dianne-Catherine de Lancry, d'un fief noble tenu de l'abbaye de Corbie, appelé le *Fief du Petit-Boulogne*, à elle appartenant par le décès de Mre Isaac Lancry, leur père, qui l'avait acquis de Mre Claude de la Viefville, sieur d'Orvillers, consistant en *plusieurs autres fiefs*, tenus et mouvants dudit fief, en droit de champart sur des terres et prés, en cens et rentes, etc. »

16. *Le Fief du Grand-Maire.* — (Fief noble).

Ce fief du Grand-Maire (Grand-Maïeur) se prenait de la croix qui était devant la porte de l'église de Boulogne et allait, en descendant la côte, jusqu'à la route de Montdidier à Noyon, il comprenait le côté gauche de la Grande-Rue.

Avant 1442, le possesseur était noble Jean de Villers, dit le Brun, chevalier. Il le vendit à Jean des Quenes Karados fils, chevalier, saisine lui en fut donnée le 28 mai 1442.

« Ce fief se composait de 24 muids de terre, ou environ, en plusieurs pièces nommées les terres du Grand-Maire, éclipsées du fief de Hinvillers, appartenant audit chevalier, tenues de l'église de Corbie, avec haute justice et seigneurie ès-dites terres. »

« Par son testament, Karados légua ce fief à Pierrequin Touret. Il se composait en 1460, de 28 mines de terre et 2 mines de prés, situés entre Boulogne, Conchy-les-Pots et le moulin de Boulogne. « Lesdites terres appelées les terres du Grand-Maire, tenues en fief de l'église de Corbie, comme le rappelle le relief fait le 7 mai 1460, et ont été payées les droitures de vente, ledit fief étant assis au bailliage de Vermandois. »

Pierrequin Touret vendit ce fief noble à Mre Baude de Halloy, secrétaire du Roy, moyennant la somme de 45 écus d'or avec délai pour faire hommage. La saisine donnée le 31 mai 1472, dit : « Qu'il consistait en 24 journaux ou environ de terre en plusieurs pièces, au terroir de Boulogne, appelé le fief du Grand-Maire. »

A la mort de Baude de Halloy, il échut en héritage à sa fille Jeanne de Halloy, épouse de Pierre du Sart, qui en fit le relief le 2 octobre 1506.

Pierre du Sart mourut, laissant des enfants mineurs, Adrien du Sart et Pierre du Sart. Leur tuteur fit, le 18 juin 1528, relief dudit fief « consistant en maison, cens et rentes, tenus du comté de Corbie, par 60 sous parisis pour le relief du bail. »

De 1528 à 1602, nous n'avons aucune pièce relative à ce fief. Mais la charte suivante nous donne de curieuses indications.

« 24 septembre 1602, dénombrement fourni par Charles de Lancry, seigneur de Bains et de Boulogne, du fief du Grand'Maire, tenu de l'abbaye royale de Saint-Pierre de Corbie, en foy et hommage, service de plaids, etc... Suivant la coutume de Roye, consistant en 34 maisons ou héritages, contenant 18 journaux 88 verges et 2 journaux 3/4 de terre en 5 pièces, qui lui doivent cens annuel, 20 septiers un quartier et demi de blé, 5 boisseaux et 2 picotins 1/2 de grains moitié blé et avoine avec toute justice sur ledit fief, droits de vente, voirie, rouage, forage, etc...

« Isaac de Lancry, seigneur de Bains, offrit le 28 septembre 1613 de relever ledit fief. Le procureur fiscal demanda un délai et le relief ne fut fait que le 7 janvier 1614.

« 9 juin 1672. Dénombrement fourni par dame Madeleine de Lanery, épouse autorisée de messire Antoine de Blottefière, chevalier, sieur de Plainval et consors, d'un fief noble, anciennement nommé le fief de Grand-Maire, situé à Boulogne, à eux échu par le décès de messire de Lanery, père des dames avouantes (Voir le même dénombrement à la même date au fief du *Petit-Boulogne*).

17. *Le Fief des Groseillers.* — (Fief noble).

Ce fief noble était situé au bas de la montagne, à la suite du marais Sous-la-Rue, à droite du chemin allant de Boulogne à Fescamps. Aujourd'hui encore il existe, dans cette partie du territoire, un endroit appelé le Groseiller, en langage du pays *Guersilli.*

Le 31 juillet 1502, Frémins Havart, fils de Thomas Havart, en fit relief à l'abbaye de Corbie.

Le 20 juillet 1555, Sixte Havart en fit le dénombrement.

Le 31 janvier 1588, François Havart, laboureur, en fit le relief comme héritier de son père Sixte. Mais dix ans après, François le vendit à Hugues Caudel, époux de Catherine Havart, le 28 avril 1598. Le dénombrement en fut fait le 4 septembre 1602.

Il consistait en un chef-lieu (c'est-à-dire une ferme dont on trouve encore des restes non loin du marais Sous-la-Rue) et 18 journaux de terre, bois et prés, en plusieurs pièces, savoir :

3 journaux de terre, nommés la Terre-de-Marinviller.

5 journaux au même lieu.

3 journaux tenant à la pièce ci-dessus.

3 journaux au chemin de Boulogne à Fescamps, au lieu dit le Fossé.

120 verges en pâtis, tenant au marais Sous-la-Rue.

120 verges tant terre que bois, tenant aux héritiers Sixte Havart.

Jusqu'en 1672 nous n'avons aucune pièce concernant ce fief. Ce fut néanmoins dans cet intervalle qu'il vint à la maison de Lancry : Jean de Lancry, père de Madeleine de Lancry, l'ayant acquis de Jean Herrouart et de Marguerite Caudel, sa femme, d'Antoine Coudun et de...

Candelu sa femme, héritiers probablement de Hugues Caudel. Donc, le 9 juin 1672, dame Madeleine de Lancry, épouse en deuxièmes noces de Mᵉ Antoine de Blottelière, chevalier, sieur de Plainval, et Diane-Catherine de Lancry, épouse autorisée de César de Blottelière, sieur de Clermont, en firent le dénombrement. Elles payèrent 60 sous parisis de relief et 30 sous parisis de chambellage.

Le même jour, comme nous l'avons marqué plus haut, furent faits par les mêmes personnes, les dénombrements des fiefs du Petit-Boulogne et du Grand'Maire. D'où il résulte qu'à cette époque, les de Lancry étaient seigneurs de tous les fiefs de Boulogne.

Mais en 1676, Madeleine de Lancry étant morte sans enfant de son mariage avec Antoine de Blottelière, Charles de Favier de Lancry, son fils d'un premier mariage, hérita tous ses biens, et le 5 août 1676, il fit relief des trois fiefs nobles de Boulogne, ainsi que de celui de la Franche mairie d'Hinviller, pour la moitié qui appartenait à sa mère.

Diane-Catherine de Lancry, épouse du sieur de Clermont, étant morte aussi peu après, sans enfant, Charles de Favier de Lancry recueillit ce nouvel héritage dont il fit relief le 15 juin 1680, et il devint ainsi seul seigneur de ces trois fiefs nobles tenus en plein hommage du comté et abbaye de Corbie.

L'article suivant nous parle d'un fief dont nous ignorons le nom.

« 16 novembre 1688, relief fourni au seigneur Abbé de Corbie, par Charles de Favier de Lancry, seigneur de Bains, Boulogne, Hinviller, etc., d'un fief et noble ténement consistant en un sixième et un vingtième dans les dîmes du terroir de Boulogne, etc., partagées sur le champ à l'encontre dudit seigneur Abbé auquel appartient les 4 parts dont les 6 font le tout et un sixième avec le curé de Boulogne, *en sorte que, 20 jarbes le dit seigneur Abbé de Corbie en a 12 : les 8 autres jarbes à partager entre le seigneur de Bains et le dit sieur curé. Etant le dit seigneur de Bains, au lieu et place des héritiers de la fille de Mathieu de la Grange.* »

Catherine Sommières étant décédée le 3 juillet 1701, son fils Félicien de Favier de Lancry, chevalier, seigneur,

marquis de Bains et Boulogne *pour la plus grande partie*, fit relief le 16 janvier 1705, des trois fiefs nobles qu'il venait d'hériter.

Le procureur fiscal protesta contre la qualité de *seigneur de Boulogne pour la plus grande partie*. Il avait raison puisque ces fiefs nobles relevaient de Corbie.

Après la mort de Edme-Félicien de Favier de Lancry, arrivée le 25 décembre 1736, son fils, Charles-César de Favier de Lancry, chevalier, seigneur, marquis de Bains, Boulogne-la-Grasse, Hinvillé et autres lieux, capitaine de dragons au régiment de Nicolay, fit au seigneur Abbé de Corbie, le 13 juin 1737, relief de 3 fiefs et nobles ténements, *fief de Grand'maire, fief des Groseillers et fief du Petit-Boulogne*. Le procureur fiscal reçut le relief, mais protesta en disant que le seigneur de Bains ne pouvait prendre le titre de seigneur de Boulogne, parce que ce titre n'appartenait qu'au seigneur Abbé de Corbie — qu'il ne pouvait s'appeler que seigneur du fief de Boulogne, situé à Boulogne.

Le 9 août 1749, Marie-Sébastienne Lamoulreux de la Javellière, veuve de Charles-César de Favier de Lancry, fournit le même relief portant les mêmes qualifications. Le procureur fiscal renouvela ses protestations.

Encore un demi siècle et abbés de Corbie et seigneurs de Bains sombreront dans le même naufrage. Si les seigneurs laïcs avaient soutenu les seigneurs ecclésiastiques au lieu de les dépouiller de leurs prérogatives légitimes, l'effroyable cataclysme qui a fait tant de ruines, ne serait peut être pas arrivé.

CHAPITRE XVII

L'Église.

La situation de l'église dans un endroit contigu au camp romain, nous a permis de dire que le premier temple chrétien a été bâti à cette place, et que son établissement pouvait être reporté aux temps de l'évangélisation primitive des Gaules. Sa position est belle. En effet, du portail on découvre le clocher de Maignelay, la plaine de Méry, celle même d'Estrées-Saint-Denis où l'œil peut suivre la fumée des locomotives qui la traversent, le château de Séchelles et les montagnes de Gury. Du cimetière, la vue s'étend au loin, on découvre toutes les montagnes qui avoisinent Noyon, et le soir quand le soleil est à l'Occident, dans le lointain apparaît une masse blanche que l'on dit être la tour de Coucy. Si cette position est belle, elle est désavantageuse pour un édifice si imposant. En 1786, on fut obligé de retenir les terres par ces contreforts que nous voyons et dont l'insuffisance est remarquée. Si elle avait été édifiée plus au Nord, ou de l'autre côté de la voie ancienne, rien de semblable ne se serait produit.

En 1791, la nef et le clocher bâti à l'entrée du chœur s'écroulèrent avec fracas, ne laissant debout que le chœur. La tradition dit que l'ancienne nef était plus belle que la nouvelle.

La période révolutionnaire était commencée et on peut, avec raison, s'étonner que les habitants se soient mis si vite à l'œuvre pour reconstruire leur église, à tel point qu'en 1795, le désastre était réparé et l'édifice refait comme il est aujourd'hui, moins le clocher qui ne fut réédifié qu'en 1829. C'est que le besoin d'un local spacieux se faisait sentir pour les républicains. Un certain orateur surtout ne voulait plus d'un auditoire contenu dans la salle de M. de Clairfontaine du petit marais, ou dans l'école. Pour parler de Rome et de Carthage, pour faire retentir aux oreilles de la populace les noms de Neker et de Franklin, la nef d'une église n'était pas trop vaste, ni la chaire de vérité trop élevée, et il encourageait de toutes ses forces la reconstruction. A peine élevés, les murs s'écroulèrent de nouveau, et le même homme fut assez puissant pour faire voter immédiatement par le Conseil de la commune les ressources nécessaires.

Et quand le gros œuvre fut achevé, de la chaire transformée en tribune, découlèrent des flots d'éloquence douteuse, des invectives contre le Clergé en général et contre le vénérable abbé Bayart. L'ancien ordre de choses n'était pas non plus épargné ; la Liberté donnée à la France devait seule faire le bonheur du peuple. Ainsi l'ambition d'un homme hâtait une restauration qui aurait été longtemps attendue à cause des temps malheureux qui suivirent.

Le chœur de cet édifice, qui est la seule partie digne d'intérêt, est de la fin de l'époque romane : l'ogive y fait son apparition. Les chapiteaux avec leurs crochets et leurs palmes nous offrent le caractère du XIIe siècle. Des quatre églises bâties sur les terres de la Terrière, Bus, Fescamps, Hainvillers et Boulogne, c'est cette dernière qui nous paraît la plus ancienne.

En examinant le chœur à l'extérieur, on voit à son extrémité que les ouvriers du XIIe siècle ont posé leur œuvre sur une vieille construction, différente dans les matériaux employés et dans la manière de les disposer. Ils ont laissé les tuiles qui égalisaient les assises, et, des bases des gros piliers, restées dans la terre, ils n'ont pris que la largeur nécessaire pour les nouveaux contreforts. Ce qui donne à penser, comme nous l'avons déjà fait remarquer, que notre église a remplacé un édifice plus ancien.

1. *Chœur failli.*

Chœur *failli* veut dire dans le langage des habitants, chœur inachevé.

Jehan de Lancry, écuyer, seigneur de Bains et de Boulogne, marié à Jeanne de S. Ragon, voulant avoir droit à un banc seigneurial dans l'église et à une chapelle pour y établir sa sépulture, résolut de bâtir un chœur plus vaste que celui que nous voyons. Il fit donc élever une construction en dehors du mur actuel, qui aurait donné à l'église 6 mètres environ de plus en longueur. La chapelle seigneuriale devait être au côté nord. Les fondations anciennes que nos fossoyeurs rencontrent de temps en temps font juger de l'importance de cette œuvre. Déjà le chœur nouveau était élevé de deux mètres quant la mort vint frapper ce généreux seigneur. Son épouse le fit inhumer en 1547 à l'endroit même où devait être la chapelle seigneuriale.

Charles de Lancry, son fils, héritier d'un beau nom et d'une grande fortune, n'hérita pas de la piété de ses parents et il ne continua pas les travaux commencés. Imbu des idées de la Réforme, il se fit huguenot ; et, en 1568, Charles IX, roi de France, ordonna de saisir sa seigneurie. Le chœur commencé resta donc inachevé et le temps fit peu à peu crouler les murs. En 1791, lors de la reconstruction de la nef, on trouva là des matériaux qui furent utilisés.

Le chœur failli a sa légende à Boulogne. Il fut, disent les habitants, bâti par les Anglais. Hélas ! on ne le sait que trop, les Anglais, pendant les guerres acharnées qu'ils firent à la France, n'ont rien édifié : leur but était de détruire le plus possible afin de ruiner notre patrie.

2. *Chapelles.*

L'église actuelle a deux chapelles placées à l'extrémité des collatéraux, ce qui donne une régularité parfaite. Elles sont séparées de la nef par des grilles en fer. La chapelle du midi est dédiée à la Sainte-Vierge. Avant la Révolution, c'était la chapelle Sainte-Anne. Celle du nord, aujourd'hui chapelle de Sainte-Geneviève, était, avant 1877, la chapelle de Saint-Sébastien, et, avant la Révolution, la chapelle de Saint-Nicolas.

Lors de sa construction première, notre église ne paraît pas avoir eu ces deux chapelles. On remarque, en effet, à l'extrémité du côté nord, l'encadrement d'une porte avec cintre et maçonnerie du XIIe siècle. A quelle époque fut-elle supprimée ? Et à quelle époque l'autel de Saint-Nicolas fut-il adossé à cet endroit ? Rien ne nous a renseigné sur ce sujet. Cependant, cet autel existait avant le XVIIe siècle puisque, en 1600, la fabrique alloue diverses sommes pour l'entretien des chapelles de l'église, *celle de Sainte-Anne, celle de Saint-Nicolas et celle de Notre-Dame-de-Pitié.*

3. *Chapellenie de Notre-Dame-de-Pitié.*

Le voyageur qui visite les beaux sites de Boulogne-la-Grasse, ne manque jamais de se rendre dans le cimetière afin de jouir du magnifique panorama qui s'étend au loin à l'est et au midi. La vue plonge dans un immense horizon au-delà de Noyon, de Compiègne et de Clermont. Mais, en quittant ce lieu, pour peu qu'il regarde le mur de clôture du chœur de l'église, il aperçoit une grosse pierre sur laquelle sont deux statues que la pluie et les vers se sont chargés de détériorer. L'une représente la Sainte-Vierge tenant sur ses genoux le corps inanimé de son Fils. C'est la représentation habituelle de Notre-Dame-des-Sept-Douleurs, appelée communément Notre-Dame-de-Pitié. A côté de la Mère désolée est Saint-Jean, le disciple bien-aimé, debout, les mains jointes dans l'attitude du recueillement et de la prière. La tristesse est aussi dans sa figure. La Sainte-Vierge était autrefois adossée à une grande croix de bois qui s'élevait contre le mur de l'église.

Des connaisseurs disent que ces débris ont une certaine valeur, à cause de l'expression des figures. La Vierge surtout inspire la compassion, c'est vraiment la Mère des douleurs.

Ce groupe formait jadis la chapellenie de Notre-Dame-de-Pitié, chapellenie donnée au chapitre de l'église cathédrale de Boulogne-sur-Mer. Voici dans quelles circonstances :

Nous avons raconté à l'épisode des *Champs mal huqués*, comment le vaillant Karados, fait prisonnier par les Anglais, avait été emmené en Angleterre. Pendant sa captivité, il demandait instamment à la mère de Dieu sa délivrance. Un jour vint où le guerrier chrétien fut rendu à la liberté. A peine débarqué à Boulogne-sur-Mer, son premier soin fut de monter à la cathédrale pour y remercier sa libératrice.

Ce fut à son retour à Boulogne-la-Grasse, qu'il édifia, au dehors de l'église, cette petite chapelle de Notre-Dame-de-Pitié, en témoignage de sa reconnaissance. Et, afin de perpétuer le souvenir du bienfait qu'il avait reçu de la Mère de Dieu, il fit don de cette chapellenie au chapitre de la cathédrale de Boulogne-sur-Mer, unissant ainsi, dans une pieuse communauté de prières, les églises des deux Boulogne.

Il s'établit là, dans les âges suivants, un pélérinage qui fut très fréquenté jusqu'à la Révolution. Il est à croire que bien des grâces furent obtenues en cet endroit. Mais rien n'a été écrit et les récits sont trop défectueux pour que nous les supportions.

4. *Statues.*

Notre église possédait, avant la Révolution, un grand nombre de statues. Celles disparues sont : les statues de Sainte-Anne, de Saint-Nicolas, de Saint-Roch avec reliques dans le socle, et une de la Sainte Vierge. Celles conservées pendant la Révolution par des mains pieuses, sont : les statues de Saint-Jean-Baptiste, de Sainte-Barbe, de Sainte-Catherine, d'une Vierge et celle de Notre-Dame-de Boulogne-la-Grasse, la plus belle et la plus précieuse.

Cette dernière est à l'entrée de l'église au premier pilier de droite. Grâce à une restauration intelligente, qui n'a rien changé à sa décoration, elle apparait aujourd'hui dans toute sa beauté.

En voici la description :

« La Vierge est assise, revêtue d'habits magnifiques. Une robe d'or ; par-dessus, un manteau royal se drapant admirablement. Ce manteau d'un beau bleu, à bordure d'or en relief, a le revers blanc. La Vierge est habillée à l'Orientale. La robe est décolletée : les cheveux noirs donnent de chaque côté de la figure une tresse qui descend jusqu'au bas de la poitrine. »

Quand on fixe attentivement cette statue, il semble que la Vierge a des larmes dans les yeux.

Pourquoi ?

« L'Enfant-Jésus, vêtu d'une robe violette finement plissée, est debout sur le genou gauche de sa mère qui, la main gauche appuyée sur son dos, l'aide à se tenir. On dirait qu'elle veut savoir s'il est assez fort pour se maintenir seul debout. Aussi sa droite est ramenée, paraissant abandonner l'enfant à lui-même. Tout à coup, il étend les bras en avant, comme s'il se disposait à marcher. Alors, la mère comprenant son imprudence et inquiète pour son fils, ramène vite la main droite vers lui pour l'arrêter. Et au même instant, la tristesse se peint sur sa figure et des larmes brillent dans ses yeux. »

Une autre explication a été donnée de cette tristesse de la mère. L'Enfant-Jésus tient dans une main une boule qui figure le monde. Sur cette boule est plantée une croix. La Vierge-Mère considère cette croix et pense à la mort future de son fils qui percera son cœur d'un glaive de douleur. Mais cette explication vraie pour certaines statues de la Sainte-Vierge, ne nous paraît pas ici justifiée, parce qu'elle ne fait pas comprendre le geste empressé et significatif du bras droit qui va au secours de l'enfant.

Cette statue est très ancienne : elle peut remonter au XVe siècle. Elle n'est jamais appelée autrement que *Notre-Dame-de-Boulogne-la-Grasse*. La vénération qu'elle inspire est si grande, que pendant la Révolution, les démagogues l'ont laissée à sa place dans l'église.

NOTE

M. l'abbé Pihan, secrétaire de l'Evêché de Beauvais, nous ayant gracieusement envoyé la note suivante, nous la donnons à nos lecteurs avec toutes les indications qui peuvent éclairer le sujet.

Dans une *Histoire de l'ancienne image de Notre-Dame-de-Boulogne* (sur Mer), *par le P. Alphonce, capucin. Pierre La.ay, éditeur. Paris, MDCXXXIIII,* on lit page 75 :

« On voit une autre chappelle dédiée en son nom auprès de la ville de Montdidier, en Picardie, où il y a une image de la Vierge faicte sur celle de Boulongne. Une image semblable se trouve en l'église de *Nostre-Dame-de-Boulongne,* qui est à deux lieues de Montdidier, en un village surnommé *Boulogne-la-Grasse,* pour le distinguer de Boulogne-sur-Mer et de Boulogne-sur-Seine, comme on verra en son lieu. »

D'après ce qui précède, il y aurait eu dans notre église une statue de Notre-Dame-de-Boulogne-sur-Mer. Ni la tradition, ni les anciens papiers de la Fabrique, que nous avons lus, ni les actes de la paroisse, ni les pièces relatives à Boulogne-la-Grasse que nous avons consultées soit aux archives de la Somme, soit aux archives de l'Oise, ne nous ont rien laissé soupçonner de semblable. Quant à l'existence d'une chapelle dédiée à Notre-Dame-de-Boulogne-sur-Mer, près de Montdidier, il n'y a aucun doute à cet égard. M. Hourdequin de Beaupré, dans son histoire pleine d'érudition, ayant pour titre : *Montdidier, ses rues et ses monuments,* en parle longuement, et le Père Alphonse est bien renseigné. Mais nous ignorons sur quoi il s'est appuyé pour indiquer dans notre église une statue de Notre Dame-de-Boulogne-sur-Mer.

Nous présumons donc que le rév. Père a été induit en erreur et qu'il a confondu *une chapellenie à laquelle nommait le chapitre de la cathédrale de Boulogne-sur-Mer,* avec une statue.

CHAPITRE XVIII

Inscriptions de l'Eglise.

C'est avec un vif et profond sentiment de tristesse que nous écrivons ce chapitre. De nombreuses pierres tombales ont été brisées, d'autres déplacées, et celles-ci deviennent de plus en plus illisibles, foulées qu'elles sont par les pieds des fidèles. Que de renseignements précieux sont ainsi perdus pour notre histoire locale?

1° Pierres tombales.

La marche supérieure de l'escalier du portail est faite avec la pierre tumulaire d'un ancien seigneur de Bains. On y lit encore ces mots : « Ci gist Jehan.... son vi.... l'an mil V ..pt.... ie pour eux, » entourant deux figures qui représentent ce seigneur et sa dame. Les ancres, dans l'écu, sont bien visibles. C'est la pierre tombale de Mre Jehan de Lancry, décédé en 1547.

La pierre suivante, qui est à l'intérieur de l'église est aussi une pierre tombale. On y voit deux figures, le bas des images est peu usé : on distingue les jambes du chevalier et les vêtements de la dame. De l'inscription, nous ne pouvons plus lire que ces mots. Le III mars mil six cens traize et Da..... DECEDDA.

Le contrefort intérieur du portail, à droite, repose sur un morceau de pierre tumulaire. On y lit : ... ROVSSEL.

La marche du sanctuaire est formée de trois pierres tombales. La plus rapprochée de la sacristie est celle de

Pierre Coquet, curé de Boulogne, qui trépassa le 13 décembre 1736.

La grande dalle de l'entrée du chœur et les morceaux qui forment la marche de la chapelle Sainte-Geneviève, proviennent des pierres tumulaires déplacées en 1795.

2° *Autres inscriptions.*

Dans le collatéral du midi on lit l'inscription suivante gravée sur une table de marbre blanc :

« L'an 1783, le 15e jour du mois d'octobre, a été inhumé dans le cimetière de cette paroisse, le corps de Me François Lachaise, avocat au Parlement, ancien conseiller du Roi, notaire au Châtelet de Paris, décédé à Chaillot-les-Paris, le 12 du même mois, après avoir, par son testament olographe en datte du 6 juillet 1782, déposé pour minute à Me Minguet, notre à Paris, ledit jour 12 octobre 1783, dans lequel il a donné les preuves les plus éclatantes de sa piété, de son attachement pour ses compatriotes et de sa bienfaisance pour cette paroisse, lieu de sa naissance.

« Entr'autres dispositions pieuses, il a donné et légué à la fabrique de cette paroisse une somme de 20.000 fr. qui a été employée à l'acquisition d'une rente sur le clergé de France pour l'établissement et fondation à perpétuité d'un vicaire en ce lieu.

« Il a aussi légué aux pauvres de cette paroisse 300 fr. de rente perpétuelle sur le Roi ou le clergé pour les arrérages être distribués annuellement par MM. les curés et marguilliers.

« Enfin, il a donné et légué à la même fabrique une somme de 6,000 fr. qui, depuis son décès, a été employée à l'acquisition de 360 fr. de rente perpétuelle sur les revenus du Roi au profit de la ditte fabrique pour fonder à perpétuité dans cette église, douze messes de Requiem pour chaque année, qui seront célébrées à raison d'une par mois pour le repos de son âme, de celles de ses père et mère, frères, sœurs et tantes dénommés au testament. Lesquelles messes seront annoncées au prône de chaque dimanche qui précédera la célébration avec indication des personnes pour qui elles seront dites. Pour la rétribution de ces douze messes, il a voulu que sur les arrérages de la dite rente, il fut prélevé annuellement, sçavoir 38 fr. pour M. le curé, 15 fr. pour le maître d'école, 12 pour le chantre, 18 pour la fabrique, 21 pour les sonneurs, et 16 pour les enfants de chœur qui assisteront à ces messes. Que le surplus de cette rente fut constaté tous les ans et renfermé dans le coffre de la fabrique, et toutes les fois qu'il se trouverait 1500 fr. d'amassé, il en fut fait employ en acquisition de rentes sur le Roi ou sur le clergé au profit de la fabrique, et, lorsque par les économies accumulées et placées, la fondation serait portée à 550 fr. de rente ; alors, les honoraires et rétributions de M. le curé et du maître d'école, du chantre, de la fabrique, des sonneurs fussent doublés et ceux des enfants de chœur portés à 30 fr. et l'excédent distribué aux pauvres, moitié le premier dimanche de Carême, et l'autre moitié le jour de Noël, déduction faite cependant sur cet excédent de 12 fr. pour les honoraires de la lecture ordonnée être faite dudit testament tous les ans, ledit jour premier dimanche de Carême.

« Les employs des deniers légués pour l'établissement et exécution des diverses fondations cy-dessus indiqués ont été faits par le ministère de MM. de Saint-Paul, ancien notaire à Paris, et Petit Bourgeois, de la même ville, comme exécuteurs testamentaires dudit feu Me Lachaise.

« *De Profundis* (1). »

Au-dessous de l'inscription précédente s'en trouve une autre également sur pierre de marbre blanc. La voici :

« Cy gist

« Le corps de Me François Lachaise, avocat au Parlement, ancien conseiller du Roi, notaire au Châtelet de Paris, né en cette paroisse, le 23 mars 1738, décédé à Chaillot-les-Paris, le 12 octobre 1783, présenté en l'église

(1) D'après le testament de cet insigne bienfaiteur, cette table de marbre devait être placée contre un des piliers de la nef. Ce qui fut exécuté le 8 juillet 1783. Elle était donc autrefois fixée au premier pilier en descendant du chœur, du côté du midi.

dudit Chaillot le 14 et de suite transporté et inhumé dans ce lieu le lendemain 15 du même mois, en la présence de MM. de Saint-Paul, aussi ancien notaire à Paris, et Petit Bourgeois, de la même ville, ses deux exécuteurs testamentaires.

« *Requiescat in pace.* »

Il est évident que cette dernière inscription était placée sur la tombe dans le cimetière, et, que quand le monument fut détruit, elle a été rapportée dans l'église.

Dans le collatéral gauche nous lisons au bas d'un tableau curieux :

« Icy gît le corps de Charlle Roussel, natif de la ville de Dorlens, quatorze ans a esté greffier et sy estoit cyrugien de Bains, Boullongne et grand maire et lieuten. terme et espase de sept ans qui trespassa le IIIIe jour de novembre 1578 et de Anthoinette Longiez, sa femme, nattifve de Boulongne qui trespassa audict an le... »

Ce tableau est-il à sa place primitive ? Nous n'oserions l'affirmer, car tout a été remanié plusieurs fois dans notre église.

Nous avons dit que ce tableau était curieux. En effet, il représente le crucifiement de N. S. entre les deux larrons liés à leur croix. Au bas de la croix du Sauveur, est Sainte Marie-Madeleine, à genoux, près d'elle le vase de parfums ; à sa droite est la Sainte Vierge debout ; à sa gauche Saint-Jean également debout. Jusqu'ici tout est correct. Mais ce qui suit ne l'est plus. Du côté de Saint-Jean, dans le plan à droite, se voit un homme portant dans la main droite un livre ouvert à tranche dorée. Quel est ce personnage ? sans doute un évangéliste. Près de lui sont huit religieuses à genoux, alignées sur deux rangs, les mains jointes et tenant attaché aux poignets un chapelet dont les dizaines sont formées, tantôt de 3 grains et tantôt de 8. Il faut dire aussi que ces chapelets sont composés de 6 dizaines. Sur le plan gauche, à côté de la Sainte-Vierge, est un personnage portant une chape ou manteau, sur laquelle est appliquée, à l'épaule droite, un aigle noir à deux têtes. Sa coiffure est une sorte de tiare à trois couronnes à rayons pointus, le tout surmonté d'une boule. Est-ce un pape ? Est-ce un empereur ? Devant lui, sont è genoux, deux abbés revêtus, l'un d'une soutane seulement, et l'autre portant le surplis par dessus la soutane. Derrière ces personnages se voit la ville de Jérusalem. Nous croyons voir dans tout ce monde les portraits des donateurs.

On regrette que l'artiste n'ait pas signé son œuvre.

Ce tableau a en hauteur 1m24.

3° *Obituaire de l'Eglise paroissiale de Notre-Dame de Boulogne-la-Grasse.*

(Tableau affiché dans le collatéral droit, près de la chapelle de la Sainte-Vierge).

JANVIER.

Obit pour Pierre Lépousé.

Obit pour Jeanne Benoist.

Obit pour Robert Hénote et pour sa femme.

Obit pour Antoine Bonvallet.

Le 16, matines et la messe de Saint Fursy, fondées par M. Havart, chan. de Noyon. On doit carillonner une demie heure la veille, pourquoi la fabrique donne 5 sols.

Le 17, messe des Trépassés fondée par le même Mons. Havart pour lui et ses parents deffunts. Comandaces, la Prose, pendant laquelle on sonne la grosse cloche. Le *Miserere* avec le *De Profundis* à la fin sur la Tombe.

Obit pour Jeanne Auxenfans.

Obit pour Marie Bonvallet.

FÉVRIER.

Obit pour Isaïe Quesnel.

Obit pour Charlotte Hénique.

Aux 4 temps de Carême, obit pour M. Claude Clamequin, ancien curé de Boulogne, mort en 1676.

MARS.

Obit pour M. Antoine Auxenfants, curé de Boulogne en 1567.

Obit pour Jeanne Faffet.

Obit pour Antoine Defrance.
Obit pour Jean Havart et sa femme.
Obit pour M. Patoux, curé de Bus, bienfaiteur.
Obit pour P. Longuet, greffier de Bains.
Obit pour Marie Longuet.
Obit pour les père et mère de M. Clamequin.
Salut du Saint-Sacrement, les six premiers jeudis de Carême.

AVRIL.

Obit pour Pierre Mélique.
Obit pour Honoré Beaurain, prêtre.

MAI.

Obit pour Leufroi Collart.
Obit pour Moyse Bocquillon.
Les 4 temps de la Pentecôte, obit pour M. Claude Clamequin, ancien curé.
Obit pour Jean Hénote.
Obit pour Jean Minard et Jeanne Flon sa femme.

JUIN.

Obit pour Charlotte Boyenval.
Obit pour Antoinette Collart.
Obit pour Nathan Villain et Marie Delaruelle, sa femme.
L'Octave du Saint-Sacrement, fondée par M. Clamequin, ancien curé. Matines, Laudes, Prime, Tierce, Sexte, None, Vêpres, Complies, Bénédiction et *De Profundis* pour le repos de son âme.

JUILLET.

Obit pour Barthelmi Collart et Jeanne Bonvallet, sa femme.
Obit pour Firmine Dutriaux.
Obit pour Jeanne Benoist.

AOUST.

Obit pour Pierre Patoux.
Obit pour Jeanne Collart, sa femme.

SEPTEMBRE.

Obit pour Elie Pilon et Marguerite Wallet.

Obit pour Roland de Saint-Omer et Antoinette Auxenfans, sa femme.

Aux 4 temps de septembre, obit pour M. Claude Clamequin, ancien curé.

OCTOBRE.

Obit pour Sébastien Havart.

Obit pour Prime Boyenval.

Obit pour Noëlle Artizien.

Obit pour Louis Collenai.

Obit pour Antoine Hénote.

NOVEMBRE.

Obit pour les père et mère de M. Clamequin.

Obit pour M. Zacharie Bonvallet.

Obit pour Pierre Duvieilguerbigny.

Obit pour François Durand.

Obit pour Charles Bricart.

DÉCEMBRE.

Obit pour Antoine Dupré et Madeleine Gaillard, sa femme.

Obit pour Charlotte Le Conte.

Obit pour Firmin Defrance.

Aux 4 temps de décembre, obit pour M. Clamequin, ancien curé.

Obit pour Claudine Gobert, femme de Charles Bricart.

Obits fondés depuis l'année 1730, payés en particulier par la Fabrique.

Obit pour Anne Foucart.

Le 28 juin, obit pour M. Pierre Cocquet, curé de cette paroisse, mort en 1736.

Le 14 août, obit pour le même M. Cocquet.

Obit pour Françoise Collenai.

Obit pour Marie Duquesne, femme du même.
Obit pour Nicolas Gailand et Renée Collenai, sa femme.
Ces trois obits sont fondés sur un demi journel sous la Rue, possédé par François Auxenfants et Madeleine Suret, sa femme.

Nouvelles fondations faites en 1784.

Tous les premiers dimanches de Carême la lecture du testament de M. Lachaise.

Douze messes solennelles de *Requiem* fondées en cette église, par M. François Lachaise, conseiller du Roy, notaire au Châtelet de Paris, décédé à Chaillot, le 12 octobre 1783, inhumé en un cercueil de plomb en cette paroisse son lieu d'origine, sous la croix funèbre du cimetière ; lesquelles seront annoncées au Prône pour lui, pour Jacques Lachaise et Marie-Anne Collart, ses père et mère, Marie-Louise Lachaise, sa sœur, Marguerite Lachaise, sa tante paternelle, et ses autres frères et sœurs. (Voyez le tableau en marbre dans la nef.)

Douze messes à voix basse, fondées par le même M. Lachaise, qui a établi un prêtre à perpétuité dans cette église pour y exercer les fonctions de vicaire, lesquelles seront acquitées à la charge du vicariat, pour lui, pour Jacques Lachaise et Marie-Anne Collart, ses père et mère et les autres personnes dénommées cy-dessus.

Service solennel tous les ans, à perpétuité, pour le même M. Lachaise, pour le repos de son âme, à la charge de la Compagnie de l'Arc et Confrairie de Saint-Sébastien de cette paroisse.

Ce tableau est en bois ; au milieu est peint un Christ qui doit attirer l'attention des visiteurs.

En 1877, la Société historique de Compiègne voulait acquérir cet obituaire, mais elle dut se contenter d'une copie.

Sur une porte d'armoire de la sacristie, on lit ce qui suit :

Messes à dévotion pendant l'année.

17 janvier, Messe de Saint-Antoine pour les Manelliers.
20 — Messe de Saint-Sébastien précédée de Laudes, 1res et 2es vêpres avec salut du Saint-Sacrement.

21 janvier Service solennel pour le repos de l'âme de M. Lachaise, colonel de la Compagnie de l'arc, marqué sur l'Obituaire.
22 — Messe de Requiem pour les confrères deffunts.
25 avril, Saint Marc. Messe et Procession.
— Les Rogations, idem.
25 juin, Messe pour les Maréchaux et Laboureurs précédée des Laudes.
20 juillet, Messe de Sainte Marguerite, pour les femmes.
26 — Sainte Anne, messe pour les Menuisiers.
1 Août, Messe de Saint-Pierre-ès-liens pour l'ouverture de la moisson.
16 — Messe de Saint-Roch.
25 novembre, Messe de Sainte-Catherine pour les filles.
1 Décembre, Messe de Saint-Eloi pour les Maréchaux et Laboureurs.
6 — Messe de Saint-Nicolas pour les garçons.

Fonds en terres et en prez laissés à différents particuliers pour faire acquitter les Obits suivants :

Obit pour Pierre Hénique et Marguerite Mallet, sa femme, à la charge de Pierre Héry, dit Carré, et Marie-Catherine Lacorne, sa femme.

Obit pour Antoine Gamache à la charge de François Galland, maréchal, et Marie-Anne Gamache, sa femme.

Obit pour Pierre Gamache à la charge d'Antoine Collart et de Marie Conte, sa femme, sur une pièce de vigne sur le Mont, par eux acquise de P[re] Binant.

Obit pour Pierre Guillot à la charge de Pierre Hardouin et de Marie Dupuis, sa femme, sur quartier et demi de terre labourable, derrière le bois.

Obit pour Jean Guillot à la charge de Charles Duvieilguerbigny et de Marie Duquesne, sur quartier et demi de terre labourable, derrière le bois.

Obits pour Jonathan Galland et Marie Anselin à la charge de F. Galland et de Marie-Madeleine Villain, sa femme.

Obit pour Charles Fanchon et Madeleine Defrance, sa femme, à la charge de Pierre Fanchon et de Marie-Marguerite Maranger, sa femme, sur leur maison au bout de la ville.

Obit pour Jeanne Defrance.

Obit pour Anne Maranger, sa femme.

Le premier à la charge de Nicolas Galland, tonnelier, à cause de Françoise Maranger, sa femme, arrière-nièce du fondateur.

Le deuxième à la charge de Pierre Galland, à cause de Marie-Josèphe Maranger, sa femme, arrière-nièce de la fondatrice, sur un demi journel de pré, sous le Moulin, dont ils jouissent par moitié. Ils payent chacun vingt sols et chacun cinq sols à la Fabrique.

CHAPITRE XIX

Les Cloches.

Les Boulonnais semblent avoir eu depuis longtemps une prédilection marquée pour les cloches. Il faut dire que leur église, bâtie presqu'au point le plus culminant de la montagne, prête au développement de ce goût. Qui, en effet, n'a pas été émerveillé un jour de fête en entendant les cloches de Boulogne ? Comme les sons s'harmonisent bien lorsqu'elles lancent dans les airs leurs joyeuses volées ! Elles font alors l'orgueil des habitants.

Si nous en jugeons par les comptes de nos archives, il y a des siècles que l'église de Boulogne possède de belles cloches.

En 1641, le marguillier en charge paie au nommé Brett, de la ville de Compiègne, la somme de 1,058 livres 13 sous pour la refonte des trois cloches dont le poids fut augmenté.

Un accident arriva sans doute à la grosse cloche en 1685, car il fut payé 139 livres 10 sous pour sa refonte.

En 1697, ce fut le tour de la petite ; elle fut refondue par Cavillier, de Carrépuits.

Mais en 1715, les habitants voulurent se donner le spectacle d'une fonte de cloches. Par curiosité, plutôt que pour tout autre motif, c'est à présumer, ils décidèrent en assemblée générale que leurs trois cloches seraient refondues sur la place publique, à la Terrière ; que des fours y seraient construits afin que chacun put vérifier les travaux. Il fut décidé également que le poids desdites cloches serait notablement augmenté.

En additionnant le métal acheté à Douai avec l'étain fourni par deux habitants, nous avons une augmentation de 717 livres, qui coûta 595 livres 10 sous. La dépense des autres frais fut de 529 livres, 2 sous, 6 deniers. Dépense totale, 1124 livres, 12 sous, 6 deniers que solda la fabrique de l'église.

Le détail des frais nous fait voir :

Que le voiturier revenant de Douai, paya 2 sous 6 deniers au pont de S. Mard-les-Roye, pour passer avec sa voiture.

Que le fondeur, qui était de la ville de Douai, toucha 200 livres d'appointements.

Que l'on a dépensé 3 livres au cabaret, le jour où les cloches furent descendues du clocher.

Qu'il fut payé au cabaretier 1 livre 15 sous, le jour du Baptême de la moyenne cloche, etc.

Ces cloches étaient sans doute d'un trop fort poids, car un an après leur installation, il fallut consolider le beffroi.

La beauté d'une sonnerie dépend de l'habileté des sonneurs. Il fallait donc d'habiles sonneurs pour faire chanter convenablement les cloches de Boulogne. On créa la charge de *Maître sonneur*. Cette fonction n'était pas tout à fait gratuite puisqu'en 1718 le marguillier paya, à Paul Bureau, la somme de trois livres comme maître sonneur.

Sept hommes étaient chargés de les sonner.

Pendant 80 ans elles ne donnèrent plus probablement de tribulation aux habitants, car les comptes de la Fabrique ne font aucune mention de nouvelle refonte. Au reste la charge de maître sonneur devait produire son effet.

Mais comme tout passe en ce monde, un jour vint où les joyeuses volées ne retentirent plus dans nos montagnes; nos glorieuses durent descendre de leur demeure aérienne. Leur existence était finie, et celles qui avaient sonné les joies de la terre, furent destinées à porter la mort sur les champs de bataille et à faire verser bien des larmes. Changées en canon, elles habitent peut être aujourd'hui une terre étrangère, et qui sait si le Russe ou l'Allemand n'a point retourné contre la France ces bronzes meurtriers pour foudroyer des hommes dont elles avaient chanté joyeusement la naissance.

On dit que quelques-unes des cloches de nos églises n'eurent pas cette destination, mais qu'elles servirent pour la monnaie. Puissent celles de Boulogne avoir eu cette chance ; au moins elles auraient été encore utiles à leur patrie !

Ce dut être un jour de véritable deuil pour les habitants de Boulogne que celui du départ de ces chères cloches, à moins de supposer que tout sentiment avait été banni des cœurs généreux des Boulonnais par les idées révolutionnaires. Mais il y avait des meneurs puissants, et la population tremblait devant eux.

Le décret ordonnant de transporter au District de Noyon les cloches des églises, laissait à la municipalité la faculté d'en garder une pour le service public de la commune. Les deux plus petites furent, en conséquence, portées à Noyon. Mais, peu de temps après leur départ, celle restée à Boulogne fut cassée. La commune fit demander à Noyon, si elle pourrait l'échanger contre une autre des magasins de l'Etat. Grâce à l'intervention du sieur Jean Mouret, greffier au District, cette demande fut favorablement accueillie. La cloche cassée fut portée à Noyon, et le voiturier rapporta une des belles cloches d'Hangest-en-Santerre, et une autre plus petite pour l'horloge. C'est ainsi que vint à Boulogne cette cloche encore suspendue dans notre clocher, qui, par l'ampleur et la pureté de ses sons, fait l'admiration de ceux qui l'entendent.

Voici son inscription :

J'ai été bénite par Me Firmin de Lespine, prêtre curé d'Hangest-en-Santerre, et fondue du temps de Jean Miserone et Antoine de Beauvais, marguilliers, en l'année 1739.

Cavillier, fondeur à Carrépuit.

Plus bas dans le cordon on lit ces mots écrits en creux : *Ant. Vieil marg. en charge.*

Son poids est de 2,400 livres environ.

On dit qu'un jour une députation d'Hangest vint à Boulogne faire des propositions pour rentrer en possession de cette cloche. Mais la population refusa unanimement de s'en dessaisir.

Lorsque, en 1829, le clocher fut réédifié, les habitants songèrent au moyen de rendre à leur église trois nouvelles cloches dignes des anciennes dont le souvenir n'était pas perdu. Une souscription produisit en peu d'heures 4,014 livres. L'un donnait de sa bourse, l'autre donnait des terres et des prés avec ordre de les vendre et d'en verser l'argent à la souscription publique. Les noms de ces derniers donateurs doivent passer à la postérité : Ce sont François Auxenfans aîné, Madeleine Auxenfans veuve Delattre et Marie Madeleine Auxenfans.

En avril 1834, la petite cloche de l'horloge fut portée à Carrépuits, et les deux nouvelles furent fondues par la maison Cavillier.

Le poids de la moyenne est de 758 kilos 500. Celui de la petite est de 549 kil.

La dépense totale, nécessitée par ce travail, s'éleva à la somme de 3,589 fr. 25.

La moyenne a pour inscription : « L'an 1834, j'ai été « bénite par M. Normand, Doyen du canton de Ressons, « assisté de M. J.-Bᵉ Patoux, curé desservant Boulogne- « la-Grasse, et nommée Marie-Rose-Félicité par M. Joseph « Basile Ducos, propᵉ de Bains, et dame Marie-Rose- « Félicité Mallet. Mʳ Chˢ Augᵗᵉ Floury, maire, et Mʳ pʳᵉ « Fanchon, adjᵗ. MM. J.-B. Floury, Hubert Desachy, Jⁿ « Villain et Fˢ Paillet, margʳˢ. J'ai été donnée à l'église « de Boulogne par Mʳˢ François Auxenfans aîné, Made- « leine Auxenfans, vᵉ Delattre, et Marie-Madeleine Aux- « enfans, tous frères et sœurs. M. Lˢ Félix Mercier, « instʳ. »

La petite, porte : « L'an 1834, j'ai été bénite par Mʳ « Normand, Doyen du canton de Ressons, assisté de « M. J.-B. Patoux, curé dessᵗ Boulogne-la-Grasse. Nom- « mée Marie-Joséphine-Sophie par Mʳ Charles-Auguste « Floury, maire de la comⁿᵉ et Marie-Joséphine-Sophie « Fontaine, Mʳ Fanchon, adjᵗ, MM. Cᵉ Floury, Desachy, Jⁿ « Villain, et Paillet margʳˢ. M. L. Félix Mercier institʳ. »

CHAPITRE XX

Biens de Main-Morte.

Les biens de main-morte étaient nombreux à Boulogne. Des libéralités successives, faites depuis de longues années, à différentes abbayes, aux églises de Boulogne, de Conchy et de Bus, ainsi qu'à la cure, les avaient considérablement augmentés. Si l'on retranchait du territoire les biens de Bains et ceux de main-morte, on verrait qu'il restait peu de terres libres. D'où il résulte que la population était plutôt fermière que propriétaire.

L'état dressé par l'Assemblée municipale du 13 avril 1788, nous donne des renseignements à peu près exacts sur ce sujet. Voici cet état :

Saint-Florent de Roye. — La prévôté des chapelains de la collégiale de Roye possédait une petite portion de censives, et lot-vente, estimée 7 livres.

Monchy-Humières. — L'abbaye royale de Monchy-Humières avait 3 mines de prairies, 9 mines de terre labourable situées sur la seigneurie de Bains, affermées à différents particuliers pour une somme de 100 livres.

Elincourt-Sainte-Marguerite (1). — Ce prieuré possé-

(1) Prieuré de l'ordre de Saint-Benoit, dépendant du monastère de Lihons-en-Santerre, fondé vers 1245, par Raoul de Coudun, 63e évêque de Soissons. Cet établissement, sous le titre de Sainte-Marguerite, était conféré par l'abbé de Cluny... Il devait contenir douze moines qui conquirent avec le temps une grande aisance (Graves).

dait dans l'étendue du territoire de Boulogne, une portion de champart, censives, lots et ventes, estimée 14 livres.

Saint-Arnoult de Crépy-en-Valois. — Ce prieuré avait :

6 mines de prairies, 1 arpent de bois, 53 mines de terre labourable dans l'étendue des seigneuries de Bains et de Boulogne, affermées à différents particuliers de la paroisse qui en rendaient annuellement 600 livres.

Corbie. — L'abbaye royale de Saint-Pierre de Corbie possédait :

3 arpents et 1/2 de bois à coupe chaque année à 27 ans.
45 journaux de bois en réserve.
Un champart abonné à raison de 15 sols par arpent sur 155 environ, terres, prés, pâture.
Une censive de 4 setiers d'avoine, deux chapons, corvées sur chaque arpent, au nombre d'environ 30.
Les lots et vente suivant la coutume.
18 setiers de blé sur les deux moulins de Bethembus.

L'assemblée estime que les objets ci-dessus énoncés, formant la seigneurie de Corbie, pouvaient être évalués, année commune, à 2.500 livres.

Dans l'état de section de 1791, nous trouvons une variante. La voici :

75	verges	au Bois-Brûlé. Bois...	Revenu.	18	livres.
200	—	Solle-de-Merviller. Bois.	—	48	—
2.425	—	Aux Andrêches.......	—	482	—
4.500	—	Vieux-Château, réserve.	—	432	—
2.200	—	Vieux-Château, réserve.	—	512	—
1.200	—	Bois du Vieux-Château.	—	216	—
250	—	à la Terre-Forte.......	—	60	—
2.660	—	à la Terre-Forte	—	624	—
135 j. 10 verges.			Revenu.	2.392	livres.

Cette variante est plutôt un complément de l'état de 1788.

Fabrique de l'église Notre-Dame de Boulogne-la-

Grasse. — Notre fabrique possédait dans toute l'étendue des seigneuries de Corbie, Bains et Vaussoir :

9 mines de prairies.

35 mines de terre affermées à différents particuliers de Boulogne et de Conchy, 600 livres.

L'état de section de 1791 donne cette variante :

L'église et la fabrique de Boulogne possèdent 34 journaux et 22 verges de terre labourable et prés, plus, un journal d'osier. Le tout donnant un revenu de 527 livres 16 sous.

Nous avons trouvé, dans un compte détaillé de 1678, les lieux où se trouvaient ces terres appartenant à l'église, avec l'indication de la contenance et du revenu ; nous transcrivons ce document en entier. Il peut fournir des renseignements précieux.

Verges		Liv.	Sous
400	Terres de Vaussoir..............	40	
425	Au Moulin de Conchy.....	34	5
283	Tenant au précédent...........	28	
125	à Crinon	4	
50	Aux Sablons..	2	10
75	A la Folie	5	
25	Au même lieu................	2	10
50	Sous-la-Rue..	3	10
43	Au même lieu................	4	
100	id.	5	
50	A la Vallée d'Orvillers....	5	10
100	Au Clos Moyart..............	9	
50	Sous-la-Rue.	3	10
40	A la Vallée d'Orvillers..........	4	
6	A l'étroy	1	
6	Même lieu..............	1	16
5	Sur le jardin Eloy Bonvallet.. ..	1	
183	A Malvaux.........	6	6
50	Sur les Jardins..........	4	
111	Au Puit à Marle	3	12
225	A la Mare Baquet	19	10
40	Au même lieu............. ..	4	5
7	A Ragache..............	2	
7 1/2	de vignes, lieu dit Lefour.......	2	16
50	A Betembus	3	5
12 1/2	Sur 25 d'héritage donné par P. Longuet.................	2	
200	Dessus les jardins	10	

Verges		Liv.	Sous
45	Au fond d'Orvillers	3	10
75	Dessus le Mont, don de M. Florimont Havart, chanoine	2	10
25	A l'Essart.......	1	12
25	A (illisible)	2	5
62 1/2	Terroir de Fescamps	4	
16	Sur le Mont....................	2	10
8	A Malvaux.....	1	1
5	A Gorn		18
5	id.	1	5
40	A l'Etroy....................	2	10
50	A S. Eloi, surcens.............	3	
	Surcens d'une pièce sur le Mont.	2	
	Surcens de la maison Boyenval..	5	
200	Pré à la Terrière.........	19	
100	Du pré à la Ville (1re moitié).....	8	
100	id. (2e moitié).....	8	10
100	Pré N. D. avec la voirie........	10	
100	Pré Marlier	10	10
80	Pre à Malvaux....	8	5
150	Pré Marais..................	14	6
40	Petit Pré au Marais......... ...	4	5
25	Pré à la Fosse..........	3	10
40	Pré S. Fursy...	4	
12	Pré sous le Moulin	2	10
50	A l'Essart	3	
15	Pré sous-la-rue..............	1	10
12 1/2	Pré à surcens à la ruelle Baurin..	1	10
12 1/2	Aux Mines.....................	1	10
50	A surcens, près le Moulin.......	3	
	Pour les terres de Bains données en gage à la Fabrique par le seigneur de Bains, jusqu'au rembours d'une somme par lui touchée pour la vente d'une maison située à Rollot, donnée à la fabrique par Marguerite Duquenne	25	

Il faut remarquer que le seigneur de Bains ayant vendu cette maison, en garda l'argent, et donna à jouir à la Fabrique 9 journaux de terre, situés près le moulin de Conchy, jusqu'au rembours. Ces terres ayant été affermées pendant longtemps la somme de 25 livres annuellement, le seigneur les retira par devers lui et paya chaque année les 25 livres jusqu'au rembours.

L'Eglise et la Fabrique de Conchy, suivant l'état de 1791, possédait à Boulogne 38 verges, dont le revenu était évalué 5 livres 14 sous.

L'Eglise et la Fabrique d'Orvillers, d'après le même état de 1791, avait à Boulogne, 90 verges d'un revenu de 13 livres 10 sous.

Le curé de Bus percevait à Boulogne la dîme sur deux pièces de terre.
1 journal à la Crénière.
3 journaux auprès du chemin de Boulogne à Bains.

On lit dans les archives de l'abbaye de Corbie, qu'en 1684, le curé de Boulogne contesta ces dîmes au curé de Bus. Le juge de Roye fit une enquête, et le 15 décembre 1684 déclara que de tout temps les fermiers desdites terres ayant payé la dîme au curé de Bus, elle lui appartenait légitimement.

APPENDICE

BAUX DE L'ABBAYE DE MONCHY-HUMIÈRES

Le relevé des baux des terres de cette abbaye à Boulogne nous a donné les renseignements suivants :

1755, 2 janvier. — Bail à François Galland, Nicolas Galland et Nicolas Flon, de 13 à 14 journaux de terre labourable et prés en une pièce pour 78 livres annuellement, avec une douzaine de fromages.

1762, 28 décembre. — Bail par Henriette Mombel de Méré, abbesse de Monchy-Humières, à Pierre Galland, Pierre Herry et Jeanne Herry, veuve d'Adrien Flon, de 13 à 14 journaux de terre que possède l'abbaye à Boulogne-la-Grasse, moyennant 78 livres et 4 douzaines de fromages.

1771, 23 mai. — Bail par la même abbesse, à Pierre Galland et à Nicolas-Adrien Flon, des mêmes terres pour 78 livres et 6 douzaines de fromages.

1780, 24 janvier. — Bail par Mme Marie-Marguerite Dupassage, abbesse de Monchy-Humières, du même lot de terre, comprenant 13 journaux 80 verges de prés et 2 journaux 72 verges de terre, pour la somme de 120 livres.

1780, 9 mars. — Bail par la même abbesse, à Marie-Anne Rozier, veuve de Nicolas Flon, à Nicolas Herry, Pierre Galland, laboureur, et Pierre Galland, dit roulier, des mêmes biens, la somme de 150 livres.

CHAPITRE XXI

Les Curés de Boulogne-la-Grasse.

L'histoire ancienne d'un pays est concentrée autour de l'église et du château. Le curé représentait la vie spirituelle et le seigneur la vie temporelle. La vie du premier qui s'écoulait au milieu des paroissiens était bien souvent mêlée aux affaires temporelles. En sorte que l'on pourrait dire de sa puissance qu'elle était mixte. Combien de débats étaient terminés par ses décisions? Combien de disputes apaisées par ses conseils paternels? et combien de réconciliations opérées par ses avis toujours désintéressés? Le curé, sans famille, avait tous ses paroissiens pour enfants, et eux le considéraient véritablement comme leur père. Aussi les crimes et les délits étaient-ils peu nombreux dans les temps anciens, quoique en disent les partisans des idées modernes. Là où les hommes de la religion exercent leur influence, la société en ressent un grand bien. C'est donc avec bonheur que nous allons rappeler les noms de nos vénérés prédécesseurs.

Il est difficile de donner une longue liste de ces modestes serviteurs de Dieu, parce que les archives sont incomplètes et que nos actes religieux ne remontent guère au-delà de 1625. Toutefois, à l'aide de certains documents, nous avons pu recueillir des noms qui augmentent notre liste.

Avant le Concordat, Boulogne-la-Grasse appartenait au diocèse d'Amiens et au doyenné de Montdidier. Les curés étaient indépendants, c'est-à-dire, ne relevaient que de leur évêque. Ce qui est surprenant dans une paroisse où l'abbaye de Corbie avaient d'aussi grandes propriétés et où elle prétendait être seule seigneur temporel. Tandis qu'à Bus et à Fescamps, dont la même abbaye possédait les seigneuries, elle exerçait sur le curé les droits de présentation et de surveillance. Ce fait trouve son explication dans cette supposition que nous avons faite déjà, qu'il y avait à Boulogne une église, antérieurement à la donation de Sainte Bathilde, en 662. (Voir le chap. Eglise).

Dans sa notice sur Boulogne-la-Grasse, Graves écrit : « La cure était pendant trois mois dans le patronage d'Elincourt-Sainte-Marguerite, et le reste de l'année dans celui de l'abbaye de Corbie. » Nous n'avons rien trouvé qui justifiât cette allégation. Ce que possédait le prieuré d'Elincourt dans la paroisse de Boulogne, en 1788, était affermé 14 livres. Ses droits n'étaient donc pas bien grands et nous ne voyons pas sur quoi aurait reposé ce patronage. Quant à l'abbaye de Corbie, nous n'avons rien trouvé attestant qu'elle ait eu ce privilège. Le curé était, croyons-nous, jusqu'à preuve contraire, nommé directement par l'évêque diocésain et ne relevait que de son tribunal. Tous les actes des curés qui ont été conservés dans nos archives en sont la preuve.

Georges av. 1230.

Le nom de ce curé nous est révélé par un document dont l'original est aux archives de l'Oise. Nous donnons ce document au chapitre de Saint-Eloi-Fontaine. *(Super controversia).*

Pierre Lépousé, 1550.

Une note du 1er vol. des anciens comptes de la fabrique est ainsi conçue : « L'an 1550, était curé à Boulogne, messire Pierre Lépousé. »

Dans l'*Obituaire*, on lit : « Janvier, obit pour Pierre Lépousé, sans qualificatif. La tradition le désigne comme ancien curé de notre paroisse.

Antoine Auxenfant, 1567.

Le nom de ce curé est rappelé dans l'Obituaire où on lit : « Mars, obit pour Me Antoine Auxenfant, curé de Boulogne en 1567. »

Le procès-verbal de la rédaction des Coutumes de Péronne, Montdidier et Roye, du 14 septembre 1567, dit : « Ont comparu le révérendissime et illustre cardinal de Bourbon, abbé et comte de Corbie... seigneur temporel de Bus, Fescamps, Boulogne, Hainviller... comparant par maître Louis Chatellain, lieutenant de Noyon, son procureur et conseil. Maître Antoine Auxenfant, prêtre curé de Boulogne, par Morlière, son procureur. Pour le Tiers-Etat, ont comparu les marguilliers de Boulogne, et Raoul Auxenfant, lieutenant du garde de la justice dudit lieu, pour Monseigneur le comte de Bourbon. Charles de Lancry y a aussi comparu pour la terre et seigneurie de Bains. Tandis que défaut a été donné contre Antoine Bouchelle, curé d'Hainviller et contre les habitants dudit lieu.

Pierre-Noël Heurtaux, 1588.

Les comptes de la fabrique, en 1588, disent : « Avoir payé à Pierre-Noël Heurtaux, curé de Boulogne, tant pour les obits que... »

Les comptes de 1603 sont encore signés par ce curé. Mais, parmi les signatures, se remarque celle-ci : Havart. Est-ce celle du successeur ?

Florimont Havart, 1606.

Les comptes de 1606 et de 1607 sont signés F. Havart, curé. De 1607 à 1612 les comptes manquent dans nos archives, en sorte que nous ne pouvons savoir combien de temps il resta à la tête de la paroisse.

En quittant Boulogne, il devint chanoine de la cathédrale de Noyon. En effet, dans les comptes des années 1641 et suivantes, on lit : « Payé à Me Claude Clamequin, prêtre curé d'icelle église... l'obit fondé par vénérable et discrète personne, M. Florimont Havart, vivant prêtre et chanoine de l'église-cathédrale N.-D. de Noyon. »

Dans les comptes de 1678, le marguillier en charge met en recette 2 livres 10 sous pour 3 quartiers de terre dessus le Mont donnés par Me Florimont Havart, chanoine.

Le tableau de l'Obituaire de l'église de Boulogne porte : « Janvier, le 16, matines et la messe de Saint Fursy, fondées par Me Havart, chanoine de Noyon. »

Saint Fursy est le patron de Péronne. Les habitants de cette ville ont ce saint en grande vénération. La fondation que fit Me Havart de la messe de Saint Fursy dans l'église de Boulogne, ne viendrait-elle pas de ce que cet ancien curé serait natif de Péronne ?

En résignant la cure de Boulogne pour aller occuper une stalle dans la cathédrale de Noyon, Fl. Havart a dû emporter un bon souvenir de ses paroissiens, car nous présumons, par la note suivante, qu'il voulût être enterré dans leur cimetière : « Janvier, le 17, messe des trépassés fondée par le même Mons. Havart, pour lui et ses parents deffunts. Comendaces, la Prose, pendant laquelle on sonne la grosse cloche. Le *Miserere* avec le *De Profundis* à la fin sur la tombe. »

Antoine Lefébure, 1612.

Il signe comme curé la reddition des comptes de 1612. A partir de cette année jusqu'en 1641, les comptes des recettes et des dépenses sont perdus.

Claude Clamequin, 1635.

Un arrêt du Parlement du 8 mars 1635, lui adjugea une provision de 200 livres, que l'abbé de Corbie était obligé de lui payer. Le 7 avril de l'année suivante, un accord intervînt entre lui et le représentant de monseigneur l'abbé : « le dit curé s'est départi, moyennant la somme de 80 livres et certaines dîmes, de la somme de 200 livres. »

Il mourut curé de Boulogne. En tête de l'état des paiements fait par Antoine Boucher, marguillier en charge, pour les années 1674, 1675 et 1676, on lit : *fait mise de la somme de soixante livres payées par le dit Boucher à Mre défunt Claude Clamequin, vivant, prêtre, curé de l'église fabrique de N.-D. de Boulogne.*

Il laissa à la fabrique de l'église la somme de 1222 livres, dont la dernière moitié ne fut payée qu'en 1700.

Vincent Couture, 1676.

Il ne fut curé de notre paroisse que trois ans environ.

Antoine de Laire, 1679.

Ce curé ne commença à émarger au budget pour l'acquit des fondations qu'en 1679.

Il fut rigide dans l'exercice de ses droits. Il paraît avoir eu de grandes difficultés relativement aux comptes de la fabrique.

En 1681, il exigea la reddition des comptes de 1674, 1675 et 1676, négligée par la maladie de M. Claude Clamequin, et il a annoté presque tous les articles. Prenons des exemples. « Le dit Boucher, marguillier, fait mise de la somme de 23 livres 2 sous payés à Mᵉ Vincent Couture, cy-devant curé d'ycelle église, suivant sa quittance. » M. de Laire a ajouté : « Cet article a été alloué par les habitants, sauf les répétitions, droits et actions que j'ai, et qu'on puisse avoir, contre qui bon me semblera et sans préjudice d'ycelles à cause des ... et saisis que j'ai faites es-mains dud. Boucher, marguillier, rendant compte. »

Les articles suivants portent — cet article alloué par les habitants sans mon consentement. — Cet article doit être modéré selon mon avis. — Cet article n'a été alloué par M. le curé et ne doit être reçu : etc...

En 1681, lors de la reddition des comptes de 1678, il représenta que selon le consentement qu'on lui avait donné, il avait fait travailler et refaire la maison de l'église, pourquoi il avait fait plusieurs avances qu'on lui avait promis de lui rembourser. Il paraît que le presbytère était en bien mauvais état, car le détail des travaux de restauration éxécutés par M. de Laire, comprend presque tout le corps de logis.

Nous citons le détail textuellement :

1° Il a fait couvrir de demi couverture tous les bâtiments de ladite maison et les étables, a payé le chaume, les manouvriers, les charretiers qui ont voituré le chaume, la terre et l'eau, les couvreurs ;

2° A acheté une grande porte pour ladite maison avec toutes les serrures et ferrures ;

A fait faire les autres portes nécessaires, les fenêtres, les vitres et un plancher tout neuf dans la chambre du fond qui est du côté de la ruelle ;

A fait élever un pignon du côté de Charles Galland, a fait faire des murets le long de la ruelle de Louis Collenay, et tout le long des héritages des héritiers de Charles Galland et du cimetière; il a fait un pied de pierres de Mortemer, les a fait couvrir; pourquoi il a payé pour l'achat de tout le bois, pour les pierres, voitures, l'eau, la terre et autres matériaux, la somme de 270 livres, dont il demande le paiement lui être fait, attendu qu'il a fait ces avances sur la promesse qu'on lui a faite de le rembourser.

Ce qui a été accepté par l'assemblée qui a consenti que le sieur curé prenne sur la fabrique ladite somme de 270 fr. pour les réparations faites à ladite maison et encore toutes les sommes qu'il avancera pour faire bâtir granges, étables, pigeonnier, et ce qu'il trouvera à propos pour la commodité de ladite maison, et ainsi promet d'allouer aux marguilliers leurs quittances.

Les comptes de 1682 ne furent réglés qu'en 1686. On remarque dans la délibération qui les a clos, qu'il fut retiré de l'excédent des recettes, *la somme de cent sols pour le souper des officiers ayant compté, ainsi qu'on a de coutume.*

Les comptes de 1683 sont surchargés de notes critiques de la part de M. de Laire.

Si ce curé voulait un presbytère modèle, il tenait aussi à ce que rien ne manquât à l'église.

En 1685, la fabrique paya 139 livres 10 sous pour la refonte de la grosse cloche. Néanmoins, le curé lui fit encore acheter « un grand soleil d'argent pour exposer le Saint Sacrement, un grand ciboire d'argent dont la coupe est aussi du vermillon, trois boites d'argent pour mettre les huiles de l'Extrême-Onction, du Baptême et du Saint-Chrême, et une petite croix d'argent pour porter à la procession entre les mains de M. le curé. »

Toutes ces réparations et toutes ces acquisitions furent pour M. de Laire une cause de grandes difficultés. La fabrique n'ayant pas de revenus suffisants, se trouvait constamment en dette; et comme M. le curé avait avancé les fonds, à chaque réunion générale, il demandait que ses avances fussent reconnues (Comptes de 1687-88-89). Plusieurs fois l'Evêché dut intervenir et nommer des commissaires pour examiner en assemblée générale les divers comptes et aplanir les difficultés. Un jour même, les délégués de l'Evêché qui étaient les curés de Faverolles et de Bus, furent contraints de vérifier à nouveau les comptes de 1666, réglés sous M. Claude Clamequin. tant M. de Laire mettait d'ardeur à vouloir prouver que les marguilliers administrateurs avaient trompé. Il fallait à tout prix de l'argent pour les grandes dépenses faites au presbytère et à l'église.

En 1691, ce curé fit à Paris l'acquisition du tableau du maître-autel, pour la somme de 100 livres.

Avant d'occuper le poste de Boulogne, M. de Laire avait été aumônier à l'Hôtel-Dieu de Paris. Ce que nous présumons d'après l'acte de sépulture de Catherine Fouache, son ancienne domestique, qu'il convertit en ce lieu. Elle était née protestante.

C'est sous le pastorat de M. de Laire, que Eugène du Plessier, écuyer, seigneur du Plessier, Saint-Taurin et Marquéglise, époux de Louise de Villers-Saint-Paul, fit une donation à l'église de Boulogne-la-Grasse, par acte passé par devant Me Lecouvreur, notaire à Ressons, le 11 juin 1681.

Jacques Durban, 1692

Il signa son premier acte religieux le 19 octobre 1692.

Entre M. de Laire et Jacques Durban, les fonctions du ministère furent remplies par Goudin, prêtre, commis à la cure de Notre-Dame de Boulogne.

M. Durban est souvent absent.

Du 18 novembre 1692 au 2 mai 1693, tous les actes sont signés par Lefort, prêtre desservant la cure de Boulogne.

Au 19 août 1694, apparaît le nom de Drimille, qui tantôt s'intitule prêtre desservant la cure de Boulogne, et tantôt prêtre apostolique.

Nous lisons encore dans les actes les noms de : Duquesnel, chanoine de Roollot ; de Quevauviller, curé d'Hinviller ; Mauera, curé de Saint-Nicaise ; de Quéquet, prêtre missionnaire, et Ricbourg, curé d'Onviller.

En 1697, Jean Drimille, prêtre apostolique et desservant la cure de Boulogne, et Thomas Froissart, prêtre, curé de Saint-Germain de la Villette de Rollot, président l'assemblée générale de la reddition des comptes de l'année 1694, et les approuvent.

Les comptes de l'année 1697 nous donnent ce renseignement. « Fait mise ledit comptable de la somme de 26 livres par lui payées à Nicolas Galland, cabaretier, pour avoir livré longtemps du vin, pour dire la messe, dans le temps de M. Durban. »

Il est probable qu'il ne mourut point à Boulogne.

Pierre Cocquet, 1697.

Pierre Cocquet, natif de Mers, était fils de Pierre Cocquet et de Catherine Bourdon. Son premier acte religieux signé à Boulogne, est du 17 juillet 1697.

Voici les faits principaux arrivés sous son ministère :

En 1697, la petite cloche a été refondue par Cavillier de Carrépuits.

En 1700, la fabrique donna à rente, à Mme de Bains, la somme de 400 livres.

Dans les dépenses de 1708, on lit : « Payé cent sols pour la cène entre le curé, magister et marguillier pour le Jeudi Saint »

En 1713, la fabrique fait dorer les lambris du chœur de l'église par le sieur Tirman, pour la somme de 95 livres.

Pour la cène du Jeudi-Saint, la fabrique paie, en 1712 et 1713, la somme de 4 livres 5 sous ; en 1714, celle de 4 livres 10 sous ; et en 1715, pour 17 pots de vin, elle paie 102 sous. A cette époque, pendant les Ténèbres du Jeudi-Saint, on distribuait aux assistants un petit pain fait en forme de croissant et que pour cela on appelait *Corniau* ; puis on distribuait également du vin. Tel était l'emploi des sommes indiquées ici. Cet usage, commun en Picardie, rappelait la cène faite par Notre Seigneur à pareil jour.

Dans les comptes des dépenses, nous voyons encore l'emploi de différentes sommes pour l'ornementation de la chapelle Sainte-Anne, de celle de Saint-Nicolas, et de celle de Notre-Dame-de-Pitié.

Chaque année aussi la fabrique payait la somme de 3 livres au père capucin qui venait prêcher la Passion.

C'est également sous le pastorat de ce curé que les trois cloches de l'église furent refondues à la Terrière.

En 1720, la fabrique a acheté une maison aux héritiers Nicolas Galland, la somme de 302 livres et l'acte d'acquisition en fut passé en l'étude de Me de Saint-Paul, notaire à Rollot.

Cette même année, la somme de 2238 livres fut remboursée à l'église par plusieurs débiteurs, en billets de la banque royale. Que valaient ces billets ?

En 1721, les marguilliers payèrent 47 livres 18 sous, au sieur Pellieu, à Roye, receveur de Boulogne, pour Messieurs de Corbie, en acquit des droits seigneuriaux sur la maison achetée l'année précédente, aux héritiers de Nicolas Galland.

En 1722, dorure du rétable de l'église par le sieur Tirman, moyennant 140 livres.

Les comptes de 1724 indiquent que la fabrique prépare une maison vicariale. Les fondations pieuses s'étaient tellement multipliées et la population de Boulogne s'accroissant de plus en plus, un seul prêtre ne pouvait remplir utilement son ministère.

La maison du magister et l'école étaient la propriété de l'église. En 1724, ainsi que dans les années précédentes de grandes réparations furent faites à ces deux locaux.

Me Pierre Cocquet fonda deux obits en l'église de Boulogne, l'un le 28 juin, et l'autre le 14 août.

Ce curé mourut le 13 décembre 1736, et fut inhumé le lendemain dans l'église par Me de Bertin, doyen de la chrétienté de Montdidier, en présence de MM. Nicolas Michamblé, curé de Bus, Louis Mallet de Bauminil, curé de Fescamps, François Devienne, curé de Remaugies, Louis Demay, curé de Roollot, Louis Démazières, curé de Conchy, Jacques Philippe Demiraulmont, curé de S. Nicaise, Charles Masson, chanoine de Roollot et de Jean-Baptiste Trouvain, vicaire de Roollot.

La pierre tombale de P. Cocquet, se voit encore dans l'église, mais elle n'est plus à sa place primitive ; elle est proche de la porte de la sacristie et elle devient illisible.

Simon Chandellier, 1736.

Natif de Compiègne, il fut nommé curé de Boulogne en décembre 1736.

Il était frère de Jacques Chandellier qui, en 1734, fit le plan de Compiègne et de ses environs. On sait que ce plan magnifique orne encore aujourd'hui la salle des séances du Conseil municipal à l'Hôtel de Ville.

Pendant 21 ans, il resta à la tête de sa paroisse. Mais à cause de sa santé affaiblie, il fut obligé de prendre sa retraite, et, le 6 mai 1757, par acte passé au presbytère, il fit résignation de sa cure en faveur de messire Bayart, prêtre et vicaire de l'Hôpital ou Bureau des pauvres de Beauvais.

La pièce suivante va nous donner certains détails intéressants sur cette résignation de bénéfice, qui, en théologie, est appelée *confidence*.

Me Bayart a écrit dans les actes de l'année 1770 :

« Le 13 février de la présente année, est décédée à Compiègne, vénérable personne Messire Simon Chandellier, ancien curé de cette paroisse, qu'il a gouverné avec édification depuis 1736 jusqu'au 18 juillet 1757, que le sieur Bayart en a pris possession sur la résignation que lui en avait faite le sept mai (6 mai) précédent, à la charge d'une pension annuelle de 400 l. que le résignant a réduit après à 300 l., vu la modicité du prix des denrées et de sa bonne volonté. Et le lundi suivant fut célébré en cette église, services solennels pour le repos de son âme, où ont été invités et ont assisté de la part du sieur curé du lieu Mr Pinchon, curé de Rollo, Boitel, curé d'Onviller, de Heilly, curé de Remaugies, Masson, curé de Fécamp, Masson, curé de La Boissière, Descaves, curé de Bus, Boisseau, curé de Conchy, Dubois, curé de Biermon, Drameau, curé de Roye-sur- atz, Riquier, curé de la Berlière, Hallot, curé d'Orvillé, Picart, curé d'Hainviller, Delaporte, Vaillant, Revel, chanoines de Sainte-Madeleine de Rollo, et grand nombre de paroissiens. »

Jacques-François Bayart, 1757.

Jacques-François Bayard était fils de François Bayart, huissier royal en la paroisse de Reuil-sur-Brèche, et de Marie-Claude Cotelle.

Avant d'être curé de Boulogne il était vicaire et chapelain de l'Hôpital général, ou bureau des pauvres de la ville de Beauvais, et en même temps chapelain de la chapelle ou chapellenie de S. Michel dans l'église de Remy, près Compiègne.

Nous avons déjà dit comment, par la résignation de son prédécesseur, il fut désigné à la cure de Boulogne-la-Grasse.

Benoit XIV lui donna des lettres de provisions datées de Se Marie Majeure, le 3e jour devant les Calendes de juin. Le 12 juillet suivant, monseig. d'Amiens y mit son visa et le 18 juillet 1757, Me Bayart fut solennellement installé par Dominique Demaison, notaire royal et apostolique du Diocèse d'Amiens, résidant à Montdidier. Cette installation fut des plus brillantes. Voici un extrait de la relation qu'en a laissé aux archives le notaire installateur :

« Nous, Notaire royal et apostolique et témoins, nous nous sommes rendus à la principale entrée de l'église, où étant le dit sieur Bayart revêtu de surplis et d'étole, accompagné de tous les habitants de ce lieu, ayant à leur tête tous les archers de la confrérie de S. Sébastien établie en cette paroisse, rangés sur deux colonnes, enseigne déployée et tambour battant, au son des trois cloches et de la mousqueterie, a pris possession de ladite cure, par la libre entrée de l'église, en ayant touché la porte, etc... » Sept curés assistaient à cette cérémonie. De plus, nous y voyons encore figurer comme témoins, Pierre-Jean de la Morlière, conseiller du Roy à Montdidier, Charles-Xavier Daugy, procureur en la même ville, Millon officier du Roy, demeurant à la Morlière, Louis Ballin, regratier à Montdidier, Véret, notaire à Guerbigny, etc... »

Cette solennité inaugura bien le ministère de M. Bayart. Au reste, disons-le, par ses talents et ses vertus, il méritait une réception si éclatante. Les longues années qu'il vécut à la tête de son troupeau, qu'il édifia constamment, en sont une preuve irrécusable.

En 1764, Monseigneur de la Motte, évêque d'Amiens, vint visiter la paroisse et administrer le Sacrement de Confirmation à 90 enfants de Boulogne.

Même visite le 10 mai 1770 et Confirmation de

86 enfants de Boulogne et de plus de 200 des paroisses voisines.

Boulogne, à cause de son importance, voyait à chaque visite épiscopale les paroisses limitrophes réunies dans sa grande église.

Monseigneur Louis-François-Gabriel de la Motte d'Orléans étant mort le 10 juin 1774, âgé de près de 92 ans, après 42 ans d'épiscopat, Monseigneur Louis-Charles de Machault lui succéda. Sa première visite à Boulogne eut lieu le 20 juin 1777, sur les sept heures et demie du matin. La confrérie de Saint-Sébastien sous les armes, drapeau déployé et tambour battant alla au-devant du prélat jusqu'à l'entrée du village, tandis que le Clergé l'attendait à la croix de pierre de la vallée. 62 enfants de Boulogne furent confirmés ainsi que les enfants d'Onvillers, Remaugies, Saint-Nicaise, Tilloloy et Beuvraignes amenés par leurs curés.

Le samedi 21 juin 1788, nouvelle visite épiscopale à Boulogne. Monseigneur de Machault, député à l'Assemblée générale du Clergé de France, avait prié Monseigneur de Mirondal, évêque de Babylone *in partibus*, de le suppléer. Sa Grandeur arriva à midi et demi au presbytère où l'attendaient le seigneur de Bains, plusieurs personnes de distinction dudit château, ainsi qu'un grand nombre de curés voisins. Les confirmants étaient : 210 de Boulogne, 240 de Saint-Nicaise, d'Hainvillers et d'Onvillers, et 150 de Conchy, que l'Evêque voulut bien admettre, quoiqu'ils fussent d'un diocèse étranger (Noyon). *Citons textuellement* : « Après la cérémonie finie, l'Evêque, assis dans son fauteuil, fit une exhortation simple et touchante aux assistants, donna solennellement la bénédiction et se retira. Il était deux heures et demie. Chacun rentra au presbytère où le dîner fut servi à raison de 30 couverts. A cinq heures, Monseigneur partit pour Rollo où il donna la Confirmation, et de là alla coucher à Montdidier.

Jusque-là la vie de M. Bayart s'écoula paisible et calme au milieu de ses paroissiens. Il faisait le bien et il était aimé. Mais des jours difficiles vont venir, la période révolutionnaire va commencer, et le digne curé sera victime de la méchanceté de quelques-uns de ses paroissiens.

Pour des raisons particulières, nous ne ferons que narrer les faits arrivés à Boulogne à cette époque. Non parce que les documents nous font défaut (ils sont malheureusement trop nombreux et trop clairs), mais par respect pour les morts. Une simple énumération suffira :

Le 21 février 1790, M. Bayart, monte à l'autel après M. de Bains et prononce à haute et intelligible voix le serment d'être fidèle à la Nation, à la Loi et au Roy, et de maintenir de tout son pouvoir la nouvelle Constitution du royaume. (M. Turpin, vicaire, fait le même serment).

Le 23 septembre 1792, nouvelle prestation de serment dans la chapelle où sont célébrés les offices (l'église étant en reconstruction). Jacques-François Bayart, curé, Victor Carlier, vicaire, Christophe Verchère, ancien prieur de Notre-Dame de Montdidier, et tous les citoyens présents, jurèrent, après le maire et les officiers municipaux d'être fidèles à la Nation et de maintenir la Liberté et l'Egalité, ou de mourir en les défendant.

Le 9 ventôse, an 2, M. Bayart dépose devant la municipalité assemblée, ses lettres de prêtrise et s'engage à ne plus remplir aucune fonction sacerdotale. Une lettre venue de Noyon, de la part de la *Société Populaire*, ordonnait à la municipalité de Boulogne de traiter ainsi ce vénérable curé, qui, depuis 1757, avait élevé presque toute la génération d'alors. La franc-maçonnerie de l'époque payait d'ingratitude les labeurs et les bienfaits de M. Bayart. Elle ira plus loin encore. Les méchants sont insatiables.

Le dernier acte religieux fait par ce noble curé est du 28 décembre 1792. Le 30 novembre précédent, il avait été élu membre du Conseil général de la commune, et il continua de rédiger les actes de naissances, mariages et décès, jusqu'en 1794. Mais la franc-maçonnerie de Noyon ne le perdait pas de vue. Nous pourrions demander pourquoi cette Société n'agit pas de même à l'égard du vicaire et de l'ex-prieur Verchère, et nous en trouverions la raison. On voulait frapper M. Bayart, à cause des services rendus. Sa présence à Boulogne était gênante.

Le 1er germinal de l'an 2, il fut donc arrêté et conduit au Séminaire de Noyon. Ses meubles, entassés dans une chambre, furent mis sous les scellés, et les autres pièces du presbytère occupées par un atelier de salpêtre.

De la prison de Noyon, M. Bayart passa dans celle de Chantilly où se trouvèrent réunis un grand nombre de prêtres des diocèses d'Amiens, de Beauvais, de Noyon et de Senlis, avec d'autres personnes appelées suspectes. De temps en temps les portes de la prison s'ouvraient et les infortunés qui étaient désignés partaient pour Paris où la guillotine était en permanence.

M. Bayart attendait tous les jours l'appel de son nom, et il s'était préparé à la mort. Grâce à son frère, il avait retracté son serment.

Le 10 juillet 1794, le feu s'était déclaré dans la cheminée de la manutention où se faisait le pain des prisonniers, le curé de Boulogne et ses compagnons d'infortune, parmi lesquels étaient ceux de Béhéricourt, Crisolles, Thiescourt, Monchy-Humières, etc., furent accusés d'avoir mis le feu et de conspirer contre la République. Cette calomnie faillit perdre tous les prisonniers. Il ne manquait plus pour régulariser le rapport du commissaire que la signature d'un citoyen compétent, d'un ramoneur; Paul, ramoneur de Beauvais, fut appelé ; mais il refusa de signer le procès-verbal qui accusait les prisonniers, parce que, suivant lui, l'incendie avait eu pour cause le mauvais état de la cheminée. Malgré les plus sérieuses menaces, il maintint son refus, et les détenus qui devaient être envoyés devant le Tribunal révolutionnaire de Paris, furent sauvés.

M. Bayart souffrit beaucoup dans sa captivité et l'attente de la mort lui affaiblit l'esprit. Le 27 juillet, Robespierre étant tombé, le lendemain, le geôlier annonça à ses victimes qu'elles étaient libres. Notre curé sortit de sa prison avec ses compagnons d'infortune. Il revint avec son frère à Monchy-Humières où il resta quelque temps dans l'espérance de rétablir un peu sa santé. Puis, il prit un jour le chemin de son ancienne paroisse, où ses amis et les habitants qui n'avaient point été pervertis par les idées nouvelles, l'accueillirent avec joie. Il n'en fut pas de même des démagogues.

La maison curiale avait été vendue. Le mobilier du curé mis dans une chambre à son départ, était dispersé ; de hardis citoyens s'en étaient emparé, en sorte que le malheureux curé ne trouva plus rien à son arrivée. Des amis courageux le recueillirent pendant quelques jours. Quels durent être les sentiments de ce vénérable prêtre, en voyant tant de ruines amoncelées dans sa paroisse?

Comment essayer de demeurer au milieu de persécuteurs excités par un franc-maçon, membre de la *Société populaire de Noyon?* M. Bayart le comprit, et il préféra, dit-on, se retirer à Dompierre où il possédait une maison, afin d'attendre des jours meilleurs.

Secouant donc la poussière de ses pieds, il quitta de nouveau sa paroisse, et, suivi d'un certain nombre d'amis, il arriva à Dompierre. Sa maison était dans un état pitoyable. Les révolutionnaires de l'endroit avaient déchargé leur rage sur cette habitation, parce qu'elle appartenait à un curé. Mais les actes de dévouement de la part des amis de Dompierre et de Boulogne pourvut bientôt aux plus grandes nécessités.

M. Bayart mourut six mois après sa sortie de prison.

Malgré d'actives recherches, nous n'avons pu savoir quel était le pays qui possédait la tombe de ce vénéré pasteur. On nous avait indiqué Dompierre. Mais les registres de la commune ne contiennent pas l'acte de son décès. Finit-il ses jours à Reuil-sur-Brèches, pays de sa famille? Fut-il plutôt recueilli par son frère, Pierre Bayart, curé de Monchy-Humières, qui l'aurait soutenu et consolé dans ses derniers moments? Nous n'avons pu le savoir positivement.

Presque cent ans sont écoulés depuis la mort de ce digne curé, et sa mémoire est encore ici en grande vénération. Son nom est toujours prononcé avec respect.

APPENDICE

LES VICAIRES

Un vicaire était nécessaire à Boulogne. Depuis longtemps le curé ne pouvait suffire à remplir les devoirs de sa charge. Les nombreux obits et les messes à chanter à jours fixes, résultant des fondations, obligeaient le curé à appeler continuellement à son secours ses confrères de Saint-Nicaise ou d'Hainvillers. Déjà en 1720 et en 1724, les fabriciens s'étaient occupés de cette question : ils avaient acheté une maison près du presbytère, pour y loger un vicaire. Mais il fallait un traitement.

M. Lachaise le comprit, et par son testament il créa un vicariat. Voici la note laissée par M. Bayart, concernant cette fondation :

« Appert par le testament de Me François Lachaise, avocat au Parlement, ancien conseiller du Roy, notaire au Châtelet de Paris, ancien marguillier de Saint-Jean-en-Grève, sa paroisse à Paris, fait olographe le 6 juillet 1782, que ledit sieur Lachaise a donné et légué à l'œuvre et fabrique de Boulogne-la-Grasse, sa patrie, une somme de vingt mille livres, dont le revenu doit servir à l'établissement de l'entretien d'un vicaire dans ladite paroisse de Boulogne : lequel vicaire doit être nommé par les sieurs curés et marguilliers en charge successivement et après que le testateur a voulu que la première nomination se fit immédiatement après le décès de Marie-Louise Lachaise, sa sœur. Lequel décès est arrivé le 23 avril dernier. Lesdits sieurs curé et marguilliers ont nommé à Monseigneur l'évêque, M. Claude-Léon Turpin, prêtre, âgé de vingt-quatre ans et demi, originaire de la ville d'Amiens, par acte passé devant de Saint-Paul, notaire à Rollo, le quatorze juin présent mois ; lequel acte a été accepté et la nomination approuvée par mon dit seigneur évêque, qui a donné au sieur Turpin ses pouvoirs, le 15 juin 1784. »

Le 21 février 1790, ce vicaire prêta, après M. Bayart, serment d'être fidèle à la Nation, à la Loi et au Roy. Quelque temps après, voyant la tournure des événements, il se retira à Amiens, sa ville natale.

Il fut remplacé par M. Victor Carlier, en 1791.

Le 23 septembre 1792, le nouveau vicaire prêta aussi serment d'être fidèle à la Nation et de maintenir la Liberté et l'Egalité, ou de mourir en les défendant.

Plus tard, lorsqu'il apprit la mort de M. Bayart, il revint à Boulogne qu'il avait quitté pendant la tourmente révolutionnaire, dans l'espérance d'en être nommé curé. Il n'y resta que peu de temps.

Ainsi la fondation de M. Lachaise ne donna à la paroisse que deux vicaires. Le gouvernement supprima la rente de la Fabrique. La Révolution, toujours insatiable, prend et ne rend pas.

NOTICE SUR GUILLAUME VERCHÈRE

Ex-prieur de Notre-Dame de Montdidier,

Curé constitutionnel de Boulogne.

Christophe Verchère, plus connu à Boulogne sous le nom de M. le Prieur, naquit en 1748, à Dijoint, département de Saône-et-Loire. Il était fils de François Verchère et de Guillemine Michelotte Podevin. Il embrassa l'état ecclésiastique et fut attaché au diocèse d'Autun.

Comment vint-il à Boulogne-la-Grasse?

Dans l'état de section de 1791, on lit : *Christophe Verchère, ci-devant prieur, bourgeois, demeurant à Boulogne, possède une maison à double etage et un heritage contenant 174 verges, revenu 80 livres, sect. A, nº 30.*

La maison ici désignée était celle de feu M. Lachaise, ancien notaire au Châtelet de Paris.

Après la mort de ce bienfaiteur de l'église et des pauvres, les héritiers évincés intentèrent aux légataires universels procès sur procès. En sorte que la liquidation de cette succession fut ruineuse et de longue durée. La maison qu'il avait fait construire à Boulogne et dans laquelle il espérait finir ses jours, fut vendue. M. Verchère s'en rendit acquéreur en 1790.

Du registre des actes de la commune de Boulogne, relatant le serment civique du Clergé de la paroisse, nous avons extrait ce qui suit :

L'an 1791, le 2 novembre, s'est présenté devant nous, maire de Boulogne-la-Grasse, l'abbé Christophe Verchère, prêtre du Diocèse d'Autun, ancien prieur commendataire du prieuré de Notre-Dame de Montdidier....

Lorsqu'en 1790, les couvents furent fermés, le prieur commendataire de Notre-Dame de Montdidier serait-il venu se mettre à la tête de sa communauté pour mieux réclamer ses droits ? Et a-t-il trouvé dans son couvent la somme nécessaire pour acheter une maison dans les environs, afin d'y attendre la fin de la tourmente ? Nous ne pouvons répondre à ces questions. Ce qui est certain, c'est qu'en 1791, il habitait ici l'ancienne maison de M. Lachaise qu'il avait achetée ; que le 2 novembre, il prêta le serment constitutionnel avec M. Bayart, curé, et M. Carlier, vicaire, et que le 23 septembre 1792, dans la chapelle qui servait d'église, il fit, avec le curé et le vicaire, de nouveau serment *d'être fidèle à la Nation, de maintenir la Liberté et l'Egalité ou de mourir en les défendant.*

En 1794, le curé légitime fut arrêté et emprisonné comme nous l'avons rappelé plus haut. M. Verchère fut designé pour le remplacer, mais on exigea de lui qu'il se mariât.

Christophe Verchère, qui avait suivi la Révolution dans toutes ses exigences, crut qu'il pouvait entrer dans l'état du mariage malgré ses vœux et son caractère. Le dixième jour de Nivôse, l'an III de la République (1794), il se présenta devant l'officier de l'état-civil et le requit de procéder à la célébration de son mariage avec Jeanne Bouhonne, âgée de 36 ans, originaire de la commune de Lyon, veuve de François Rostain. Christophe Verchère, est-il dit dans l'acte officiel, travaillant à la culture, habitait la commune de Boulogne depuis quatre ans et sa femme depuis trois ans.

On sait qu'à cette époque malheureuse un grand nombre de prêtres et de religieux préférèrent se marier plutôt que d'affronter les rigueurs de l'exil ou de porter leur tête sur l'échafaud.

Mais comme une paroisse ne peut se passer de curé, quand donc M. Bayart fut interné à Noyon, la municipalité de Boulogne nomma curé de la commune M. Verchère. Il avait toutes les qualités requises par la loi — il avait prêté serment à la constitution civile du Clergé — et il était marié. Ce fut là une cause de trouble et de division dans la paroisse. La génération fortement élevée par M. Bayart depuis près d'un demi-siècle, ne se laissa pas totalement entraîner ni pervertir par les sollicitations et les menaces d'un citoyen tapageur, membre de la loge maçonnique de Noyon. L'ex-prieur, devenu curé constitutionnel, fut bientôt abandonné. Les familles honorables préféraient laisser le maire enterrer leurs morts plutôt que d'avoir recours au ministère du curé schismatique. Peu à peu M. Verchère tomba dans la misère, et, en 1799, il vendit son mobilier et ses livres (éditions de grande valeur, dont il reste encore des exemplaires à Boulogne), et il quitta le pays, pour aller finir ailleurs sa malheureuse existence.

Il est difficile de porter un jugement sur cet ex-prieur. Suivant les uns, sa conduite à Boulogne est grandement blâmable, suivant d'autres, c'était un homme sérieux, distingué, instruit, et dont la conduite, abstraction faite de la situation, ne mérite pas de reproches.

En terminant cette notice, signalons une difficulté.

Dans l'Histoire de Montdidier, par V. de Beauvillé, nous trouvons les renseignements suivants : « Le prieuré de Notre-Dame, aujourd'hui le Collège, fut fermé le 27 avril 1790. A cette époque, les recettes, toutes charges déduites, allaient à 7,000 livres dont 3,000 pour les religieux et 4,000 pour le prieur commendataire. Le dernier prieur commendataire fut Claude-Mathias-Joseph de Barral, nommé en 1752, sacré évêque de Troyes, le 29 mars 1761, et qui mourut le 1er février 1803, retiré chez son neveu, Louis-Mathias-Joseph de Barral, évêque de Meaux. »

Selon le même historien, le dernier prieur claustral fut D. Jean-François Bertrand, nommé à cette place le 12 mars 1781, et continué pour trois ans le 8 mai 1787. Obligé de se cacher pendant la Révolution, il se retira après la tourmente à Cluny, où il mourut le 20 juin 1826, âgé de 77 ans.

Les registres de l'état-civil de Boulogne-la-Grasse sont positifs sur l'appellation donnée à Christophe Verchère, *ex-prieur commendataire du prieuré de Notre-Dame de Montdidier*. A quelle époque aurait-il été nommé prieur commendataire ? Claude de Barral se démit de son Evêché en 1789. Se serait-il démis en même temps de son titre de prieur commendataire de Notre-Dame ? Ce qui aurait permis de nommer à sa place Christophe Verchère. C'est l'hypothèse la plus plausible que nous puissions proposer pour résoudre la difficulté.

CHAPITRE XXII

La Révolution.

Nous arrivons à une époque néfaste pour notre pays. Tout ce que nous allons raconter est extrait *du registre des délibérations, mentions et observations de l'assemblée municipale de Boulogne, commençant par l'année 1787.*

Voici le début de ce registre, curieux à plus d'un titre, comme pourra s'en convaincre le lecteur.

« Les habitants de la campagne n'ont jamais connu d'autre devoir que celui d'obéir aux ordres qui leur étaient envoyés des villes de leur voisinage.

« Les officiers de ces mêmes villes ne laissant aucune connaissance de l'administration aux gens de la campagne, ces mêmes habitants ont partout négligé de former des registres de paroisse et de faire des collections desdits arrêts et déclarations du Roy, de manière qu'ils se sont toujours perpétués dans la même négligence.

« Les temps, devenus plus lumineux, vont mettre dans toutes les paroisses des campagnes, plus d'ordre, plus de connaissances et d'exactitude. C'est à M. Necker, ministre des finances, que les campagnes auront l'obligation d'être sorties du cahos d'ignorance où elles sont plongées depuis nombre de siècles. »

On le voit, par cette simple citation, ce chapitre promet d'être intéressant. Aussi nous contenterons-nous, la plupart du temps, de copier textuellement. Le lecteur, tant soit peu intelligent, reconnaîtra l'esprit qui anime les personnes et jugera facilement leurs paroles et leurs actes. C'est dire que nous nous abstiendrons de toute réflexion.

1° *Premières Assemblées communales.*

12 Août 1787. — A cette première assemblée communale furent nommés six membres et un syndic, qui, avec le curé et le seigneur, devaient composer l'assemblée municipale, selon l'ordonnance du Roy, du 8 juillet 1787.

Furent élus au scrutin secret : Jean Le Conte, âgé de 60 ans ; Jean Mouret, 42 ans : Louis Collenaye, 52 ans ; Antoine Mallet, 40 ans ; Pierre Galland, 53 ans, et Charles Fauchon. Le syndic fut François Duret.

Ordre ayant été envoyé de dresser un état des biens possédés par la cure, la Fabrique et les ordres religieux dans toute l'étendue du territoire, la municipalité rédigea la liste de ces biens de main-morte, telle que nous l'avons donnée dans un chapitre spécial.

A la suite de cet état, le chroniqueur que nous copions a écrit les réflexions suivantes : « Mais il faut observer, comme l'a fait remarquer l'assemblée elle-même, qu'il est de toute impossibilité de faire des appréciations justes, la nature du terrain variant singulièrement à cause de la montagne. De plus, les arbres sont gâtés et ne produisent presque plus rien. Le plus grand avantage que les habitants tiraient de leur terroir venait des fruits. Mais depuis qu'en 1776, ils ont été gelés, ils ne produisent presque plus rien. Enfin, les terres, aux champs, sont d'une nature si désavantageuses que certaines années elles ne produisent pas ; exemple, l'année dernière et la présente année où les blés n'ont point levés. »

Ces observations faites par l'assemblée étaient vraies. Nous aimons à penser qu'elles ont été consignées dans le procès-verbal d'enquête, pour mettre un frein à la convoitise des futurs spoliateurs du clergé. Les membres de l'assemblée de Boulogne auraient-ils entrevu un coin de l'avenir ?

Les réunions qui suivirent jusqu'au 8 mars 1789 n'offrent rien d'intéressant. Le 29 avril 1788, trois nouveaux membres furent adjoints aux précédents, parce que la paroisse avait plus de 200 feux. Ces membres furent : Charles Duvieilguerbigny, François Auxenfants et Charles Havart.

2° *Election des Députés aux Etats-Généraux.*

Le 8 mars 1789, la communauté de Boulogne fut convoquée pour nommer trois délégués à l'assemblée du bailliage de Montdidier et y porter le cahier des doléances des habitants.

Les trois délégués furent : Jean Mouret, Jean Le Conte et François Duret.

Les doléances étaient formulées en cinq articles :

I. — Que Notre Auguste Monarque serait supplié d'ériger la province de Picardie en pays d'état provinciaux ou...,

II. — D'abolir le droit de quatr qui se perçoit dans toute la généralité d'Amiens.

III. — Que toutes les impositions soient réparties sur tous les propriétaires sans exception et sans privilèges.

IV. — Que chaque communauté ait sa tâche pour l'entretien des grands chemins, et que les paroisses, trop éloignées des routes, donnent des secours en argent à celles qui seraient plus à portée d'entretenir.

V. — D'ordonner que les chemins vicinaux, c'est-à-dire de communauté à autre, soient entretenus pour faciliter le commerce.

Si la France n'avait eu que de semblables doléances à faire, la réunion des Etats-Généraux n'aurait pas été nécessaire. Le rédacteur de ces cinq propositions ne connaissait par l'état réel du pays.

La paroisse de Boulogne étant en partie du bailliage de Montdidier et en partie de celui de Roye, les députés avaient le choix d'opter entre ces deux villes. Ils préférèrent assister à l'assemblée de Montdidier parce que ce bailliage avait plus de justiciables que celui de Roye. De Roye, en effet, ne dépendaient que les habitants domiciliés sur la seigneurie de Corbie. De plus, la gabelle et les autres correspondances des habitants se trouvaient à Montdidier. Autant de raisons qui justifièrent le choix des députés de la paroisse.

Le 23 mars, vers les dix heures, la séance s'ouvrit en la grande salle de l'auditoire de Montdidier. Après la vérification des pouvoirs et le dépôt des cahiers, on convint de diviser le bailliage en cinq arrondissements qui nommeraient chacun trois commissaires chargés de rédiger le cahier général qui devait être présenté à l'assemblée de Péronne.

Les arrondissements étant formés, la paroisse de Boulogne et toutes celles qui l'avoisinent se trouvèrent avec la ville de Montdidier. Alors on procéda à l'élection. Le premier nommé fut le curé d'Etelfay qui avait laissé le clergé pour se ranger du côté du Tiers ; le second fut le sieur Jean Mouret, de Boulogne, et le troisième, le sieur Triboulet, cultivateur à Vaux.

Ensuite l'on procéda à la réduction du quart des députés, et pour y parvenir, on joignit les paroisses ensemble de manière qu'elles formaient huit députés dont on choisit deux pour l'assemblée générale de Péronne.

La paroisse de Boulogne se trouva jointe à celles d'Orvillers et de Biermont. Les sieurs Jean Mouret, ci-dessus nommé commissaire, et le sieur Puille, de Biermont, furent choisis pour être envoyés à l'assemblée générale.

L'assemblée générale de Péronne eut lieu le lundi 30 mars, dans l'église collégiale de Saint-Furcy.

Avant l'ouverture, il fut chanté une messe solennelle du Saint-Esprit à laquelle tous les députés assistèrent.

Aussitôt la messe finie, les députés se réunirent dans la nef de l'église préparée à cet effet. Le clergé à droite, la noblesse à gauche, et au fond de l'église les députés du Tiers sur des bancs disposés en gradins.

Chacun ayant pris place, M. le lieutenant général de Péronne prononça un discours analogue à la circonstance ; puis, le Procureur du Roy prit aussi la parole. Ensuite s'éleva M. Alexandre de Lameth qui fit un discours très pathétique et bien analogue aussi aux circonstances. M. de Robécourt, avocat, maire de Péronne, lui répondit.

L'un et l'autre furent très applaudis, et les députés du Tiers demandèrent l'impression de ces deux derniers discours.

L'abbé Maury, de Lihons, voulut aussi parler, mais il eut de la peine à se faire écouter, parce qu'il ne voulait parler qu'au clergé. Le Tiers-Etat le voyant empressé de s'expliquer, y consentit en le forçant à monter dans la chaire, ce qu'il fit, dit-il, par obéissance. Son discours académique avait beaucoup de grâce, cependant il ne plût point au Tiers, et il ne fut que faiblement agréable à la noblesse.

Les discours finis on procéda à la vérification des pouvoirs du clergé et de la noblesse, ce qui dura fort avant dans la nuit.

Le lendemain matin, la séance ouverte, on fit l'appel des députés du Tiers par ordre alphabétique. Puis la noblesse se rendit à l'hôtel du Baillage, tandis que le clergé resta pour son assemblée particulière, dans Saint-Furcy. Le Tiers-Etat se retira dans l'église des Minimes, sous la présidence du lieutenant général. Dans cette assemblée du Tiers on nomma 25 commissaires, parmi lesquels fut élu Jean Mouret, de Boulogne, pour rédiger en un seul les cahiers des trois bailliages. Nuit et jour les commissaires furent à l'œuvre, en sorte que le cahier fut lu à l'assemblée générale du Tiers le vendredi matin.

Après quoi eut lieu, par la voie du scrutin, l'élection des députés pour les États-Généraux, depuis le vendredi matin jusqu'au dimanche, jour et nuit.

Il fut convenu aussi, entre les trois Bailliages, avant de procéder à la nomination des députés, qu'on en choisirait un par chaque bailliage, et le quatrième dans les trois.

Le premier nommé fut M. Buire, de Péronne.

Le second, M. de Bussy de Rouvrel, de Montdidier.

Le troisième, M. Prévost, de Roye.

Le quatrième, M. Boutteville, de Péronne.

Les suppléants furent : M. Liénart, M. Masson, M. Tattegrain et M. Mareux, de Tricot.

Avant de finir le récit de l'assemblée de Péronne, ajoute notre chroniqueur Boulonnais, nous observerons que dans une tenue, il fut prononcé par M. le lieutenant général de Péronne, ce requérant les députés des bailliages, que chacun d'eux se pourvoierait, pour être remboursé des frais de Péronne et autres, envers et contre leurs municipalités et leurs commettants.

Les députés de la noblesse furent M. le duc de Mailly et M. le chevalier Alexandre de Lameth ; adjoints, de Castéja et Folleville.

Et pour le clergé : le curé de Landevoisin (Languevoisin), près de Ham, et l'abbé Maury, ancien prédicateur du Roy ; adjoint, Angot, curé de Montigny, doyen rural de Ressons.

Notre manuscrit raconte ensuite tout au long l'histoire des Etats-Généraux. Mais comme cette histoire est suffisamment connue, nous la passons sous silence.

3° *Épisode des blés coupés.*

« Le 27 juillet 1789, au matin, des personnes accoururent à Boulogne à toute bride, annonçant en criant que six mille hussards, au-dessus de Courcelle, fauchaient les blés. A l'instant on sonna l'alarme et chacun prit les armes offensives qu'il put rencontrer et se rendit à Bains. M. de Bains, aussitôt qu'il fut arrivé une certaine quantité de monde, se mit à leur tête, et s'en alla avec sa troupe qui grossissait à vue d'œil, vers l'endroit où l'on annonçait le désordre. Comme il avait dépêché courrier sur courrier, quelques-uns vinrent lui annoncer qu'ils n'avaient rien vu, et que les villages qu'ils avaient parcourus étaient dans la même inquiétude. M. de Bains, rassuré, ainsi que la troupe, s'arrêta au-dessus de la montagne de Cuvilly, avec deux ou trois mille hommes, ses courriers rapportant l'un après l'autre, qu'ils n'avaient rien appris qui put donner la moindre inquiétude. Il revint à Bains et chacun chez soi.

Vers le soir du même jour, M. de Bains fit une ordonnance souscrite de lui-même et de plusieurs membres de la municipalité tendants à faire monter la garde dans ses paroisses de Bains, Boulogne, Hainviller, Orviller, Biermont et Mortemer.

Comme l'on ignorait absolument d'où partait une pareille alarme, les paroisses circonvoisines de la nôtre montèrent la garde qui pouvait devenir très utile par rapport aux ennemis du bien public et par rapport aux voleurs des grains. En conséquence, la municipalité s'est assemblée, le 2 août, pour donner à l'ordonnance de M. de Bains, une adhésion plus complète.

4° *Assemblée du 30 Août 1789.*

Le 30 août 1789, à l'issue des vêpres, eut lieu une Assemblée municipale, dont la gravité n'échappera à personne. Nous citons textuellement :

« Les membres de l'Assemblée avec les marguilliers et sieur curé (M. Bayart) étant réunis dans la salle de M. Marchand, de Clairfontaine, préparée à cet effet, attendirent M. de Bains qui arriva un instant après et fut reçu par les notables de l'Assemblée, à la porte cochère, au milieu de jeunes garçons du village sous les armes.

« M. de Bains, étant entré dans la salle, fut salué par toute la compagnie. Après les compliments d'usage, il prit séance en occupant le fauteuil qui lui était préparé comme président, chacun ayant pris place suivant son rang.

M. le Président demanda ce que l'on avait à proposer. Quelqu'un des premiers membres de la municipalité s'élevèrent et dirent qu'ils avaient engagé le sieur Mouret, l'un d'eux, de vouloir bien exposer à l'Assemblée ce qui devait faire le sujet des délibérations. Alors, le sieur Mouret se leva ; après avoir respectueusement salué l'Assemblée, il fit un long discours que nous ne pouvons reproduire, parce qu'il insulte le Curé.

5° *Inventaire du mobilier de l'Église.*

1er janvier 1790. La municipalité ordonne de faire l'inventaire de tout le mobilier de l'église.

En voici le résultat :

VASES SACRÉS ET AUTRES OBJETS

Un calice d'argent ciselé en dehors, doré au-dedans.

Un soleil d'argent.

Un ciboire d'argent.
Une petite custode d'argent.
Une croix de procession en argent.
Une petite croix d'argent pour mettre sur l'autel.
Un encensoir d'argent.
Deux burettes et leur plateau en argent.
Trois petites boîtes pour les Saintes-Huiles.
Une croix de procession argentée.
Deux burettes et le plateau d'étain.
Un vieux calice d'étain.
Deux burettes et le plateau argentés.
Une croix de cuivre pour mettre sur l'autel.
Un vieux soleil de cuivre.
Six grands chandeliers de cuivre.
Huit chandeliers plus petits de cuivre.
Un encensoir de cuivre.
Deux croix de procession de cuivre.
Deux bénitiers, l'un de cuivre jaune.
Deux lampes de cuivre jaune, dont l'une dans la nef, l'autre au rebut.

ORNEMENTS ET LINGES

25 chapes assorties.
13 chasubles avec leurs accessoires.
2 dais.
2 bannières. L'une représentant l'Assomption de la Sainte-Vierge sur fond rouge, l'autre sur fond vert représentant Saint-Joseph.
2 bouquets de confrérie et un guidon de velours, or vrai.
9 aubes.
12 cordons d'aubes.
20 lavabos.
20 surplis.
3 soutanes noires.
3 soutanes rouges.
1 nappe de communion.
4 serviettes à pain bénit.
1 drap nuptial.
22 corporaux.
50 purificatoires au moins.

LIVRES

1 graduel et 1 Antiphonier.
1 missel.
1 un petit graduel noté en deux volumes.
1 petit missel.
3 livres d'offices des morts.
3 processionnaux.
2 petites semaines saintes.
1 vieux rituel.
2 psautiers.

L'église de Boulogne avait donc un riche mobilier. Que devint-il dans la suite ? L'argenterie, en partie, le cuivre et certaines chapes furent portés au district de Noyon, et différents objets restèrent aux mains de certains citoyens hardis. Après la Révolution, sous l'Empire, un de ceux-ci montrait à ses amis quelques vases sacrés en leur nommant l'église d'où ils provenaient.

6° *Election d'un nouveau Conseil de la Commune.*

Le 24 janvier 1790, à l'issue des Vêpres, les habitants réunis dans la nef de l'église, allaient procéder à l'élection d'une nouvelle municipalité. Depuis cinq mois les évènements avaient marché. Des clubs, tenus dans différents endroits, avaient changé la population calme jusqu'ici. Avant l'élection, le sieur Jean Mouret fit encore un long discours que nous ne pouvons rapporter. Puis, l'Assemblée nomma sa municipalité qui fut immédiatement installée. Le sieur Jean Mouret, en récompense de son zèle, fut nommé *Procureur de la Commune,* passant, comme il venait de le dire à la fin de son discours, « peut-être sans étonnement, à un emploi plus important. » Jusqu'ici, il n'avait été que membre de la municipalité, maintenant il va devenir l'agent principal et tout s'exécutera par ses ordres. La Loge maçonnique de Noyon trouvera en lui un membre actif et dévoué, qui exécutera ses ordres non-seulement à Boulogne, mais à Hainvillers et autres pays environnants, et même jusqu'à Elincourt-

Sainte-Marguerite. (Voir le bel ouvrage de M. Peyrecave sur Elincourt-Sainte-Marguerite, récemment publié).

7° *Prestation de Serment.*

Le 21 février 1790, la commune était assemblée dans l'église sous la présidence de M. de Bains, M. le Procureur de la commune se leva et fit observer avec autant de zèle que de patriotisme, qu'il avait appris que notre Auguste Monarque avait lui-même fait le serment solennel d'être fidèle à la nation, à la loi. Que l'Assemblée des Etats-Généraux avait aussi fait le grand serment d'être fidèle à la Nation, à la loi et au roy et de maintenir de tout son pouvoir la nouvelle Constitution. Qu'il était à sa connaissance que toutes les grandes villes et paroisses du royaume s'empressaient comme à l'envie de suivre l'exemple que leur ont donné nos représentants à l'auguste Assemblée des Etats-Généraux, et le Roy lui-même.

« Pourquoi il croyait qu'il était du devoir de sa place d'exposer les circonstances pour mettre à portée chacun des habitants de signaler son zèle en faisant aussi solennellement sur l'autel sacré de notre sainte religion, en la présence réelle de l'Etre suprême, en face du ciel et de la terre et de la respectable assemblée, en jurant chacun à son égard pour le bien de la Société et du bonheur de toute la France, d'être fidèle à la Nation, à la Loi et au Roy, et de maintenir de tout son pouvoir la nouvelle Constitution. »

Après les représentations du procureur de la commune, M. le Président fit un petit discours analogue à l'importance du serment.

Tous les habitants présents à l'Assemblée ont demandé d'une voix unanime, comme bons citoyens et bons français, qu'il fût procédé à la cérémonie du serment civique que chacun d'eux allait proférer de cœur, d'esprit et en vérité, comme le jurer de bouche.

Alors, M. de Bains, président, monta au grand autel de l'Eglise, la main posée dessus, il prononça à haute et intelligible voix, qu'il jurait d'être fidèle à la nation, à la Loi et au Roy, et de maintenir de tout son pouvoir la nouvelle Constitution du royaume. Il fut suivi de M. Bayart, curé, de M. Turpin vicaire, et de tous les assistants qui, posant la main sur l'autel, disaient : *Je le jure.*

8° *Seconde Prestation de Serment.*

Le 23 septembre 1792, nouvelle prestation de serment dans la chapelle où sont célébrés les offices (l'église étant en reconstruction). Le maire, les officiers municipaux, Jacques-François Bayart, curé, Victor Carlier, vicaire, Christophe Verchère, prêtre, ancien prieur de Notre-Dame de Montdidier, et tous les citoyens présents, ont juré d'être fidèles à la nation et de maintenir la liberté et l'égalité, ou de mourir en les défendant.

9° *Les derniers Actes.*

Le clocher de l'église était placé à l'entrée du chœur. Un des piliers s'étant affaissé, le susdit clocher fut renversé du côté de l'école, entraînant dans sa chute toute la nef. Depuis longtemps cet accident était prévu, et, pour le retarder, on avait fait construire en 1786, les murs de soutènement qui sont sur la rue, mais il était déjà trop tard.

En octobre 1792, la municipalité décida de vendre les bois provenant de la démolition de ce clocher. Le 21 de ce mois eut lieu, en effet, la vente de ces vieux bois, elle produisit 38 livres 9 sous.

Le 11 février 1793, le district de Noyon ordonne à la municipalité de faire l'inventaire des objets en argent de l'église et de les envoyer au plus tôt à Noyon. Le conseil expose que la commune a « son église à reconstruire, « laquelle est totalement tombée en ruine, le clocher a « été renversé, les murailles extérieures fondues et le « tout d'une destruction sans égale, et qu'il est de néces- « sité urgente de pourvoir promptement au rétablissement « d'icelle église, les habitants étant obligés de se rendre « dans une grange les jours de Fêtes et Dimanches pour « y entendre la Messe et les autres services divins. Et « que pour surcroît de leur malheur, les habitants et fabri-

« ciens ont passé deux adjudications, l'une de la char-« pente pour 2750 livres, l'autre de la maçonnerie pour « 1900 livres, et qu'après un long travail de maçonnerie « fait, une partie de l'ouvrage s'est écroulé, que la com-« mune est sans ressource, qu'il vaudrait mieux que le peu « d'argenterie que possède l'église fut vendu au profit de « sa reconstruction. » Nous n'avons pu savoir si le district accueillit cette supplique. Nous croyons plutôt qu'elle fut rejetée.

Le 28 juillet 1793, l'Assemblée de la commune décide que le clocher sera reconstruit sur le portail de l'église, Les mauvais jours qui suivirent ne permirent pas d'exécuter ce projet. En attendant, la cloche fut suspendue à des poteaux dans le cimetière. Ce ne fut qu'en 1829 que le clocher fut rebâti tel que nous le voyons aujourd'hui.

Il y avait dans la commune deux beaux calvaires. L'un, dans la Grand'Rue, à l'entrée de la Terrière ; l'autre, vers le milieu de la rue de la Vallée. Ce dernier était de toute beauté. Il était entré dix voitures de pierres de Mortemer dans le soubassement. C'était toujours à ce calvaire que le clergé se rendait lorsque l'évêque diocésain venait administrer la confirmation à Boulogne. La croix était de pierre : d'un côté était sculpté un Christ ; au revers, la Sainte-Vierge. Les ornements indiquaient le XVIe siècle. Les idées républicaines ne pouvaient admettre que ces deux belles croix restassent debout. Elles furent donc démolies. Le 27 octobre, la municipalité décida que les pierres de ces deux calvaires seraient vendues au plus offrant. Louis Collenaye acheta les pierres de la Vallée pour 19 livres, et Sylvain Coin, celles de la Terrière pour 4 livres 10 sous.

Quant aux croix du cimetière, il fut décidé qu'elles seraient enlevées et que celles en fer serviraient à faire des piques ; les pierres des pieds furent employées à la reconstruction de l'église.

Le 21 brumaire de l'an 2 de la République française, ordre arriva de Noyon à la municipalité de Boulogne de faire transporter au district tous les cuivres provenant de l'église. L'inventaire donne : 6 grands chandeliers, pesant 52 livres ; une croix de tabernacle, 19 livres ; 2 bras d'autel, 12 livres ; deux petits chandeliers et une croix, 8 livres ; une croix de procession, 3 livres et demi ; un bénitier, un encensoir, une navette, deux burettes et un plateau, 8 livres ; 2 lampes et un goupillon, 9 livres.

Le 3 frimaire, an 2, l'Assemblée municipale fait appeler devant elle le citoyen Christophe Verchère, prêtre, prieur bénédictin du ci-devant ordre de Cluny, et lui ordonna de déposer ses lettres de prêtrise. Une lettre, venue de Noyon, de la *Société populaire* dont le sieur Jean Mouret était membre, l'exigeait.

Le 9 ventôse suivant, M. Jacques-François Bayart, fut aussi contraint de déposer ses lettres de prêtrise devant la municipalité et s'engagea à ne plus remplir aucune fonction sacerdotale. Quelques jours après, le 1er germinal, il fut arrêté et conduit au séminaire de Noyon. Ses meubles restèrent à Boulogne, sous les scellés de la municipalité. Bientôt, ces scellés furent brisés et les meubles partagés entre les plus hardis. La maison presbytérale fut disposée pour un atelier de salpêtre.

Nous ne nous étendrons pas davantage sur cette époque néfaste, bien que des documents nombreux soient entre nos mains. Il suffit de dire que les dégâts furent grands et inappréciables. Déjà presque un siècle est écoulé depuis ces temps malheureux, et les pertes matérielles et morales ne sont pas encore réparées.

CHAPITRE XXIII

Monsieur La Chaise.

Ce grand bienfaiteur de notre pays, naquit à Boulogne-la-Grasse, le 23 mars 1738. Voici l'acte de son baptême.

« Le mardi 25 mars 1738, par moi curé soussigné de cette paroisse a été baptisé, mais né en légitime mariage le 23, François, fils de Jacques La Chaise et de Marie-Anne Colard, ses père et mère, le parein a été François Farcin, et la mareine Madeleine Aux Enfans, qui a signé seulement, le parein ayant déclaré ne sçavoir signer, en présence du témoin soussigné, nommé Antoine Cottonnet.

« Signé : Madelaine AUX ENFANS, A. COTTONNET, et Simon CHANDELLIER, curé. »

M. La Chaise (anciennement Chèse), issu de parents peu fortunés, fut élevé parmi les enfants du village. Son instruction première fut donc ordinaire. La tradition raconte que son premier métier fut de garder les porcs, et que toutes les fois qu'il venait à Boulogne, s'il rencontrait son successeur, il lui demandait sa trompe pour jouer un air, aimant à rappeler qu'il avait été du métier. Il paraît, du reste, que dans les conversations, il ne cachait pas son extraction commune : Ce qui est le propre de la vraie humilité et de la vraie grandeur.

Mais comment cet homme parvint-il à s'élever si haut? Comment a-t-il pu en peu d'années (car il mourut à l'âge de 45 ans seulement), acquérir une fortune de cinq à six cent mille francs? C'est un problème auquel nous ne pouvons donner de solution. Chose étonnante ! Partout où des faits semblables se sont rencontrés, on trouve pour les expliquer au moins une légende. Ici, tout nous fait défaut.

M. La Chaise fut notaire à Paris, en collaboration avec M. de Saint-Paul, et avocat au Parlement. Voilà tout ce qui nous a été possible de savoir sur ce grand bienfaiteur de l'église et des pauvres de notre pays.

Le 6 juillet 1782, il fit son testament. Il était probablement atteint d'une maladie grave pour avoir songé à cet âge à rédiger l'acte de ses dernières volontés. Lorsqu'il l'écrivit, il exerçait encore les fonctions de sa charge. La longueur de ce document curieux à plus d'un titre, nous empêche de le reproduire en entier. Mais pour faire connaître les sentiments qui animaient ce généreux chrétien, nous transcrivons textuellement le préambule.

« Au nom du Père et du Fils et du Saint-Esprit. Ainsi soit-il.

« Je soussigné, François La Chaise, avocat au Parlement, conseiller du Roy, notaire au Châtelet de Paris.

« Après avoir imploré la miséricorde divine pour le pardon de toutes les fautes que j'ai commises pendant le cours de ma vie, et après avoir invoqué l'intercession de la bienheureuse Vierge Marie, mère de Dieu, de Saint-François, mon patron, et de tous les saints et saintes du Paradis, j'ai fait mon testament ainsi qu'il suit :

« Je désire être inhumé avec la modestie et simplicité chrétienne, m'en rapportant à cet égard à la prudence de mon exécuteur testamentaire cy-après nommé, mais j'entends que dans le cas où je décéderais à Paris, mon corps soit présenté à l'église de la paroisse où je décéderai, et de suite transporté dans un cercueil de plomb à Boulogne-la-Grasse, pour y être inhumé dans le cimetière dudit lieu où l'ont été mes père et mère, frères et sœurs, et que sous le bon plaisir de M. le Curé et marguilliers de ladite paroisse, il soit planté une croix de fer sur ma tombe, avec une épitaphe annonçant ma naissance audit Boulogne du 23 mai 1738, mes noms et mon inhumation, pour lesquelles croix et épitaphe en marbre sera employée une somme de mille livres, et pour mon transport audit Boulogne, une autre somme de mille livres, etc... »

Puis, il énumère les legs qu'il fait au curé de son pays natal, aux pauvres de la paroisse où aura lieu son décès, à la Fabrique et aux pauvres de Boulogne, à différentes personnes de sa famille, à des amis, à ses filleuls, à ses oncles et tantes à la m^r de de Bretagne, à la Fabrique de Boulogne pour l'établissement d'un vicaire, et à sa sœur Louise. Enfin, il désigne pour exécuteurs testamentaires, Louis-François de Saint-Paul, notaire, son confrère et François Petit, principal clerc de son étude.

M. Bayart a écrit en parlant de lui : « Me François La Chaise, avocat au Parlement, conseiller du Roy, notaire à Paris, originaire de ce lieu, a été enlevé à ses amis par une mort prématurée le 12 octobre 1783, après avoir laissé des preuves bien sensibles de son amour pour le lieu de sa naissance et pour ses compatriotes au bonheur desquels il emploie une partie de sa fortune que ses talents et ses longs travaux lui avaient acquise dans l'état honorable qu'il avait exercé. »

Le corps fut donc rapporté à Boulogne et inhumé le 15 octobre dans le cimetière où il repose dans l'attente de la résurrection.

Cette inhumation fut solennelle. M. Bayart était assisté de MM. Flon, curé de Faverolles; Péchon, curé de Roollot ; Cuvillier, curé de Daucourt ; Longuet, curé de Bus ; Delaporte, chanoine de Roollot ; Revel, chanoine de Roollot ; Lupart, vicaire de Roollot ; Picart, curé d'Hinviller ; V. Avé, curé de Courcelles-Epayelles ; Boitel, curé d'Onvillé ; et Piaulet, vicaire de Saint-Pierre de Chaillot.

La tombe fut creusée vers le milieu du cimetière, un peu au Nord, et elle se trouve en face de la grande croix qui sert aujourd'hui de station.

Le 8 juillet 1785, un monument fut élevé sur cette tombe. Voici l'acte de sa bénédiction :

« Le 8 juillet 1785, fut solennellement faite la bénédiction de la croix de fer, plantée au milieu du cimetière de cette église, immédiatement sur la tombe de M. François La Chaise, bienfaiteur de cette paroisse, au désir de son testament olographe du 6 juillet 1782. Le juste milieu du massif fait en pierres de Mortemer à 6 pieds de profondeur et 5 pieds carrés de large et se ferme en voûte sur le cercueil de plomb et pose sur la poitrine du défunt. Sur le massif sont posées quatre grosses pierres de taille d'Arcueil, arrangées l'une sur l'autre à panneaux et moulures qui forment un piédestal de 5 pieds de haut sur 3 pieds carrés, sur lequel est posé la croix de fer, ornée d'agréments, soutenue par quatre consoles ; la hauteur de la croix est d'environ 7 pieds et demi, et, à la base du piédestal au panneau vers l'Occident, est incrusté un épitaphe en marbre blanc où sont inscrits en gros caractères le nom de M. La Chaise, ses qualités, le jour de sa naissance et celui de sa mort à Chaillot, et le nom de ses deux exécuteurs testamentaires. On a aussi placé dans le même temps, au premier pilier en descendant du chœur, du côté du midi, un autre épitaphe en marbre moins blanc, de 4 pieds de haut sur 2 1/2 de large, où sont écrites les dispositions testamentaires contenant les legs pieux du défunt, etc. »

Le 28 juillet 1793, le Conseil de la commune ayant décidé que toutes les croix du cimetière seraient abattues, que le fer desdites croix servirait à faire des piques et que les pierres des monuments seraient employées à la reconstruction de l'église. Cette décision ne fut que trop rigoureusement exécutée, et la tombe de M. La Chaise ne trouva pas grâce devant les briseurs de croix. Elle fut donc renversée et le monument démoli. En sorte qu'aujourd'hui, rien ne distinguerait plus cette tombe, si une main pieuse n'avait roulé sur elle une vieille pierre qui indique l'endroit où repose ce généreux enfant de la paroisse.

CHAPITRE XXIV

Usages locaux.

I. — *Le Feu de la Saint-Jean.*

Le feu de la Saint-Jean se faisait tous les ans, le 23 juin au soir, à l'endroit appelé le *Feu-d'Ous*, dans le chemin qui descend vers la Terrière. L'après-midi, une voiture passait dans toutes les rues et recevait de chaque ménage le bois qu'il plaisait de donner. Fagots et bûches étaient mis en tas autour d'un petit arbre surmonté d'une couronne de fleurs. A l'heure indiquée, les cloches joyeuses appelaient le clergé et les fidèles à l'église. Puis, le clergé précédé des bannières et de la croix, chantant des hymnes et des psaumes, se rendait en grande cérémonie auprès du bûcher. Le célébrant l'aspergeait d'eau bénite, et l'encensait en faisant le tour du tas de bois, puis, il y mettait lui-même le feu, et les chants continuaient jusqu'au moment où la couronne de fleurs suspendue au-dessus du bûcher, ayant son ruban brûlé par les flammes, tombait dans le brasier. Alors les plus hardis se précipitaient pour la saisir. Trop souvent une lutte s'établissait et l'innocente couronne était la cause de graves accidents. A ce moment le clergé retournait à l'église au chant du *Te Deum*, et les assistants se jetaient pêle-mêle sur le bois brûlé, afin d'en emporter le plus possible dans leur maison. On attachait une grande importance à la possession de ce bois à moitié brûlé. Les fidèles pensent qu'il éloigne des habitations les maléfices et qu'il détourne les orages. Lorsque le tonnerre gronde, ils le mettent dans leur foyer en demandant à Saint-Jean de les préserver des accidents de la foudre. Cet usage a pour lui une haute antiquité et l'église ne l'a jamais désapprouvé. Le pauvre qui, faute d'argent, ne peut mettre sur sa chaumière un paratonnerre, a recours à la prière et à l'intercession des saints qui sont les plus antiques et les plus infaillibles préservatifs de la foudre.

On appelle le feu de la Saint-Jean, *Feu d'Ous*, Feu d'Os, parcequ'en certains pays et particulièrement en Picardie, on jetait des os dans le bûcher, en souvenir du sacrilège commis à Sébaste par Julien-l'Apostat. Cet empereur, arrivant dans cette ville, apprit que les reliques du saint Précurseur y étaient conservées et que les chrétiens les avaient en grande vénération. Il les fit aussitôt apporter sur la place publique. Puis il ordonna d'allumer un grand bûcher dans lequel il les fit jeter. Mais pour que les chrétiens ne recueillissent pas les ossements calcinés, il commanda de mettre en même temps dans le feu une grande quantité d'ossements d'animaux.

On appelle aussi le feu de la Saint-Jean, *Feu de joie*.

Cette manière de se réjouir en allumant des feux dans les lieux publics n'est pas nouvelle. Autrefois, quand il s'agissait de célébrer la naissance d'un prince, ou de faire une fête à l'occasion d'une victoire, on dressait des bûchers dans les différents quartiers des villes, et le soir, les premiers magistrats de la cité venaient en grande tenue les allumer. Il suffit de lire la belle *Histoire de Roye*, par M. Coët, pour voir combien étaient fréquents ces feux de joie, sous les règnes de Louis XIV et de Louis XV. Il n'y avait pas alors de fête civile sans un feu de joie, autour duquel la population se livrait à des danses qui se prolongeaient dans la nuit.

Or, on sait que les chrétiens ont toujours célébré la naissance de Saint-Jean-Baptiste avec de grandes démonstrations de joie. *In nativitate ejus multi gaudebunt :* A sa naissance, beaucoup se réjouiront. *Inter natos mulierum non surrexit major joanne Baptista :* Parmi les enfants des hommes il n'y en eut point de plus grand que Jean-Baptiste. Il n'était pas la lumière, mais il est venu pour rendre témoignage à la lumière, pour montrer au monde la vraie lumière. *Ecce Agnus Dei :* Voici l'Agneau de Dieu. Ces paroles de la sainte Ecriture suffisent pour expliquer et justifier l'usage du feu de la Saint-Jean qu'aimaient tant nos pères.

Les feux d'artifices ont leur valeur, mais ils ne sont que le privilège des riches et des habitants des villes. Les anciens feux de la Saint-Jean apportaient autant de joie au pauvre monde.

Ce feu a cessé d'être en usage à Boulogne depuis quelques années seulement.

2. — *Jeudi et Vendredi saints.*

Le Jeudi et le Vendredi de la semaine sainte, les enfants employés au service de l'église vont dans les rues annoncer les heures des offices avec des crécelles ou des battelets. Indépendamment de cette fonction, ils se rendent dans les maisons après les offices, pour chanter, *O crux, ave,* ou un verset du *Stabat Mater*. La population les accueille généralement bien, et le Samedi saint, elle les récompense en leur donnant des œufs ou de l'argent. Quelquefois des portes sont fermées au moment de la cueillette. Mais elles sont soigneusement marquées d'une croix par ces intéressants enfants qui, le lendemain, reviennent faire appel à la générosité des absents de la veille. Il sont parfois importuns ces enfants !

Voilà le refrain qu'ils chantent dans les maisons pour appeler sur eux l'attention des habitants généreux de Boulogne :

Alleluia, du fond du cœur,
N'oubliez pas les enfants d'chœur :
Un jour viendra, Dieu vous l'rendra
Alleluia.
Alleluia, Alleluia, Alleluia.

3. — *La Choule.*

La choule, telle qu'elle est pratiquée à Boulogne, est un jeu qui n'est pas sans offrir quelque danger.

Le jour du mardi-gras, un cordonnier, ayant au bras un panier, sur l'épaule un bâton au bout duquel est suspendue une grosse boule de cuir bien enrubannée, plutôt enloquetée, va de maison en maison faire voir la choule ; et il fait appel au public pour qu'il lui paie son temps et son cuir. Le panier que porte notre artiste en choule est pour recevoir les œufs qu'on voudra bien lui donner, à moins qu'on ne préfère lui offrir quelques sous. Quand donc la choule a été ainsi promenée dans toutes les maisons, l'après-midi a lieu la grande partie.

Vers trois heures, arrivent de tous les pays voisins des bandes de curieux qui choisissent leurs places pour être plus à même de bien voir. On ne veut pas perdre un des mouvements des joueurs, ni une des nombreuses péripéties du drame qui va se dérouler, et d'un autre côté on redoute les coups et les bousculades. Surtout ce que l'on craint, c'est de recevoir un baiser imprévu de la choule, ou ses caresses qui cassent le nez et les dents.

La choule est toujours jouée dans la vallée, à la jonction des trois rues, celle de Conchy, celle de l'Eglise et celle de la Vallée. Une ligne tirée de ce point et allant droit à la Terrière, séparait autrefois les deux justices auxquelles étaient soumis les habitants de Boulogne. La gauche appartenait à MM. les abbés et moines de Corbie, la droite était du domaine de M. de Bains.

Donc, à l'heure marquée, vers quatre heures, le fabricant de la choule, précédé de la musique locale et accompagné de M. le Maire ou de M. l'Adjoint, arrive sur la place du jeu. Son arrivée est naturellement saluée des acclamations de la foule qui attend. Les quolibets, riches en invention, pleuvent drus comme grêle. Mais on se tait bientôt. Monté sur un grès, ou un tas de cailloux qui borde la route, le porteur de choule va faire un discours. Il doit, en effet, rappeler les gloires d'un jeu aussi noble, et répéter les règles suivant lesquelles il doit être joué. Nul doute que ce discours ne soit tout à fait approprié à la circonstance.

Son discours fini, l'orateur lance tout à coup brusquement la choule par dessus la tête des hommes et des garçons qui l'entourent. Alors commence une mêlée indescriptible. La choule est jetée avec les pieds, avec les mains, par ici, par là, — elle descend la rue, elle la remonte — elle est lancée dans les maisons, dans les haies, dans les jardins — elle tombe au milieu d'un groupe de filles curieuses qui s'enfuient au plus vite. — On se bouscule, on crie, on s'injurie. — L'un reçoit un coup de pied dans la poitrine l'autre a la main écrasée, celui-ci la figure ensanglantée, l'œil poché, le nez aplati pour toujours ; celui-là vise un ennemi et le blesse, s'il le peut. Enfin, c'est une mêlée qui n'a point de nom, mais qu'il faut voir pour la juger.

D'un côté sont les hommes de la Montagne ; de l'autre ceux de la Vallée ; et la lutte est acharnée dans les deux camps. Les spectateurs excitent ceux de leur parti et les encouragent de la voix et du geste. Vive la Vallée, — vive la Montagne ! suivant que la choule descend ou remonte. Il s'agit de noyer la choule dans un bassin qui se trouve au milieu de la Vallée, près de la ruelle Saint-Eloi, ou dans celui qui est au milieu de la rue de l'Eglise. à mi-côte. Alors seulement la victoire sera remportée. La montagne fait des vœux pour que la choule remonte. — La vallée en fait de non moins ardents pour qu'elle descende. Et ainsi, après une poussée qui dure quelquefois des heures entières, on entend tout à coup crier : Victoire, la choule est noyée.. Le vainqueur qui a exécuté ce coup d'adresse, la rapporte triomphalement. Si la montagne a gagné la partie, c'est de bon augure ; les pommes seront abondantes cette année-là à Boulogne. Souhaitons que la montagne remporte chaque fois la victoire. Puis, la musique commence les divertissements sur la place même où fut jouée la choule.

Des auteurs disent que le jeu de la choule nous vient des Romains, qu'il rappelle le jeu de *la semelle* ou *de la savate* auquel se livraient les soldats pour tuer le temps dans leur camp. Nous ne contesterons pas cette noble et antique origine. Mais nous ferons remarquer que ce n'est pas assurément le plus beau de leurs jeux que nos pères ont conservé, ni le moins dangereux. Car, à Boulogne, plus d'une personne y a reçu le coup de la mort. Peut-être faudrait-il plutôt voir dans la choule le jeu primitif de la *balle* ou de la *paume*.

L'usage de former les deux camps, l'un des hommes de la montagne, et l'autre des hommes de la vallée, est ancien à Boulogne, et il a sa raison d'être.

La justice seigneuriale était divisée entre l'abbaye de Corbie et les propriétaires de Bains. Les deux seigneurs avaient à Boulogne leur lieutenant et garde de justice, leur syndic, etc. La montagne était à l'abbaye de Corbie, la vallée dépendait de Bains. Souvent il y avait lutte et antagonisme entre les hommes de ces deux justices. Ainsi, en 1518, un particulier chargea une pièce de vin sur une charrette, pour la transporter en un endroit en passant par le chemin aujourd'hui appelé la Grand'Rue. Les droits de rouage avaient été payés au lieutenant de Bains. Mais le lieutenant de Corbie prétendit que le chemin par où avait passé la charrette était soumis à sa juridiction, *qu'il dépendait du fief du grand-maire qui se prend depuis la croix du devant l'église et va jusqu'au chemin de Noyon,* que par conséquent il lui était dû *quatre* deniers. De quoi il fit appel au Prévôt de Roye par une complainte en date du 8 mai 1518.

Les deux camps pour la choule étaient donc alors formés des hommes des deux juridictions et la lutte était établie régulièrement entre des adversaires. Or, cette coutume s'est perpétuée et continuée de nos jours. Chaque lutteur doit sérieusement travailler pour apporter la victoire à son camp.

Il y avait jadis à Boulogne un fief appelée le *fief de la Choule*. Un auteur a écrit qu'il était situé à gauche du chemin de Montdidier à Noyon; un autre a aussi écrit qu'il était entre Saint-Nicaise et Boulogne. Ces deux assertions ne s'accordent pas. Il y a bien encore entre Saint-Nicaise et Boulogne, un endroit appelé *le Fié*. Mais nous pensons que cette dénomination se rapporte plutôt au fief noble du Grand-Maire.

Le fief de la Choule consistait en dix journaux de terre. C'était un petit fief, ou un arrière fief, qui dépendait du fief noble du *Petit-Boulogne*, appartenant au seigneur de Bains. Au reste, cette appellation de *fief de la Choule* semble avoir disparue des actes publics vers le XVIe siècle. D'où est venu ce nom de *fief de la Choule*? Malgré de longues recherches, jusqu'alors il nous a été impossible de trouver une réponse satisfaisante à cette question.

Il y a 45 ans environ, un maire voulut supprimer la Choule. Un arrêté approuvé par le Préfet l'avait interdite. Le jour du Mardi-Gras arrivé, la population toute entière se porta au lieu habituel, se moqua de l'arrêté et joua à la Choule. Depuis cette époque, aucune tentative n'a été faite pour l'empêcher. Disons toutefois, en terminant, que le nombre des spectateurs et des joueurs diminue chaque année.

CHAPITRE XXV

Le Prieuré de Saint-Eloi-Fontaine.

Entre Boulogne et Bains, à l'extrémité de notre montagne, existait, il y a longtemps, un prieuré du nom de *Saint-Eloi-Fontaine*, dépendant du couvent de Saint-Arnoult de Crépy (1). Dans la rue Saint-Eloi, à gauche en allant à Onvillers, sont de grandes prairies arrosées par une fontaine, appelée la *Fontaine Saint-Eloi*. Auprès d'elle était le prieuré avec sa ferme et une église. On remarque en effet dans les bosquets du *pré à la ferme*, des accidents de terrain, des fonds de cour, des restes de murs ou murets et des pierres provenant de constructions anciennes. Cette inspection seule prouve qu'il y eut là autrefois une habitation. De temps en temps, les ouvriers, en abattant des arbres, rencontrent des débris dont ils ne peuvent expliquer la provenance. Malheureusement là comme ailleurs, tous les indices ont été négligés.

L'église ou la chapelle était sous le vocable de Saint-Eloi, évêque de Noyon. Il s'y faisait un pèlerinage. De là vient, qu'après la destruction du prieuré, les deux fêtes de Saint-Eloi, 25 juin et 1er décembre, étaient célébrées solennellement dans l'église Notre-Dame de Boulogne par les maréchaux et les cultivateurs (Voir chapitre 18). Aujourd'hui, lorsqu'un cheval est malade, on le promène aux environs de l'ancien prieuré, en souvenir du pèlerinage d'autrefois. Encore quelques années, et cette habi-

(1) Voir pièces justificatives n° 3.

tude aura disparu. Auprès de cette église était un groupe important d'habitations réparties dans les rues Saint-Eloi et d'Onvillers et dans la petite rue.

A quelle époque furent bâtis et cette église et ce prieuré ? Il nous a été impossible jusqu'ici de découvrir quoique ce soit relativement à cette question. Si un jour un courageux écrivain entreprend l'histoire de Saint-Arnoult de Crépy, il devra nécessairement éclairer ce point de notre histoire locale.

L'existence de ce prieuré est incontestable ; l'époque de sa disparition est connue approximativement ; quant à la date de sa fondation, elle nous échappe complètement.

Voici les quelques chartes que nous possédons sur cet ancien établissement religieux.

C'est d'abord la ratification d'une vente faite audit prieuré, le 12 juillet 1217.

« Moi, Guillaume de Millo, à ceux qui ces pré-« sentes verront, j'atteste que j'ai accordé à perpétuité « au prêtre Hugues et à ses frères de la maison de Saint-« Eloi-Fontaine, de jouir en paix d'une pièce de terre « de *Fornellis*, que Rohard, maïeur, a vendu audit « Mº Hugues, sauf mon terrage et mes autres droits. Et « pour qu'il ne s'élève dans la suite aucun doute sur cette « concession, je l'ai inscrite dans ces lettres scellées de « mon sceau. L'an de l'incarnation du Verbe, mil deux « cent dix-sept, le 4 des Ides de juillet. » (Voir le texte latin, pièces justificatives nº 4).

L'original latin est difficile à lire à cause de sa vétusté.

Nous ne connaissons sur le territoire de Boulogne aucun lieu dont le nom se rapproche de celui de *Fornellis*. Il faudrait le chercher sur le territoire voisin.

Qu'était-ce que ce Guillaume? Qu'était-ce que ce maïeur Rohard ?

La seconde charte est un acte de vente passé en mars 1229 par devant le doyen de Montdidier.

« Nous, doyen de Montdidier à tous ceux qui ce pré-« sent écrit verront, salut dans le Seigneur. Nous faisons « connaître à tous que Evrard Turpin et Odéline, son « épouse, d'Onvillers, étant en notre présence, ont

« reconnu avoir vendu à la maison de Saint-Eloi-Fontaine, « trois mines et demi de terre labourable, sises au ter- « roir d'Onvillers, près de la terre de Vermand d'On- « villers. La dite Odéline réclamait sur cette terre ses « droits dotaux, mais librement, spontanément, sans y « être contrainte par son mari, elle a consenti à reporter « ces mêmes droits sur cinq mines de terre labourable, « au poirier des vignes (1). De plus, elle a affirmé par « serment qu'elle n'inquietterait jamais et en aucune « manière, ni par elle-même, ni par autrui, les pères de « Saint-Eloi-Fontaine, ou leur maison dans cette posses- « sion. En foi de quoi nous avons scellé de notre sceau « le présent écrit. Fait l'an de Notre-Seigneur, mil deux « cent vingt-neuf, au mois de mars. » (Voir l'original latin, pièces just. n° 5).

Nous avons trouvé la charte suivante dans le fonds de Saint-Eloi-Fontaine aux archives de Beauvais. Il est probable que c'est le titre de propriété d'une terre donnée dans la suite à notre prieuré.

Ego Magister Nicolaus decanus Mondisderio tam præsentibus quam futuris notum facio Lanbertus Wavasor de Onvillari recognovit coram nobis se vendidisse Radulfo de Hangesto burgensi de Mondisderio undecim jornalia et sexaginta et unam virgam terræ sementivæ quam terram Oudelina uxor dicti Lanberti in præsentia nostra suum negavit esse dotalicium, recognoscens et affirmans terram quæ sita est ad Spinam de Prounastre et ad Greus et ad Fay a prædicto Lanberto sibi concessisse in dotem et ad suum pertinere dotalicium et hoc Lanbertus esse verum affirmavit. Ego vero litteras presentes in hujus recognitionis testimonium sigillo meo roboratas ad petitionem dictæ mulieris duxi ipsi Radulfo conferendas.

(1) Nous voyons ici que le domaine de la dame est reporté sur une autre pièce de terre. Pourquoi cette précaution ? Parce que l'Eglise, à cette époque, se déclarait la tutrice des faibles, des femmes, des enfants mineurs et des établissements ecclésiastiques. — Ce qui met en évidence la salutaire influence de l'Eglise sur la Société civile. Elle n'aurait jamais toléré une donation, ni une vente à un monastère ou à un prieuré, sans sauvegarder les droits, soit de l'épouse, soit des enfants mineurs.

Actum amo gratiœ M° CC° septimo decimo Mense decembri.

Deux des endroits ici désignés, sont situés sur le territoire de Boulogne, *Greus* et *Fay*. Tandis que Prounastre est situé sur le territoire de Rollot, dans l'angle formé par le chemin qui va à Regibaye et celui allant à Bains, appelé le *chemin blanc*.

Pour comprendre la pièce suivante, rappelons ce que nous avons dit ailleurs.

Il y avait à Boulogne deux églises. La principale, celle Notre-Dame, ayant un curé à sa tête, chargé de l'administration de la paroisse, et celle appelée église de Saint-Eloi-Fontaine. Cette dernière n'était dans l'origine qu'une chapelle pour le service des religieux. Mais avec le temps et à cause du pèlerinage en l'honneur de Saint-Eloi, il arriva qu'elle fut très fréquentée par la portion des habitants établis de ce côté de la montagne et par les étrangers. L'église paroissiale et le curé devaient souffrir de cet état de choses. Peu à peu, les religieux envahirent le domaine du curé et se crurent en droit de percevoir les dîmes sur les habitants de leur quartier qu'ils considéraient comme des paroissiens. Plusieurs fois le curé réclama, mais en vain. Alors, celui-ci jugea à propos de se faire justice. Quand son œuvre fut accomplie, l'affaire fut portée devant le tribunal de l'évêque d'Amiens, juge ordinaire du curé de Boulogne. La charte suivante, va nous donner des détails sur cette affaire et sur sa conclusion.

Super controversia sancti Eligii fontis et presbyteri de Bolonia.

Godefridus d^na^ permissione

Ambianensis ecclesiœ minister humilis, omnibus prœsentes litteras inspecturis in d^no^ salutem. Noverit universitas vestra quod cum Guillelmus monachus de santi eligii fonte, et Georgius presbyter de Bolonia, super mutuis petitionibus contra se invicem propositis in nos compromisissent quœ tales sunt : Dicit monachus de St-Eligii fonte Cluniacensis ordinis, contra Georgium presbyterum de Bolonia, quod ipse cum maxima vi et injuria, cellulam accedens de s[t] Eligii fonte, manus violentas injecit in monachum tum temporis manentem, et in illius grave præjudicium cepit VIII cereos de VIII libris ceræ, valentibus XIIII solidos parisiensis monetæ, quos cereos monachus proprio sumptu fecerat, et, cepit librum antiphonale et albam unam, et unum junctum contrahens linteamina benedicta altaris pedibus conculcavit, et his et in aliis dictam cellulam dampnificare præsumpsit usque ad valorem XI librarum parisiensium, præter injurias irrogatas, de quibus et aliis pariter quæ contra presbyterum dictum proponere cupit sibi fieri postulat justiciam et prædictorum restitutionem. Petit idem monachus restitutionem decimarum et oblationum quas recognovit se cepisse in cellula prædicta, tempore prædecessoris dicti monachi, quia in præjudicium privilegiorum suorum cepisse dignoscitur. Dicit etiam idem monachus, quod dictus presbyter de Bolonia comminatus est eidem, coram pluribus hoc idpsum audientibus, quod ipse combureret vel faceret comburi ædificia dicti monachi, et præter hujus modi injurias, combustæ fuerant domus suæ et ædificia cum animalibus et rebus aliis; ex ejus modi incendio jam dictus monachus dicit se esse dampnificatum usque ad valorem XXX librarum parisiensium, quos petit sibi refundi a dicto presbytero, cum per ipsum dicat hujus modi damna incurrisse, et ut hoc sit præsumptio probabilis, cum dictæ minæ a presbytero factæ dictum incendium præcesserint, et paratus esse comprobare : hæc omnia prædicta dicit et petit salvo jure augendi, minuendi, mutandi, corrigendi vel declarandi, et super his et aliis quæ presbyter petit ab ipso, compromiserunt se in nos ita quod arbitrium nostrum debemus pronuntiare, inspectis prius quibusdam privilegiis quæ habet capitulum crepeii pro se et pertinentiis suis eorum tenore in omnibus observato. Dicit presbyter de Bolonia quod Guillelmus monachus spoliavit ipsum de oblationibus et decimis quas ipse et antecessores sui perceperunt pacifice usque ad tempus dicti Guillelmi et quidem in ecclesia St Eligii. Hæc sunt decimæ, lana agni parvuli, fructus, anseres, linum, canabum, apes et alia minutæ decimæ. Dicit etiam dictus presbyter, quod dictus Guillelmus percepit decimas usque ad valorem quatuor librarum parisiensium de quibus petit fieri sibi restitutionem et de dampnis quæ incurrit causa dictæ oblationis usque ad valorem IIII librarum, et hoc dicit salvo jure, etc... Compromisso pendente ipsi de sua voluntate libera a præfatis mutuis petitionibus contra se invicem propositis destiterunt, coram nobis compromittentes quod super hiis quæ in eisdem petitionibus continentur unus alterum de cetero non vexabit. Nos vero ad petitionem partium ad confirmationem hujus rei præsentes litteras confici fecimus et sigilli nostri appensione roborari. Datum anno domini millesimo ducentesimo tricesimo primo, Mense Aprili.

Ce fait est arrivé sous Geoffroy Ier d'Eu, 46e évêque d'Amiens.

Le moulin de Falvert, situé sur l'Avre, entre Saint-Mard-les-Roye et Saint-Taurin, devait chaque année deux setiers de blé aux religieux de notre prieuré. En 1267, peut-être le titre original était-il perdu? Peut-être y avait-il contestation? Au mois de mars, la dame propriétaire du moulin, fit la reconnaissance suivante :

« Jou Aélis, dame de Gauchy fas savoir à tous ciaus « qui ces présentes verront et orrunt que comme plais « fut meus par devant le Provost de Roye entre mi d'une « part et le prieus de l'église de Saint-Eloi-Fontaine du « costé Bouloigne d'autre seur chou que li devant dis « prieus me demandoait deus sestiers de blé de rente « chascun an à la mesure de Roye que mes pères aous-« mona au prieus et à l'église devant dis à prendre chas-« cun an ou moulin de Falvert de tel blé comme li mou-« lin waigne. Jou recognu devant le devant dit provost « de Roye que chou estoait voirs que le prieus me « demandoait et vous estoait voirs que le prieus me de-« mandoait et vous égreai et octroyai et obligai mi et mes « oirs par devant le devant dit Provost de Roye à rendre « et à payer chascun an à la Saint-Remi ou chief d'Otom-« bre ses deus setiers de blé pour l'aumosne devant « dite au prieus et à l'église devant nommée, et pour « chou que ce soit ferme chose et estole à toujours, j'ai « ces présentes lettres qui faictes en son saiélées de mon

« séel et donnés au prieus devant dit, ce fut faict en « l'an de l'Incarnation Nostre Seigneur mil et CC et « LXVII, le mois de march. »

Ce sont là les seules chartes qu'il nous a été donné de recueillir touchant ce prieuré.

A la fin du XIVe siècle et au commencement du XVe, cet établissement eut beaucoup à souffrir à cause de sa situation sur une voie parcourue sans cesse par les pillards de l'époque, par les Anglais et les Bourguignons. Il fut plusieurs fois dévasté, et les bons religieux l'abandonnèrent pour se retirer dans leur maison de Crépy. Des indices résultant des débris calcinés que l'on rencontre sur le sol, donnent à penser qu'un incendie fit disparaître toutes les constructions. L'église, séparée du prieuré, subsista encore quelque temps, mais, faute de réparations, elle tomba en ruine. Aujourd'hui, il ne reste plus que trois maisons dans ce quartier.

NOTE PREMIÈRE. — LES BAUX

Les biens du prieuré qui se composaient de 6 mines de prairies, d'un arpent de bois et de 53 mines de terre labourable, furent loués à divers particuliers.

1426. 1er novembre. Bail à Baudin-Danez, demeurant à Hainvillers, par Damp Jacques de Fruchières Soubzecretin, prieur de S. Arnoult de Crépy, de la maison, terres arables, vignes, prés, etc., perpétuellement et à toujours, pour 8 livres tournois de rente annuelle et perpétuelle.

1586. 7 décembre. Bail de Dom Nicolas Vors, à Jean Gallant, à Raoulland Gallant, de la ferme de Saint-Eloy-Fontaine, pour 18 ans, moyennant 20 escus d'or sols et loyer. Les preneurs sont obligés de rebâtir la maison, la grange et les autres bâtiments en se servant des anciens matériaux.

1597. 23 novembre. Bail par Damp-Antoine Boullemer, à Jean Galland et Raoulland Galland, frères, demeurant à Boulogne, de la ferme de Saint-Eloy-Fontaine, avec terres, prés, bois, etc., pour 27 ans, la somme de 20 escus d'or sol de ferme et loyer.

1649. 28 octobre. Bail à Jonathan Galland et François Parmentier, des mêmes biens, la somme de huit vingt-dix livres (170 livres) annuellement.

1666. 1er may. Bail à François Parmentier, l'aisné, à François Parmentier, le jeune, et à François Galland, laboureurs à Boulogne, de la ferme de Saint-Eloy-Fontaine-lez-Boulogne, terres, prés et bois, en tout 61 arpents 18 verges pour 9 ans, moyennant 200 livres tournois et 3 douzaines de fromages de Rollot.

1676. 4 février. Bail aux mêmes pour 9 années. Prix, 190 livres.

1693. 7 janvier. Le bail est fait à Pierre Dupré et à François Galland pour 9 ans, la somme de 190 livres et 3 douzaines de fromages de Marolles, et seront les preneurs tenus d'habiter la maison et lieux, la garnir de meubles et bestiaux.

1701. 20 décembre. Bail à Pierre Hénique, François Galland et Pierre Dupré, pour 9 années, la somme de 190 livres et 5 douzaines de fromages de Marolles.

1711. 22 octobre. Bail aux mêmes et aux mêmes conditions.

Il paraît que Pierre Hénique ne payait pas régulièrement. Le 9 avril 1716, assignation lui fut donnée pour qu'il ait à solder la somme de 62 livres 16 sols, plus 92 livres d'arrérages et 5 douzaines de fromages.

1728. Bail à Pierre Galland, Jean Floury et Adrien Lalau, pour 200 livres et 5 douzaines de fromages.

1737. 3 janvier. Bail pour 9 ans à Pierre Galland, Charles Villain, Pierre Hardouin et Nicolas Desprez, agissant au nom de Madeleine Hénique, veuve d'Antoine Gamaches, la somme de 200 livres et 5 douzaines de fromages de Marolles.

1748. 23 novembre. Bail pour 9 années, à Pierre Galland, Charles Desprez, Charles Fleury, Jean Hénique, Antoine Hénique, Marie Longuet, veuve de Charles Villain, et Pierre Hénique, laboureurs, preneurs solidaires de la maison et ferme appelée Saint-Eloy-Fontaine, avec la quantité de 61 arpents 18 verges, tant terres que prés, bois et bruyères situés au terroir de Boulogne, la somme de 200 livres et 5 douzaines de fromages.

1756. Bail à Pierre Galland et Antoine Hénique, pour 250 livres et 6 douzaines de fromages.

1765. 6 avril. Bail aux mêmes, pour 300 livres et 6 douzaines de fromages.

NOTE DEUXIÈME. — DIME.

Les terres de Saint-Eloy-Fontaine payaient aussi la dîme :

Le curé de Boulogne percevait la dîme sur 12 pièces à raison de 4 du cent.

Le curé d'Onvillers la percevait sur une seule pièce à 5 du cent.

Le curé d'Hainvillers sur une autre à 4 du cent.

M. Magnier, seigneur de Bains, la prenait également sur une pièce, à raison de 7 du cent.

Et Messieurs de Corbie à 16 du cent aussi sur une seule pièce.

NOTE TROISIÈME. — PROPOSITION DE VENTE.

En 1638, les religieux de Saint-Arnoult de Crépy, avaient intention de vendre leur propriété de Saint-Eloy-Fontaine. Ils en firent l'offre à Isaac de Lancry, seigneur de Bains. D'après une lettre conservée aux Archives de l'Oise, en date du 16 juin 1638, celui-ci répondit à D. Moynet, religieux et procureur de Saint-Arnoult, que le prix demandé était trop élevé, que l'argent était rare, et qu'il rencontrerait de grandes difficultés pour le rachat des droits dont étaient grévées ces terres ; qu'au reste, il demandait huit jours pour réfléchir. Cette affaire ne se réalisa pas.

NOTE QUATRIÈME. — RÉCLAMATIONS.

En 1706, le curé d'Onvillers réclama aux fermiers de Saint-Eloi-Fontaine, le paiement de la dîme sur une pièce de terre située à la Fontaine Saint-Maclou.

Largillière, procureur du prieuré à Montdidier, en écrivit au rév. Père Dom Jean-François Gassoing, procureur de S. Arnoult, de Crépy. Voici sa lettre :

« Je suis ici avec vre fermier de Boulogne qui tient de vous les terres de S. Eloy, et que le curé d'Onvillé a fait assigner pour qu'il eust à payer la dîme d'une pièce de terre scise à la Fontaine-Saint-Maclou qui n'en a jamais payés. Voyez si vous n'avés point de papiers qui concernent cette terre et qui vous excusent de cette disme, ne manqués pas de les aporter, et que ce soit au plutôt, parce que le curé d'Honvillé a cotté procureur.

« A Montdidier ce 18 septembre 1706. »

Le 2 janvier 1708, Me Cocquet, curé de Boulogne, revendiqua pour lui la dîme sur cette même pièce de terre et il écrivit la lettre suivante au Père prieur de Crépy :

« Mon très révérend Père,

« Pardonné moy la liberté que je prend de vous interrompre au sujet d'une difficulté survenue entre M. le curé d'Onvillé et moy pour la dixme d'une pièce de trois journaux de terre dépendante de notre marché de S. Eloy à Boulogne. Je ne doute pas que vos fermiers ne vous en aient mandés quelque chose. La dite pièce de terre se trouve insérée dans le terrain d'Onvillé. Cependant les anciens dixmeurs de Boulogne assurent y avoir toujours pris la dixme sans que personne s'y soit opposé. La vérité est que depuis plus de vingt ans personne n'y a dixmé, soit par la négligence des dixmeurs, soit parce que la pièce de terre est un peu détournée du terroir. M. le curé d'Onvillé voyant la pièce située sur son terroir et que personne n'y prenait la dixme, s'en est voulu emparer, et a même fait assigner vos fermiers pour ce sujet : de quoy ayant été adverti et apprenant par les anciens dixmeurs que cela m'appartenait, je suis intervenu et ait pris fait et cause pour eux ; la chose est encore indécise et ne mérite pas d'être poursuivie ; je ne doute pas qu'on ne trouve quelque éclaircissement de cette difficulté dans vos titres. Toutes les autres pièces du marché, tant prés que terres labourables, paient à Boulogne et même font en plusieurs endroits le différend du terroir. Si vous avié la bonté d'y faire regarder quelqu'un de vos religieux, je vous serait sensiblement obligé. La pièce en question aboute sur le chemin qui conduit de Boulogne à Onvillé, proche la Fontaine-Saint-Maclou.

« Je suis avec un profond respect, mon très révérend Père, votre très humble et très obéissant serviteur.

« COCQUET, ind., curé de Boulogne.

« Ce 2 janvier 1708. »

Cette affaire ne reçut pas une prompte solution, car en 1715, les fermiers envoyèrent à Crépy la lettre suivante :

« Mon révéren Per, procureur,

« Nous vous escrivons ce peti billiet pour vous faire sçavoir que Monsieur le curé de Boulogne-la-Grasse a fait asiner deux de vos fermiers, pour avoir refusé la disme d'une pièce de terre à vous appartenan, lequel il nia aucune personne qui ait conaisance coneut jamais payé la disme dans la dite pièce de terre qui est situé auprès de la fontaine S. Macloux, au terroir d'Onvillet. Vous savez que nous avons esté encor inquiet, il lia neuf années, par Monsieur le curé d'Onvillet il a abandoné, pour cela nous avons esté à Crépy vous voir. Vous nous avé fait voir des titres come vos terres ne devions point disme.

« Mon révéren per nous vous prions d'avoir la bonneté de nous escrire par le présent porteur la let si nous paierons ou si nous résisteron de paier. Monsieur le curé ce promet de nous la faire conduire dans sa grange. Et vous auré la bonneté voir dans vos titres. En a tendant de ce moment nous demeurons votre très humble serviteur, le fermier de Boulogne, ce premier septembre 1715.

« Nous avon esté asiner ce trente doust 1715. »

Le Père procureur de Crépy en référa de suite à son conseil à Paris. Il en reçut la réponse suivante :

« Mon révérend Père,

« Il faut que ce curé de Boulogne qui vous demande ces dixmes sur ces pièces de terre soit un franc chicanier et un amateur de procès pour vouloir dixmer sur ce qui ne lui appartient pas. Ses prédécesseurs n'ont jamais dixmé sur cette terre et luy se veut approprier ce droit raison ou non, il suffit que ce soit sa volonté. Il ne faut point souffrir que les fermiers lui payent cette dixme puisqu'il n'a jamais été en cette possession ainsi que les autres curés, Vous me marquez dans votre lettre que c'est le curé d'Onviller qui fait cette chicane, il faut que vous ayez pris l'un pour l'autre. Je ne sache point avoir titres autres que ceux qui sont dans le thrésor et maison de Crépy, réglez-vous là-dessus et ne souffrez point que l'on paye des droits à des gens qui ne sont point fondés dans leurs demandes.

« Votre très humble et obéis. serviteur.

« F. JACQUES GUILLOT.

« A Paris, ce 24 septembre. »

Cette question était déjà vieille. Une note des Archives de l'Oise nous apprend qu'elle existait du temps de Me Claude Clamequin, curé de Boulogne en 1635.

Nous n'avons rien trouvé qui nous apprît sa conclusion.

A la Révolution, lorsque les biens des couvents furent mis en vente, plusieurs personnes de Boulogne se réunirent pour acheter la propriété de S. Eloi-Fontaine, qu'ils se partagèrent ensuite à leur convenance.

CHAPITRE XXV

Les Eaux de Boulogne-la-Grasse.

Les eaux de Boulogne sont très abondantes. Le sous-sol formé d'argile plastique s'oppose à leur infiltration : ce qui produit un grand nombre de sources intermittentes que les habitants appellent *sources bâtardes*. Parfois elles inondent les caves des maisons bâties à demi-côte et celles de la vallée.

Les eaux qui descendent de la montagne se rendent vers trois rivières. Celles du nord coulent vers l'Avre ; celles de l'ouest vers le Dom, et celles de l'est et du midi vers le Matz. Le partage des eaux entre le bassin de la Somme et celui de l'Oise est bien marqué.

BASSIN DE LA SOMME.

1° *Par l'Avre.* — Du nord de la montagne sortent de nombreuses sources dont les eaux s'amassent dans le marais communal *sous la Rue* et dans les prés adjacents sillonnés de rigoles. Il n'est point rare, même au cœur de l'été, de ne pouvoir traverser ces lieux, tant les eaux y abondent. Leur écoulement naturel serait, si les fossés qui, plus loin, longent les bois, n'étaient comblés par la culture, de se rendre dans l'Avre, à Guerbigny, en passant à l'est de Fescamps et au midi de La Boissière. Nul doute qu'autrefois elles ne formassent un affluent de l'Avre. L'inclinaison du terrain, et la vallée qui aboutit au point indiqué, ainsi que les *lavasses* qui se produisent l'hiver lors de la fonte des grandes neiges, en sont une preuve. Ces *lavasses* sont, en certaines années, assez puissantes pour former jusqu'à Guerbigny un bras de rivière qui arrête les communications entre les divers pays.

Il n'y a de ce côté qu'une seule fontaine proprement dite, non entretenue. Elle est près du bois Marotin et du chemin de Bus à Onvillers. On l'appelle la fontaine des Groseillers parce qu'elle forme la limite du fief des Groseillers.

Nous signalerons encore comme faisant partie du bassin de la Somme, les eaux qui descendent de la montagne du côté du donjon ; elles coulent vers Fescamps et rencontrent dans les bois une fontaine sans nom propre. En avançant vers Onvillers, à bord d'un chemin apparaît encore une autre fontaine que les bergers et les moissonneurs entretiennent.

L'inclinaison de la montagne envoie toutes ces eaux par Fescamps ou Remaugies vers l'Avre à Guerbigny.

2° *Par le Dom.* — De ce côté nous n'avons qu'une seule fontaine, à la limite du département, dans le talus à droite du chemin de Boulogne à Onvillers, qui est l'ancienne voie de Montdidier à Noyon. Son débit est assez abondant. Si le passage n'était aujourd'hui intercepté, ses eaux, en passant par Onvillers et Assainvillers iraient rejoindre le Dom à Domélien.

On appelle cette source, *Fontaine Saint-Maclou*, du nom du patron d'Onvillers, bien qu'elle soit sur le territoire de Boulogne. Elle était autrefois le but d'un pèlerinage. Les personnes atteintes de maladies de la peau, ne manquaient pas de se laver à cette fontaine, après avoir été prier à l'église. Il ne reste rien aujourd'hui de cet antique usage.

BASSIN DE L'OISE.

Ce bassin reçoit par le Matz les plus belles eaux de Boulogne. Si toutes les sources qui sont de ce côté avaient leurs eaux réunies à celles de Bains, elles formeraient un ruisseau qui joindrait le Matz vers La Berlière.

Nous n'indiquons ici que pour mémoire les eaux de Bains puisqu'ailleurs nous en parlerons.

1° *Fontaine Saint-Eloi.* — Elle est à l'entrée de la rue Saint-Eloi, dans un pré appelé le *Pré à la Ferme*. Très anciennement elle était le but d'un pèlerinage en faveur des chevaux malades. Auprès existait une église désignée dans les titres du XIIIe siècle, sous le nom d'*Eglise de Saint-Eloi-Fontaine*.

2° *Fontaine Pinchon.* — En descendant de l'église vers la vallée, on voit, à mi-côte, couler sur la route, une eau grisâtre qui sort du cailloutis. Là était la fontaine Pinchon, aujourd'hui comblée. C'est une source ferrugineuse qui doit donner une eau d'excellente qualité. La couleur du fer qui se forme en dépôt sur la chaussée en est la preuve. Plus bas, dans les jardins de la vallée, existent encore plusieurs fontaines utilisées par les particuliers, mais aucune d'elles ne présente des caractères aussi évidents d'oxide de fer. Leurs eaux sont néanmoins fort appréciées, soit pour la cuisson des aliments, soit pour le blanchissage du linge.

3° *Fontaine Grossessault.* — Elle est au bord du chemin qui conduit du bout de la ville à la Bataille, ancienne voie de Montdidier à Noyon. Ses eaux sortent d'une colline formée de glaise et d'argile. Son débit est considérable, 10 litres à la minute, dit-on. En 1794, alors que c'était un honneur de détruire tout ce qui servait au culte, le citoyen procureur de la commune jugea à propos de démolir les fonts baptismaux de l'église et d'en placer la cuve à cette source pour en recueillir les eaux.

Cette fontaine est ferrugineuse, mais elle dépose, sur les parois de la cuve d'où elle sort, des filaments jaunâtres qui se remarquent également dans le fossé par où elle s'écoule. Ce résidu provient de la couche de terre qu'elle traverse ou de la présence des crucifères qui sont en grand nombre dans les prairies supérieures. Il y a une trentaine d'années, M. Fasquel, de Bains, l'a fait analyser à Paris, et on y a trouvé de légères traces de cuivre sulfuré. Mais qui ne sait que toutes les eaux ferrugineuses n'en sont pas exemptes ?

La renommée de cette eau est faite depuis longtemps, et les médecins la conseillent à leurs malades dans certains cas avec avantage. L'étranger qui vient à Boulogne veut boire de cette eau bienfaisante et souvent il fait des comparaisons que les habitants répètent avec orgueil. Dans la moisson, les ouvriers en boivent à satiété, et jamais ils n'en sont incommodés à cause de sa facile digestion.

Au petit marais, autrefois les marais de l'église, sont d'autres fontaines, dont les eaux s'écoulent par la Bataille, comme celles de la fontaine Grossessault.

4° *Les Sources du Pot-à-Beurre.* — Le Pot-à-Beurre (peut être Pot-à-Beue, en picard beue veut dire boue), est une espèce de trou demi-circulaire ; on remarque à gauche le ban Coquillier avec ses débris variés et innombrables sur lequel repose notre montagne. Puis, à droite, et dans le chemin, on voit un grand nombre de débris de poteries blanches ou noires, fines comme à l'époque mérovingienne. Si on monte le talus, on trouve dans les champs voisins les mêmes types avec des débris de poteries vernissées du Moyen-Age. Preuve qu'il y eut là, pendant de longs siècles, un atelier de poteries. Au reste, la glaise et le sable étaient fournis par le terrain du Pot-à-Beurre.

Avant donc de descendre dans ce trou, le voyageur remarque que la voie est boueuse, que l'eau qui coule légèrement à la surface, a une teinte de fer très prononcée. A droite et à gauche du chemin, l'eau s'y ramasse abondamment, surtout à certaines époques, pour s'en aller par petites cascades vers la vallée. Comme les fontaines précédentes, ces eaux appartiennent au cours du Matz. Il en est de même de celles qui se trouvent sur le chemin de Boulogne à Orvillers, aux environs des champs mal buqués.

5° *Fontaines de l'Est.* — L'endroit appelé *les Prés de Bains*, au bout de la ruelle Ragache, en fournit plusieurs qui alimentent de petits étangs.

Sur la droite du chemin de la Terrière à Saint-Nicaise,

à la limite du territoire, est la fontaine Sainte-Bathilde. Ses eaux réunies à celles d'une autre source sur le territoire de Conchy, formaient jadis un petit ruisseau qui, passant près de l'église Saint-Nicaise, allaient rejoindre le Matz près du village de Roye-sur-Matz.

Il y a longtemps que les eaux de Boulogne-la-Grasse ont été reconnues comme ferrugineuses. Nous avons déjà dit que dans certaines maladies, les médecins de notre contrée y avaient recours. Dans un ouvrage célèbre en 5 vol. in-8°, ayant pour titre : *Médecine domestique*, par G. Buchau, M. D. du Collège royal des médecins d'Edimbourg, qui, en 1789, était parvenu à sa 10e édition, à Londres, et à sa 4e à Paris, nous lisons à l'article *Remèdes qu'il faut administrer dans l'inflammation des reins et dans la colique néphrétique,* tome II, page 395 : « On regarde encore les eaux ferrées et martiales comme souveraines dans ces cas. Il est facile de se procurer ce remède, puisqu'on en trouve dans toutes les parties de l'Angleterre. » Et en note, Duplanil, le traducteur français de cet ouvrage, a mis : *Les eaux ferrées, ferrugineuses ou martiales, ne sont pas moins communes en France. Celles dont on se sert plus communément sont celles de Passy, près Paris... de Vals dans le Vivarais... de Boulogne en Picardie, etc.*

Ainsi, au siècle dernier, un illustre médecin proclamait les eaux de Boulogne égales à celles de Vals que l'on voit de nos jours sur toutes les tables.

BAINS

BAINS

CHAPITRE PREMIER

Auteurs qui ont écrit sur Bains

Dans le précis historique du canton de Ressons-sur-Matz, par Graves, on lit : « Le domaine de Bains *(Balneæ)* forme un écart au sud-ouest de Boulogne : ce fut la résidence des seigneurs après la destruction de l'ancienne forteresse ; cette terre embellie d'âge en âge, entourée de bois et d'eaux abondantes, mêlée de fabriques diverses, est dotée de tous les agréments que l'opulence peut développer sur un sol accidenté ; c'est un séjour qui réunit la simplicité à l'élégance. On y voit un pont suspendu en fer et de très belles serres. »

M. Ducos venait de mourir lorsque M. Graves visita cette propriété. Il n'est pas étonnant qu'il en ait fait une si belle description. Toutefois, nous ferons remarquer dans ce récit deux inexactitudes : 1° L'ancien secrétaire de la préfecture de l'Oise a pris la ferme pour des fabriques ; 2° Le château actuel a été bâti par les de Lancry, après la destruction de la petite forteresse de Bains dont on voit encore les fondations près du canal de ceinture, mais non après la destruction du donjon où du château de Boulogne.

Nous lisons dans le Manuscrit Scellier, conservé à l'Hôtel de Ville de Montdidier : « Le château de Bains est fort ancien, très champêtre et de fort belle apparence. Les jardins remplis de fontaines qui forment autour d'une partie de l'enceinte, quantité de cascades et de magnifiques étangs, font un aspect des plus gracieux et un paysage parfait. Trois de ces fontaines sont très minérales et fort estimées des médecins du canton. Ce qui fait que beaucoup de personnes incommodées des environs, principalement de Montdidier, prennent ces eaux tous les étés et s'en trouvent souvent très soulagées. Ces eaux passeraient encore peut-être meilleures et acquerraient plus de nom, comme ont faites celles de Forges, et tant d'autres qui n'ont été connues qu'avec le temps, si quelque médecin de grande réputation en voulait faire l'apologie. On prétend que le nom de Bains vient de ces eaux minérales dans lesquelles on se baignait autrefois. » Scellier écrivait vers 1750.

Dans la Description du département de l'Oise, le préfet Cambry parle de Bains en ces termes : « La route de Compiègne à Bains devint cahoteuse et difficile au-delà du château de Monchy-Humières. Nous nous égarâmes la nuit, quoique guidés par des gendarmes ; nous n'arrivâmes que fort tard à Bains par un vent furieux qui ravagea toutes les campagnes, et détermina des incendies, dont les flammes, au-dessus de Boulogne, embrasaient l'horizon au nord-est.

« Nous eûmes à Bains une séance composée de trente-deux maires des cantons de Lassigny et de Ressons.

« On quitte le chemin qui conduit de Rollot à Boulogne pour arriver à Bains ; on traverse un bois assez considérable, au milieu d'une superbe allée ; elle conduit jusqu'à la barrière de Bains : trois routes très régulières, ornées d'arbres variés de feuillages, conduisent, l'une à l'extrémité de la terre, à l'ouest, la seconde au pavillon chinois, la troisième au château, qu'on aperçoit à travers de légers bosquets et d'allées tortueuses de bouleaux et d'arbres étrangers.

« Le château de Bains est situé dans le fond d'une colline ou d'une conque extrêmement évasée ; elle est couverte de gazon d'un vert tendre, sur lequel sont répandus avec intelligence des pins, des sapins, des mélèzes, des acaclas, une multitude d'arbres exotiques variés de formes et de couleurs ; entre ces groupes espacés on ne voit qu'arbustes, que fleurs : les sources abondantes de trois fontaines ferrugineuses forment une rivière factice autour du château ; un canal les conduit dans un vaste bassin aux rives fleuries, sur lequel sont placés de petits bateaux, des gondoles, dont les voiles blanchâtres et les pavillons colorés jouent sur un tapis de verdure, sur des prairies couvertes de pommiers, sur les fonds sombres et majestueux de la montagne de Boulogne ; ces eaux, toujours coulantes, pures, transparentes, nourrissent une multitude de poissons habitués à la voix humaine ; ils se réunissent dès qu'ils l'entendent, et reçoivent avec avidité le petit présent qu'à la fin des repas chaque convive leur distribue.

« Un pont de bois à la chinoise, une allée tournante et fleurie, conduisent par une montée douce au pavillon octogone, dont l'intérieur, meublé de sièges à la turque, entouré de coussins de draps jaune orné de crépines, décoré de quatre grands tableaux de Robert, est de toute recherche et de toute fraîcheur ; une glace placée sur une cheminée du plus beau marbre laisse apercevoir la campagne ; la porte donne sur le château, et les grands verres de Bohême de la croisée qui fait face à la cheminée permettent à l'œil d'errer sur les bocages lointains qu'on voit au pied de la montagne.

« Le principal corps du pavillon est surmonté d'une balustrade et d'une lanterne d'ordre gothique ; elle renferme un petit appartement délicieux : le tout est dominé par une tente, espèce de belvédère qui fait pyramider ce bâtiment aérien. Une tourelle adossée à cet édifice lui donne un air étrange : ce mélange de gothique et de chinois, combiné par un homme habile, n'offre rien de choquant à l'œil ; l'architecte le plus sévère n'en blâmerait pas l'assemblage.

« A la droite du pont, mais à quelque distance, est la brasserie, espèce de grange, dont le comble avancé, soutenu par des saillies de bois, et décoré d'une balustrade en croix de S. André, porte au fond de la cour sur une masure couverte de chaume, devant laquelle est une grille peinte en noir ; un beau chêne, des peupliers, paraissent appuyer ces bâtiments grotesques et champêtres, au pied desquels est un des puits ou l'une des fontaines qui fournissent l'eau du canal : derrière ce massif de bâtiments et de feuillages est un théâtre de verdure, où quelquefois on joue la comédie.

« Si vous parcourez les bois, les champs et les vergers de Bains, vous rencontrerez à chaque pas des preuves du goût et de la sensibilité du mortel heureux qui l'habite ; c'est la salle de M..., à laquelle on n'arrive que par des allées tortueuses faites de bouleaux et de charmes, un amphithéâtre en gradins de verdure s'élève garni de fleurs jusqu'aux branchages, qui le protègent contre les vents et la chaleur ; c'est dans un labyrinthe, dont il faut connaître le fil, le bosquet consacré par la piété filiale ; c'est à l'extrémité d'un bois, sur le penchant d'une colline, en face d'un verger, à côté d'un joli courtil, la chaumière de l'amitié, consacrée par des souvenirs, par la reconnaissance, et par des chants de troubadours.

« Abandonné au caprice, qui vous promène, tantôt dans le lointain, vous appercevez quelques angles du château, la basse-cour, les écuries, les potagers, égayé par le vol de pigeons blancs qui traversent les airs, par la voix du coq qui chante ses triomphes, ou par le cri du paon qui se complaît dans son plumage : tantôt l'église de Boulogne couronne un vaste paysage ; tantôt, à travers le feuillage agité, vous remarquez les eaux du canal, de la rivière, et de l'étang, brillantées par un vent léger et par les jeux de lumière.

« Bains est le plus heureux de la simplicité, de la richesse, de l'élégance, qui puisse exister à la campagne, quand un heureux génie la dirige et l'embellit ; joignez à ses tableaux, à tant de scènes variées, les grâces, les talents, l'esprit qui le vivifie, qui l'anime à chaque instant de la journée, et vous vous ferez une idée des délices de ce séjour.

« Je n'ai rien dit de la bibliothèque, des tableaux, et des ameublements de la principale habitation ; de ce salon d'où l'on voit accourir sur des allées tournantes, sablées d'un jaune qui s'accorde si bien avec le vert des arbres et des prairies, ces carrioles, ces voitures, et ces chevaux légers, qui font quitter les cartes, le billard, pour aller recevoir avec tous les transports du respect et de l'amitié

M... T..., madame Le C..., M... P..., mesdames de...., mademoiselle de V..., mademoiselle de M...

« Mais quittons ces lieux trop aimables, avec l'espoir d'y revenir, et parcourons les champs qui les entourent. »

Dom Grenier s'exprime ainsi :

« Le château de Bains, situé sur la voie romaine qui passe à Rollot et ensuite à Boulogne-la-Grasse, en Vermandois, est, au jugement de l'abbé Le Bœuf, une indication certaine de bains romains en ce lieu, d'une nature particulière. C'étaient des bains naturels ou des eaux thermales qui sont tombées dans l'oubli. Une colonie d'habitants de Boulogne, en Italie, aura choisi le voisinage de ces eaux pour y bâtir le village qui porte le nom de Bains. »

CHAPITRE II

Origine.

Bains est un lieu ancien, cité comme tel par tous les historiens locaux. Beaucoup même désignent Boulogne par Bains. C'est à tort cependant, car la distance qui sépare ces deux endroits est assez grande pour qu'on ne puisse les confondre, bien qu'ils soient situés l'un et l'autre sur l'ancienne voie romaine de Beauvais à Bavay.

Bains, *Balneæ*, est ainsi appelé parce que les soldats romains qui, pendant plus de deux siècles, occupèrent à différentes reprises le camp de Boulogne, allaient se baigner dans les nombreuses sources qui coulent en cet endroit. On sait l'usage que les Romains faisaient des bains et à Rome et partout où ils se trouvaient.

Des auteurs voudraient rencontrer ici des cuves anciennes, des conduits en maçonnerie ou aqueducs, des statues antiques, en un mot tout ce qui constituait un établissement thermal semblable à celui de Cluny, à Paris, ou à ceux des villes du Midi. Mais jamais rien de pareil ne s'est montré ici, jamais une pierre sculptée ou portant une inscription n'a surgi du sol pour attester le séjour des Romains. Nous ne craignons pas de l'avouer. Malgré cela, avec tous les anciens historiens, nous dirons que ces bains furent fréquentés par les premiers conquérants des Gaules habitant notre montagne. En effet, le soldat n'a pas besoin du luxe des établissements balnéaires pour se baigner. Lorsqu'il rencontre une eau limpide, il en profite. A Bains, il avait un site enchanteur, de belles prairies, à travers lesquelles serpentaient de nombreuses fontaines, et tous les agréments que peut donner un lieu aussi charmant que celui-ci. Il n'est donc pas étonnant que cet endroit ait été remarqué par les Romains et qu'ils l'aient appelé *Bains,* nom qui lui a toujours été conservé depuis.

Graves, dont nous avons cité les paroles dans le chapitre précédent, laisse croire que Bains ne fut habité qu'après la destruction de la forteresse ou donjon de Boulogne. Il commet une grande erreur, puisqu'une forteresse comtemporaine de celle de la montagne existait à Bains.

Lorsque l'abbaye de Corbie eut reçu en don les biens de la Terrière, elle donna en fief à un seigneur les terres de Bains et celles d'Hainvillers. Ce fait est inscrit dans les archives de Corbie, au dépôt de la Somme, sans toutefois nous révéler le nom du seigneur vassal de l'abbaye.

En résumé, le nom de Bains, donné à cet endroit, vient des Romains. Après 662, les religieux de Corbie y établirent un seigneur qu'ils chargèrent de veiller sur leurs propriétés de ce côté. Au IXe siècle, un fort ou petite forteresse y fut élevé pour défendre le pays contre les invasions normandes. Telle est la suite des faits jusqu'au XIIIe siècle. A cette date, nous avons les documents historiques qui nous donnent d'amples renseignements.

CHAPITRE III

Les Seigneurs.

1. — *Seigneurs de Boulogne et de Bains.*

Le nom du premier seigneur de Bains nous est inconnu. Les titres de l'abbaye de Corbie nous disent seulement que de bonne heure les religieux inféodèrent les terres de Bains et celles de Hainvillers à un seigneur, en ne réservant que les droits seigneuriaux.

Les noms connus, et que nous ne ferons que rappeler, puisqu'ailleurs nous avons raconté ce que nous avons pu trouver sur chacun d'eux, sont :

1116, Seibrand de Montreuil.

1180 à 1223, Drogue ou Druon de Boulogne.

1225, Pierre de Boulogne.

Avant 1239, Foulques de Boulogne, seigneur de Boulogne et de Bains, marqué au cartulaire d'Ourscamp.

1240, Simon d'Argies.

1248, Jean d'Argies.

1334, Regnault d'Argies.

1368, Jeanne d'Argies, épouse de René de Hangest.

1390, Jean d'Argies, seigneur de Parvillers, qui hérita cette seigneurie de sa cousine Jeanne d'Argies, épouse de René de Hangest. Ce fut ce seigneur qui vendit, en 1402, la seigneurie de Boulogne-la-Montagne à Jean des Quesnes-Karados.

Pendant quelques années, il y aura donc trois seigneuries à Boulogne : celle de la Terrière ou de Corbie, celle de la Montagne ou des Quesnes-Karados, et celle de Bains. Mais Karados étant mort vers 1417 et ayant légué ses biens à l'abbaye de Corbie, il ne resta plus à Boulogne que deux seigneuries : celle de Corbie et celle de Bains.

La famille d'Argies avait de grandes propriétés en Artois et en Picardie. Beaucoup de ses membres occupèrent de hauts emplois soit à l'armée, soit dans la magistrature. Elle contracta aussi des alliances avec les plus grandes familles, et, en 1414, Jeanne de Boulogne, fille de Jean d'Argies, seigneur de Bains, etc., épousa Jean, fils du roy de France, duc de Berri et d'Auvergne, comte de Poitou et d'Etampes.

2. — *Seigneurs de Bains.*

Aux d'Argies succéda la famille de Halloy. Est-ce par alliance, par acquisition ou échange ? Rien ne nous l'a indiqué.

Les nouveaux seigneurs de Bains furent :

Baude de Halloy, seigneur de Godenvillers et de Conchy. Il eut pour successeur son frère, Antoine de Halloy.

Dans l'*Histoire de Montdidier,* par V. de Beauvillé, tome I, page 158, on lit le fait suivant concernant ces seigneurs :

« Par le traité d'Arras, la ville de Montdidier avait été distraite de l'autorité royale. Par un accord avec le duc de Bourgogne, elle passa sous la domination du duc d'Etampes qui, en 1450, accorde aux habitants un droit de creue de 2 sols sur chaque minot de sel : cet argent devait être employé à réparer les fortifications de la ville. Jean de Halloy fut chargé d'en faire la recette ; Baude de Halloy, son fils, lui succéda. L'un et l'autre s'acquittèrent assez mal de leur charge, gardant pour eux ce qui devait appartenir à la commune et s'enrichissant à ses dépens. Ils profitèrent de l'amitié du comte d'Etampes pour s'assurer l'impunité. Lors de la prise de Montdidier, par Louis XI, le roi, sur la plainte des habitants, força Antoine de Halloy, héritier de Jean, et Baude de Halloy, à restituer les sommes dont ils s'étaient emparés indûment.

Antoine de Halloy ayant marié sa fille Marie avec Nicolas de Lancry, la seigneurie de Bains entra dans une nouvelle famille.

Les de Lancry semblent avoir eu pour chef Jean de Lancry qui, venu en France vers la fin du XIVe siècle, fut chevalier et seigneur de Pondoy. Il eut pour fils, Jacques, qui fut marié à Claudine de Mouy. De leur mariage est issu : Nicolas de Lancry, écuyer, seigneur d'Autreville (1), qui se maria avec Marie de Halloy et qui devint la souche des de Lancry-Bains.

Les de Lancry ont pour armoiries : *d'or à 3 ancres de sable, 2, 1 ; supports, 2 griffons ; limier, 1 griffon naissant.* Elles sont répétées plusieurs fois sur des pierres extérieures au château de Bains, que ces seigneurs firent construire.

La terre de Bains relevait de la seigneurie de Raineval ou du comté de Mailly. Le 18 novembre 1504, un dénombrement en fut fait à Charles d'Ailly, seigneur de Raineval. Ce dénombrement commence ainsi : « Premièrement, la seigneurie de Bains consiste en un chef-lieu qui s'étend en une maison forte, à pont-levis, entourée et environnée d'eau et de grands fossés avec plusieurs jardinages, prés, viviers, le tout contenant 24 journaux.

Du mariage de Nicolas avec Marie, naquit :

Jehan I de Lancry, écuyer, seigneur de Bains, qui épousa Anne de ..... de Pronleroy. Ils eurent pour fils :

Jehan II de Lancry, écuyer, seigneur de Bains. Il épousa Jehanne de S. Ragon. Le 10 janvier 1544, il fit

(1) Autreville, hameau comprenant 20 feux, dépendant aujourd'hui de la commune de Breuil-le-Sec, était une seigneurie particulière qui appartenait dans le XVe siècle, aux Lancry, seigneurs de Bains et de Boulogne-la-Grasse. Elle vint ensuite dans la maison de Laporte et fut réunie plus tard au marquisat de Nointel. Il y avait un antique manoir et une tour qui n'a été démolie qu'en 1820 (Graves).

le dénombrement de sa seigneurie à Anthoine d'Ailly, seigneur de Raineval.

Ce fut ce seigneur qui fit bâtir le chœur failli. Il mourut en 1547 et fut enterré dans l'endroit où devait être la chapelle seigneuriale, à gauche du maître-autel. En 1788, on découvrit sa tombe dans le cimetière de Boulogne. Voici le récit de cette découverte tel que nous l'a laissé M. Bayart.

« Le 27 mars 1788, a été reconnue par hasard la sépulture donnée en 1547, à Mre Jehan de Lancry, chevalier, seigneur de Bains et Boulogne. Ce fut à l'occasion d'une sépulture à donner à un enfant nouveau-né et mort peu de moment après sa naissance à M. de S. Paul, notaire à Rollot, régisseur de la terre et seigneurie de Bains, et à De Marguerite-Ursule Mathon, son épouse, qui fit son accouchement à Bains, paroisse de Boulogne ; le fossoyeur ayant été commandé de faire la fosse de l'enfant à l'entrée du chœur failli, du côté du nord, dans l'endroit où aurait été placée la chapelle seigneuriale, si le chœur avait été achevé, ne put percer la terre à cause d'une pierre énorme qu'il rencontra sous sa bêche. Il vint sur le champ en avertir les srs curé et procureur fiscal du lieu, qui ordonnèrent de sonder l'endroit et de reconnaître cette pierre ; après ouverture suffisamment faite, il fut reconnu une pierre sépulcrale de la longueur de six pieds sur deux pieds et demi de large, empreinte au-dessus de deux effigies gravées dans la pierre même, représentant un homme et une femme avec leurs écussons sur leurs habits, costume du temps, avec ce contour d'écriture : « Cy gist Jehan de Lancry, escuyer, seigneur de Bains, « lequel trépassa le trois janvier mil Vc XL sept, et auprès « de lui Damoiselle Jehanne de Saint-Ragon, sa femme, « prié pour eux. » Cette pierre étant enfermée au moins de douze pouces au niveau de la terre, a été, le même jour relevée sur son même emplacement. Cette circonstance fait connaître que la maçonnerie du chœur qui existe encore en partie dans ce moment, commencée au-dessus de l'église ancienne actuelle, et qui n'a jamais été continuée, ce chœur, tel qu'il existait aujourd'hui, existait avant l'an 1547, puisque la pierre et le corps placé dessous, sont précisément au milieu de l'endroit qui devait être la chapelle seigneuriale, si l'édifice eut été achevé.

C'est à raison de cette sépulture des seigneurs, qu'à la procession, avant la Messe des Fêtes et Dimanches, le clergé avait coutume de s'arrêter en cet endroit pour y dire un *De Profundis*, coutume observée depuis plus de trois cents ans. Quatre ou cinq générations seront passées depuis ; on a oublié pourquoi on disait ce *De Profundis*; il n'y a que la découverte de cette pierre qui en a fait connaître la vraie cause. (Ce *De Profundis* a été abandonné depuis l'extinction de la famille de Lancry, en 1781.) On a creusé dessous la pierre, à la profondeur de six pieds et plus, dans la pensée qu'on y trouverait un cercueil de plomb avec quelques gravures, mais on n'a rien trouvé que des débris d'ossements. ».

Leur héritier fut :

Charles de Lancry, seigneur de Bains, de Carouge (fief situé entre Bains et Rollot) et du petit Boulogne. Ce seigneur demeurait à Fontaine-sous-Montdidier. Il avait hérité des grands biens de ses pères, mais non de leur piété. Aussi pratiquait-il la religion réformée. En décembre 1568, en exécution d'un édit prescrivant la saisie des biens des huguenots, sa seigneurie fut saisie.

Il est probable que Charles de Lancry ne fut pas marié.

Lorsque les biens furent restitués à la famille, la seigneurie de Bains fut donnée à Isaac de Lancry, fils de Michel de Lancry, seigneur de Béthencourt, demeurant à la Chaussée-du-Bois, et de Diane de la Porte, fille du seigneur d'Autreville. Isaac servit longtemps en Hollande en qualité de capitaine de cavalerie, et fut gouverneur de Montdidier.

Il était seigneur de Bains, du petit Boulogne et de Pronleroy. Il eut pour femme Marie d'Abencourt. De leur mariage naquirent deux filles, Diane-Catherine, qui fut mariée à César de Blottefière, chevalier, sieur de Clermont, et Madeleine, mariée en 1res noces à Charles de Favier, seigneur de Domfront, le 24 juin 1639. Madeleine apporta en dot à son mari la seigneurie et la terre de Bains. Désormais, le nom véritable de ces nouveaux seigneurs sera de Favier de Lancry ; mais soit habitude, soit que le nom de Lancry donnât plus de lustre, les habitants de Boulogne continuèrent à les appeler de

Lancry, et les seigneurs eux-mêmes ne mettaient pour signature à leurs écrits que ce seul nom.

1. *Charles I de Favier*, fils de Girault de Favier et de Jeanne de Soulas, avait pour amoiries : *de gueules à 3 concombres d'argent 2 et 1, ou plutôt 3 cosses de fèves*. Le nom de Favier viendrait de *faba, fava, fève*.

Il mourut avant 1659 et sa veuve se remaria avec Antoine de Blottefière, seigneur de Plainval, laissant la seigneurie de Bains à son fils Charles.

2. *Charles II de Favier*, major au régiment de cavalerie de Thilladet, épousa Catherine Sommières, que l'on appela plus tard la marquise de Bains.

Ch. de Favier et Catherine Sommières avaient pour armoiries : *d'argent à une fasce bandée de sinople et d'or de six pièces, accolée de gueules, à un chevron d'or, sommée d'une croix pattée de même*. Ainsi, les armoiries des de Lancry et celles des de Favier, avaient complètement disparues.

Exemple d'une quittance donnée par ce seigneur : « Nous avont reseu nos drois anous due sydessus c'est pourquoy nos ofssiers ne difereront dant donner saisine sans prendre nos autres drois ni à ceux dautruy fait ce premier avril 1669 — de Lancry. »

En 1698, le 20 avril, fut célébré dans la chapelle de Bains, le mariage d'Edouard-Robert de la Villette, lieutenant criminel au gouvernement du bailliage de Montdidier, avec Damoiselle Renée de Bertin. La marquise en signa l'acte, Sommières-Bains.

Cette dame mourut au château de Bains, le 3 juillet 1704. Et après le service religieux, célébré le lendemain par le curé de Boulogne dans la chapelle de Bains, le corps fut porté à Hainvillers où il fut inhumé dans le chœur à la place desdits seigneurs de Bains, conformément à la volonté de la dite Dame, expliquée dans son testament.

3. *Edme-Félicien de Favier*, fils des précédents, épousa Louise-Anthoinette de la Viefville. Il était chevalier, marquis de Bains, seigneur de Boulogne-la-Grasse (en partie), Hinvillé, Ile-sur-Marne et Harigny.

Ils eurent pour enfants :

A. Amicie-Elysabeth-Félicité, née à Bains, le 6 février 1714. Elle mourut à Paris, le 22 mai 1777.

B. Charles-César, né en 1717, qui eut pour parrain César de Blottefière, chevalier, marquis de Nanchel, lieutenant général pour le Roy dans la province de Picardie, et pour marraine Angélique-Charlotte de Vignacourt, veuve de haut et puissant seigneur messire Alexandre-Adolphe de la Viefville, chevalier, marquis d'Orvillers.

C. Mademoiselle d'Hinvillé, née le 27 février 1727. Elle eut pour parrain très haut et très puissant seigneur Monseigneur Henri-François de Bretagne, chevalier, comte de Goello, et pour marraine, très haute et très puissante princesse Marie-Claire de Bretagne, veuve de très haut et très puissant prince Monseigneur Charles-Roger de Courtenay.

Elle mourut le 7 mai 1736.

Edme-Félicien de Favier mourut le 25 décembre 1736 et fut inhumé le lendemain dans la chapelle seigneuriale de l'église paroissiale de Boulogne. (Quelle était cette chapelle ?)

4. *Charles-César de Favier*, chevalier, seigneur, marquis de Bains, Boulogne-la-Grasse (en partie), Hinvillé et autres lieux, capitaine de dragons au régiment de Nicolay, fut marié le 10 septembre 1739, au château de Tartigny, avec Marie-Sébastienne Lamoureulx de la Javellière.

De leur mariage sont issus :

A. Un garçon, né le 16 octobre 1740. Il mourut le surlendemain et fut inhumé dans l'église de Boulogne.

B. Un garçon, né le 13 octobre 1741. Il mourut le 19 octobre suivant et fut inhumé à côté du précédent.

C. Charles-Joseph-César, né le 18 septembre 1742. Il fut baptisé le lendemain, en l'absence de son père, qui était en Bohême, à l'armée de M. de Maillebois.

D. Marie-Adrienne-Adélaïde-Marguerite, née le 31 octobre 1744. Son père était mort.

5. *Charles-Joseph-César de Favier*, marquis de Bains, seigneur de Boulogne (en partie), d'Hinvillé et autres lieux.

M. Bayart a laissé la note suivante sur ce seigneur : « Le 14 juin 1779 a été inhumé à La Haye, en Hollande, décédé au même lieu, dans le sein de l'église catholique, et muni des sacrements, à l'âge de 36 ans 10 mois et *sans être marié*, messire Charles-Joseph-César Favier de Lancry, chevalier, marquis de Bains, cy-devant sous-lieutenant au régiment du Roy, infanterie. Lequel décès a été annoncé en cette église avec le *Libera* et le son des trois cloches, le dimanche suivant, à la réquisition de Madame de Bains, sa mère, dame douairière et conservatrice de la seigneurie de Bains, y demeurant. »

Après la mort de son fils, Marie-Sébastienne fut seule propriétaire de Bains.

Par transaction du mois de septembre 1780, elle transmit tous ses droits à M. Caminade de Castres.

Elle mourut à Bains, le 10 avril 1781.

En 1783, la terre et seigneurie de Bains fut mise en vente à la barre du Palais, à Paris, et elle fut achetée par M. Magnier, écuyer, conseiller du Roy, colonel de la cavallerie, grand prévôt de la connétablerie, gendarmerie et maréchaussée de France, camps et armées du Roy.

M. Magnier était un homme pieux. Voulant avoir une chapelle dans son château, il fit restaurer l'ancienne qui tombait en ruines, et la bénédiction en fut faite par M. Bayart, en 1786. Voici l'acte de cette bénédiction tel que nous l'a laissé notre vénérable prédécesseur.

« Le premier avril mil sept cent quatre-vingt-six, a été faite par nous, prêtre, curé de Boulogne, la bénédiction d'une chapelle castrale, située dans l'étendue de cette paroisse, au château de Bains, et des linges et ornements servant au S. Sacrifice : Cette bénédiction, faite d'après le procès-verbal de M. Renard, curé de Broyes, doyen de la chrétienté, sur l'état décent de la chapelle, sur lequel procès-verbal est intervenue ordonnance de Monseigneur l'Evêque d'Amiens, du 26 mars dernier, à nous adressée et signée de Braisnes, vicaire général. Nous avons été assisté dans cette cérémonie par M. Turpin, vicaire de Boulogne, M. Picard, curé de Hainviller, M. Flon, curé de Faverolles, M. le Blanc, intendant du château, pour M. Magnier, seigneur actuel. Cette chapelle, située dans le fond de la cour du château de Bains, faisant partie des bâtiments dont cette cour est environnée, est la même qu'elle était anciennement. Mais le seigneur Charles-Joseph-César Favier de Lancry, décédé à La Haye, en Hollande, le 14 juillet 1779, et dame Sébastienne Lamoureuxl de la Javellière, sa mère, décédée à Boulogne, le 11 avril 1781, vivants, derniers seigneurs du nom de Lancry, l'avaient abandonnée et laissée sans entretien pendant nombre d'années, de sorte que les murailles et les plafonds étaient de nulle valeur et exigeaient une entière réparation. Elle fut réparée par M. Caminade de Castres, acquéreur des droits de Mme la Douairière par transaction du mois de septembre 1780 ; et depuis cette réparation la terre et seigneurie ayant été adjugées, à la barre du Palais, à Paris, à M. Louis-François Magnier, écuyer, capitaine de la cavalerie, seigneur de la Motte, Dupré, du Coudray, de la Haye, de Digoville, nous avons été requis de sa part d'en faire la bénédiction. Pourquoi nous nous sommes transporté au château, et, assisté comme dessus, en avons fait ce jourd'hui la cérémonie.

« Signé : Bayard, Picard, Flon, etc... »

Le 28 mai 1789, une nouvelle chapelle, située dans le château, fut bénite sous le vocable de S. Louis.

M. Magnier eut beaucoup à souffrir, au commencement de la Révolution, des tracasseries des républicains de Boulogne et des environs. Ne se trouvant pas en sûreté dans son château isolé de Bains, il se retira dans celui d'Orvillers-Sorel, pour attendre les événements. Lorsqu'il vit qu'il ne pouvait plus demeurer dans son pays, il vendit, le 11 juin 1793, la terre de Bains à *M. Leroy*, professeur de médecine à Paris. On dit que ce médecin, en achetant Bains, avait l'intention d'exploiter les nombreuses sources ferrugineuses de cette belle propriété. Mais le 12 brumaire an VI (2 nov. 1797), par contrat passé devant Me Pérignon et son collègue, notaires à Paris, il la revendit à *Marie-Jeanne Gervais*, femme divorcée de M. François Leclerc. (C'est cette dame qui, le 6 fructivor an XIII, après la mort de son mari, se remaria avec *Louis-Grégoire Le Hoc*, ancien ambassadeur de France près la cour de Suède.)

Le 17 septembre 1807, Marie-Jeanne Gervais vendit Bains à M. *Joseph-Basile Ducos*.

M. Ducos fut receveur général des départements de la Somme et du Bas-Rhin, régent de la Banque de France et membre du Conseil général de l'Oise. Littérateur distingué, amateur très éclairé des arts, il se plaisait à rassembler leurs chefs-d'œuvre dans sa demeure favorite. On voit encore à Bains plusieurs tableaux des grands maitres qu'il acheta : *le Pélerinage à la Mecque*, *le Combat des Amazones*, *l'Enfant prodigue*, *la Devineresse*, des vues diverses d'Anvers et des statues. Sa propriété, qu'il embellit de tous les agréments possibles, était d'une beauté ravissante. Il fit agrandir l'étang, construire le large pont du canal, et disposer la ferme telle que nous la voyons aujourd'hui.

Il est l'auteur des ouvrages suivants :

Itinéraire et Souvenirs d'un Voyage en Italie, 4 vol. in-8°.

Itinéraire et Souvenirs d'Angleterre et d'Ecosse.

Et de plusieurs romans.

Malheureusement, quelques parties de ses ouvrages ont été inspirées par la haine qu'il vouât aux Jésuites sur la fin de sa vie.

Il mourut dans son château, le 12 avril 1836, très aimé et estimé des habitants de Boulogne, dont il fut l'insigne bienfaiteur. Il n'était âgé que de 69 ans.

En 1823, il avait donné à la commune une maison située non loin de l'église, pour en faire un presbytère.

A sa mort, il laissa une forte somme au bureau de bienfaisance.

Ce généreux seigneur fut inhumé dans le cimetière de Boulogne avec de magnifiques funérailles.

Sa fille Angélique-Thérèse-Louise, femme séparée de corps et de biens de Martin-Louis Goupy, recueillit la belle succession de son père. Mais, frivole, légère, amie du luxe, elle eut bientôt dissipé ce bel héritage et, en 1837, elle fut forcée de vendre sa propriété de Bains.

On fit huit lots qui furent vendus en l'audience des criées du Tribunal de 1re instance de la Seine, au Palais de Justice de Paris, le 18 novembre 1837, sur la mise à prix de 606,580 francs. M. Alcibiade Fasquel se rendit acquéreur du château avec ses dépendances, du parc et de quelques autres lots, qui forment encore une propriété très enviable.

HAINVILLERS

HAINVILLERS

CHAPITRE PREMIER

Le Village.

Hainvillers, Hinvillers, Hinvillé, autrefois Invillé, *in Villa*, était primitivement la maison de campagne, ou la métairie de Bains. Lorsque les moines de Corbie inféodèrent la moitié des terres de la Terrière, situées au midi de la montagne de Boulogne, au seigneur de Bains, ce seigneur y bâtit une ferme autour de laquelle se groupèrent peu à peu les ouvriers. Ce qui donna naissance au village dont nous allons raconter l'histoire.

A quelle époque peut-on faire remonter son établissement ? Il est impossible de le préciser avec exactitude. Ce qui est certain, c'est que bien avant le xive siècle, les religieux avaient inféodé la moitié des terres d'Hainvillers au seigneur de Bains.

De l'an 662, date de la donation de Clotaire III et de Sainte Bathilde, au xive siècle, nous avons un long espace de temps. Supposons que cette inféodation en faveur du seigneur de Bains, dont nous avons sans succès cherché le nom, ait eu lieu au xe siècle, que firent auparavant les religieux de cette partie de leur propriété ? On peut présumer qu'ils ne la laissèrent pas dans l'abandon. Ces

14

moines dont la mission était de défricher la terre et d'apprendre aux populations errantes à se réunir pour vivre en communauté, n'ont pu négliger une aussi grande portion de terrain. Notre opinion est donc qu'ils commencèrent eux-mêmes le défrichement du sol, et même qu'ils fondèrent là un établissement. Il y a encore à Hainvillers un vague souvenir du passage des religieux, dans l'appellation du groupe de maisons qui est en face du portail de l'église, et qu'on désigne sous le nom de *prieuré*. Donc, pouvons-nous dire, le premier coup de pioche qui fut donné au nord de la montagne, eut son écho au midi : et, le même jour où ces moines colonisateurs commençaient par Fescamps le défrichement des terres de la Terrière, ils le commençaient également par Hainvillers. C'est l'hypothèse qui nous a paru la plus acceptable à défaut de documents certains.

Mais un temps sera venu où l'abbé aura jugé plus avantageux pour sa communauté de ne point conserver cet établissement rapproché de celui de Bus. Alors il aura inféodé les terres d'Hainvillers au seigneur voisin, comme il avait fait à Boulogne même de différents fiefs. La foi et l'hommage envers l'abbaye, parurent une compensation suffisante.

Aux Archives de la Somme, fonds de Corbie, on lit cette note qui confirme ce que nous venons de dire. « La seigneurie d'Hainvillers a appartenu autrefois en entier à l'abbaye : elle en a inféodé une moitié avant le XIVe siècle. Ce qui a toujours causé des divisions entre l'abbaye et le seigneur de Bains, acquéreur de cette moitié. Les dîmes ont été abandonnées en 1686 au curé, pour sa portion congrue. Reste à l'abbaye la moitié de la seigneurie, la moitié des champarts à 9 du cent, et le quart des lots et ventes des rotures. »

Aucune construction, aucun monument ne rappelle aujourd'hui le passage des moines à Hainvillers. Pour loger les dîmes et les champarts qui revenaient à l'abbaye, on était obligé de les apporter à la grange de Boulogne. C'est ce qui ressort d'une charte de 1331 qui est *une déclaration des terres du terroir d'Hinviller qui doivent à l'abbaye le terrage à 9 du cent et la dîme à 8 du cent, le terrage conductible à la grange de Boulogne dont l'abbaye a la moitié, et Me Raoul de Cramailles l'autre moitié, chacun d'eux fournissant un homme pour la levée du terrage,*

Le 7 décembre 1387, l'abbaye fit bail à cens à Me Jean de Bains (Jean de Dargies qui avait succédé à Jeanne de Dargies, épouse de René de Hangest, et qui ne fit le relief que le 5 juin 1390) du droit de dimes et champarts, et le 4 février 1481, elle fit bail au prévôt de Bus des dimes de Boulogne et des champarts d'Hainvillers.

Ainsi l'abbaye se retirait peu à peu, et au xve siècle elle se contentait d'un revenu insignifiant sur d'aussi grandes propriétés.

Après un examen attentif de l'église actuelle et en la comparant avec les autres du groupe de Corbie, on voit par les parties anciennes qu'elle n'est point l'œuvre des mêmes ouvriers, et que si l'époque de la construction est la même, le travail est différent. La disposition intérieure est dissemblable d'avec les églises de Fescamps et de Bus, édifiées sous l'inspiration des religieux et appropriées à leurs besoins.

Puis, le clocher, contre lequel fut plus tard accolée l'église, n'était primitivement qu'une tour de défense, comme nous le dirons plus tard. Or, ce clocher avec ses baies particulières, ne fût pas élevé par les religieux, ceux-ci n'étaient pas guerriers, mais par un chevalier chargé de veiller et à la sûreté de ses biens et à celle de ses vassaux. Pour tous ces motifs, nous sommes amené à dire que le seigneur auquel l'abbaye de Corbie avait inféodé la moitié de ses possessions d'Hainvillers, fut le fondateur du village, et que lui ou ses successeurs bâtirent la tour-forteresse, puis plus tard l'église.

CHAPITRE II

Droits seigneuriaux de l'Abbaye de Corbie à Hainvillers.

Il ne reste aux Archives de la Somme que peu de chartes concernant Hainvillers. En voici l'analyse :

D'après une déclaration de 1331, la première pièce de vin doit à l'abbaye, pour droit de forage, 2 deniers ; les autres ne doivent qu'un denier.

En 1474, la paroisse voulant planter en vignes trois mines de terre, situées sur le chemin de Bains, en fit la demande à l'abbaye qui, le 3 novembre de la même année, y donna son consentement. Me Jean de Flavy, écuyer, qui avait la moitié par indivis du champart dû sur ladite pièce, avec différentes charges, y donna son consentement.

Le curé ne touchait que difficilement ce que lui devait l'abbaye. Le 21 décembre 1633, un accord fut fait à Boulogne, par devant Collemare, notaire portant bail accordé par le receveur général de l'abbaye au sieur curé d'Hainvillers des droits de dîmes dudit village pour 9 ans, moyennant 40 livres par an, et l'abbaye était déchargée de la portion congrue et de l'entretien du chœur de l'église, *si elle le devait* (Elle prétendait en effet n'être pas tenue aux réparations du chœur, parce que, disait-elle, elle n'était pas le principal décimateur d'Hainvillers.)

Plus tard, le curé se voyant de nouveau refuser sa portion congrue, intenta un procès à l'abbaye. Le 14 octobre 1680, le bailli de Roye rendit une sentence favorable au curé. Mais l'abbaye n'exécutant pas la sentence, le curé en appela au Grand Conseil. Ce que voyant, le cardinal abbé de Corbie, par acte du 12 novembre 1686, abandonna au curé toutes les dîmes appartenant à l'abbaye dans l'étendue de la paroisse.

Si l'abbaye ne payait pas au curé sa portion congrue, c'est qu'il y avait un motif à ce refus. En effet, il paraît que les habitants d'Hainvillers ne réglaient pas exactement les droits de l'abbaye. Le 28 septembre 1674, le bailli de Roye condamna par défaut Me de la Motte à payer au sieur abbé de Corbie les arrérages de *16 années* de censives et de champarts sur différentes pièces de terre. Le 20 septembre précédent, le lieutenant et les autres officiers de la justice de Corbie avaient fait inventaire des meubles et objets laissés par la mort de Charles Boucher qui devait aussi des arrérages à l'abbaye. Et le 12 septembre 1681, les nommés Duvivier et du Hamel, ayant refusé depuis 20 ans de payer les droits de censives, et, depuis 9 ans, les droits de champart, furent condamnés à le faire par arrêt du Grand Conseil. Tous les torts n'étaient donc pas du côté de l'abbaye.

CHAPITRE III

Les Fiefs.

Nous n'avons relevé de ce chef que trois noms ; 1° Le fief d'Hainvillers ; 2° Le fief de la Franche-Mairie ; 3° et le fief trois.

1. — *Le Fief d'Hainvillers.*

Voici les noms de ses différents possesseurs :

Raoul Duru, écuyer, le possédait le 4 mai 1332.

J. de Crapain en fit relief à la mort de Jeanne Camp-d'Avoine, sa mère, le 25 avril 1412.

Le 19 octobre de la même année, Gilles de Crapain en fit de nouveau le relief, comme héritier de Jean de Crapain, son frère.

Le 27 janvier 1417, Guillemine de Crapain en fit aussi le relief, comme héritière de Gilles de Crapain, son frère.

Regnauld du Bu, en fit le relief le 7 juin 1421, comme mari de dame Péronne du Fresnoy.

Jean de Villers, dit le Brun, chevalier, en fit l'acquisition le 29 mars 1429, et il le revendit le 25 janvier 1442, à Guillaume de Flavy, vicomte d'Arcy.

En 1449, Charles de Flavy, l'hérita de son père Guillaume, et en fit le relief en 1461, le 23 décembre.

Hector de Flavy, l'hérita de son frère Charles et en fit le relief le 12 août 1463.

Thiébaut de Flavy, chevalier, seigneur de Montauban, fils de Jean de Flavy, en fit le relief le 8 mars 1487 ; puis, il le donna à son neveu, François de Flavy, écuyer, qui en prit la saisine le 13 décembre 1500.

Le 14 mars 1505, le seigneur abbé de Corbie accorda la saisine du même fief à Jean de Morviller et Jeanne de Flavy, son épouse, par suite d'une transaction avec François de Flavy, son frère.

Le 13 décembre 1656, saisine fut donnée à François Wallet sur la vente à lui faite du même fief par Antoine de Brolly, escuyer, sieur de Mesvillers (auj. Piennes),

23 septembre 1602, dénombrement du même fief par dame Claude de Belloy, veuve de Mre Antoine de Neuville, vicomte, seigneur et baron d'Hainviller, Mortemer, etc.

Isaac de Lancry, seigneur de Bains, en fit le relief le 20 octobre 1649. A partir de cette époque, il fait partie du domaine de Bains, et il n'en sera séparé qu'après la mort de M. Ducos.

Le 9 juin 1672, Madeleine de Lancry, épouse d'Antoine de Blottefière, seigneur de Plainval, en fournit le dénombrement.

Le 16 juin 1705, Félicien Favier de Lancry, seigneur de Bains, en fait le relief. Mais dans l'acte, il se donne le titre de seigneur de Boulogne. Le procureur fiscal proteste et dit : *que la qualité de seigneur de Boulogne, prise par M. de Bains, ne pourra préjudicier à l'abbaye.*

Le 13 juin 1737, Charles-César Favier de Lancry fait le relief du même fief.

Et le 26 mars 1773, le procureur de Charles-Joseph-César de Favier de Lancry le fait également.

C'est le dernier acte que nous avons trouvé concernant ce fief.

2. — *Le Fief de la Franche-Mairie d'Hainviller.*

Il se composait de la rue bâtie le long du chemin qui va de Bains à Orvillers. Cette rue était anciennement appelée *grand-maire*. Aujourd'hui, on écrit grand'mère, parce que le plan cadastral établi par des gens peu au courant de l'histoire locale a consacré cette erreur.

Le 3 juillet 1334, Pierre Troulles de Herviller fit le dénombrement de ce fief, consistant en 10 mines 1/2 de terres derrière le manoir de la mairie.

C'est le seul renseignement particulier que nous avons trouvé sur ce fief. Il est probable qu'il fut bientôt acheté par la seigneurie de Bains.

3. — *Le Fief trois.*

L'existence de ce fief nous est révélée par l'inscription de la cloche sur laquelle on lit que le parrain de la dite cloche fut Me Jacques de Pallart, marquis du fief trois de Hinviller en partie.

CHAPITRE IV

L'Eglise.

En 1838, dans sa notice sur le canton de Ressons, M. Graves écrivait : « L'église d'Hainvillers, dédiée à S. Firmin, est construite en pierres de Mortemer et *paraît d'une époque récente.* » Nous nous permettrons de n'être pas de l'avis de cet historiographe pour bien des raisons, car nous avons la date de la construction primitive et celle d'une restauration qui a été assez importante pour appeler une nouvelle consécration. Si M. Graves avait examiné le mur méridional, il aurait vu une ancienne maçonnerie à laquelle a été raccordée une plus récente. Et, dans cette ancienne maçonnerie, il aurait aperçu une fenêtre à plein-cintre, petite, très élevée et touchant presque les combles, mais présentant, à l'intérieur de l'église, un évasement à la base, égal à la hauteur de la baie qui permet à la lumière de descendre sur les fidèles sans les incommoder. C'est bien là une fenêtre du XIIe siècle.

La date de la construction première de cette église est 1167. Nous l'avons trouvée incrustée avec soin dans une pierre à l'extérieur dans la cour de l'ancien presbytère. Un encadrement fait avec art l'entoure. D'autres dates sont en dehors de ce cadre, 1648, 1651 et 1685, mais elles sont faites grossièrement avec la pointe d'un instrument. Elles sont sans doute des dates mémorables, rappelant des faits particuliers.

De plus, l'église possède un reliquaire ancien qui contient une relique de son patron, S. Firmin, 1er év.

d'Amiens. L'inscription placée autour de cette relique va nous donner la date de la consécration, après la grande restauration du XVe siècle. On y lit : *Undecima die mensis Septembris anno Dom Mo CCCCo LXIIIo, Reverendus in Cho Pater Donus Ferry de Beauvoir miseratione divina Amb. opus dedicavit hanc Ecclesiam Beati Firmini de Hainviller cum duobus altaribus.*

Sur un petit carré de papier placé à côté de la Relique, on lit : « Le 4 septembre 1663, faist par Mre Paul Buchains, curé d'Hinviller. » Ce qui nous indique que la relique a été enchâssée là, par ce curé, et que l'inscription relative à la dédicace de l'église a été reconnue vraie par lui. Il devait être mieux renseigné que M. Graves.

CHAPITRE V

Le Clocher.

Vue de loin, cette tour est imposante. Sa forme carrée, ses ouvertures étagées, ses contreforts, ses murs indiquent qu'elle ne fut pas élevée pour servir seulement d'abri à des cloches. Un motif d'un autre ordre a présidé à cette construction massive. En effet, elle faisait partie d'une ligne de défense qui (nous l'avons déjà remarqué), partant du Tronquoy et passant par Rollot, Bains, Hainvillers et Orvillers, venait aboutir au château de Mortemer, démoli en 1592.

Au XIVe et au XVe siècle, des luttes acharnées eurent lieu autour de ces grandes et petites forteresses. Tantôt au pouvoir des ennemis de la France, tantôt reprises par les partisans du pouvoir royal, c'était auprès d'elle des combats sans fin, des assauts continus. Tous les historiens sont d'accord pour raconter les misères des peuples des campagnes à cette époque, et nos pays eurent malheureusement à subir de grandes calamités. Dans l'*Histoire des Communes de l'Arrondissement de Compiègne*, par M. Coët, on peut lire un résumé de ces misères publiques. *A chaque prise ou reprise du château*, dit cet auteur, *les habitants étaient mis à rançon et leurs demeures pillées et incendiées.* La petite paroisse d'Hainvillers, si près du château de Mortemer, eut sa part dans ces malheurs. L'église fut plus d'une fois incendiée et en partie détruite. C'est ce qui explique la reconstruction partielle qui se remarque à la nef attenante à la tour-forteresse.

A celui qui trouverait extraordinaire que nous appellions le clocher de Hainvillers, tour de défense, tour forteresse ou simplement fort, nous soumettrons les lignes suivantes extraites d'un traité classique d'archéologie. « Toutes les tours antérieures au XIIIe siècle, présentent l'aspect de tours fortifiées, au moins dans leur partie inférieure. — A peine ont-elles quelques fenêtres ou plutôt quelques meurtrières très étroites. — Du reste, il ne faut pas oublier que dans ces périodes du moyen-âge, si tourmentées par les incursions des Normands et par les querelles des seigneurs entre eux, l'église qui était le monument de tous, servait au besoin de lieu retranché et devenaient le dernier abri pour les habitants d'une contrée entière. Il est, après cela, tout naturel, que les tours élevées au point le plus attaquable des églises, fussent bâties le plus solidement possible et ne fournissent point d'ouvertures à l'ennemi. »

Notre clocher présente, à l'extérieur, trois divisions bien établies par un larmier. Le mur de la base a 1m40 d'épaisseur ; et celui du 1er étage 1m20. La pierre employée par les constructeurs est celle de Mortemer, à faces taillées, à angles réguliers. Ce qui nous fait supposer cette tour plus jeune d'un demi-siècle au moins que celle d'Orvillers, où le mortier joue un très grand rôle.

Chaque face du 1er étage a une fenêtre romane, divisée par un meneau supportant une traverse à la naissance du cintre : le tympan est rempli par une maçonnerie en petit appareil. Le deuxième étage a deux ouvertures carrées qui, probablement, étaient autrefois plus hautes qu'elles ne sont aujourd'hui, car la maçonnerie sur laquelle repose la toiture de l'édifice parait avoir été démolie. Peut-être quelques lits de pierres ont-ils été enlevés pour diminuer la hauteur du clocher.

A chaque angle du monument sont deux contreforts s'élevant jusqu'au 2e étage seulement, et établi de manière à exercer une forte poussée.

A l'angle sud-est est une tourelle percée de deux meurtrières destinées à éclairer l'escalier en pierre qui conduit aux étages. Sa maçonnerie fait corps avec celle de l'édifice. Si nous entrons dans le clocher par la porte occidentale, qui sert de portail à l'église, nous nous trouvons sous une voûte dont les deux arceaux descendent à environ deux mètres du sol. Ces arceaux sont en pierre de Mortemer, et primitivement la voûte qu'ils supportent était de même pierre. Mais certaines réparations y ont fait entrer des matériaux moins durs. L'ouverture qui donne accès dans l'église est presque triangulaire.

Nous avons dit que ce clocher était une ancienne forteresse. En effet, au premier étage, les fenêtres, à l'exception de celle de l'est, sont garnies de deux rangs de sièges en pierre, où quatre personnes peuvent s'asseoir facilement. Ils sont d'une conservation parfaite. Ils servaient probablement aux guetteurs chargés de surveiller l'approche de l'ennemi. A l'une de ces ouvertures, celle regardant Bains, est un arrangement en pierre fait certainement pour poser une arquebuse.

Le second étage n'avait point de voûte mais un plancher placé sur cinq énormes poutres.

La cloche suspendue dans cette tour porte l'inscription suivante :

« Marie suis nommée par Mre Jacques de Pallart, mar-
« quis du fief 3, s^r^ de Hinviller en partie et Cha....
« Ducastel, esc^r^ s^r^ dudict lieu et de Hinviller en partie, et
« damoiselle Marie de Lancri, fille de M...ac de Lancri
« (Isaac de Lancry, esc^r^ s^r^ de Bains et damoiselle Loise
« Ducastel, seur dudict s^r^ Ducastel. 1671. »

Une note des Archives de la Somme nous donne sur ce Charles Ducastel dont il est ici question, le renseignement suivant: « De 1628 à 1632, Charles du Castel, seigneur de Hainviller, gentilhomme ordinaire de la maison du duc de Longueville, se maria avec Françoise de Brière, veuve de Nicolas de Lion, chevalier, seigneur de La Boullaye. » (Voir la description complète de cette église dans notre ouvrage : *Le Doyenné de Ressons-sur-Matz.*)

CHAPITRE VI

Les Curés.

Le premier curé dont le nom nous soit connu est Antoine Bouchelle en 1567. On lit dans le procès-verbal de la rédaction des coutumes de Péronne, Montdidier et Roye : « Il a été donné défaut contre Antoine Bouchelle, curé d'Hainviller, et contre les habitants dudit lieu. »

Dans la nef de l'église est une pierre tombale que nous croyons être celle de ce curé. On y lit avec peine : « Chy « dessoubz gist honorable messire... lequel trespassa le « quatrième (ou quinzième) jour doust en ung jour .... « mil V cent LX ... our son âme. »

L'écriture et l'orthographe sont bien du XVIe siècle.

1663. Paul Buchains. Les actes religieux de la paroisse ne commencent qu'en 1663 et sont signés du nom de ce curé jusqu'en 1692. C'est lui qui fit le reliquaire dans lequel est enchâssée la précieuse relique de S. Firmin.

1692. Ph. de Quevauvillers.

1723. Jacques Dugropré. Sa pierre tombale est encore dans l'église.

1736. François Collenay, fils de Jacques Collenay et de Charlotte Bonvallet. Nous le croyons natif de Chevilly. En 1764 il donna à son neveu Nicolas Lartizien, maître chirurgien à Catigny, une maison qu'il possédait à Chevilly, hameau de Catigny. Un de ses frères se maria à Boulogne. Ce curé mourut le 24 octobre 1766, et fut inhumé le lendemain au pied de la grande croix du cimetière.

1766. Noël-Marie Picart, natif de Pierrepont, fut le dernier curé d'Hainvillers. Le 23 septembre 1792, il prêta serment devant la municipalité et le 9 décembre il fut élu officier public. L'année suivante, il donna sa démission.

CHAPITRE VII

La Révolution.

23 juillet 1791. Les biens de l'église sont vendus au district de Noyon.

23 octobre 1793. Convention relative à la croix du clocher.

« Nous, maire, officiers municipaux, procureur de la commune d'Hainviller, d'une part, et Lazare Lefèvre, horloger et serrurier, demeurant à Ressons-sur-le-Matz, d'autre part; sommes convenus ensemble de ce qui suit. C'est à scavoir que premièrement moi Lefèvre moblige de scyer la croix au-dessous des bras du clocher, ainsy ce qui reste de féodalité et royalité, d'autre part de poser en place de la croix une oriflame et au bas de l'oriflame sera adapté un drapeau tricolore qui sera fourny par la commune d'Hainvillé, moi Lefèvre me charge de poser le drapeau aussitôt qu'il sera fourny, et un bonnet de liberté; au-dessous dudit bonnet sera attaché l'oriflame scy dessus par moi fourny, le dit bonet aura six pouces de diamèttre sur dix-huit pouces de hauteur, et l'oriflame de dix-huit pouces de longueur sur neuf pouces de largeur, moyennant la somme de cent dix livres que nous sommes convenus avec ledit Lefèvre, à commencer à travailler le vingt-quatre du présent mois et an cy dessus, et le payement à la descente faite de louvrage, et avons signés les jours mois et an cy-dessus.

« Signé : AUXENFANTS, maire ; DUVAL, officier ; CARON ; COFFIN ; LAZARE LEFÈVRE. »

L'an 2. Le maire faire peser les cuivres de l'église, leur poids ne donne que 32 à 33 livres.

A la même époque, les chasubles, les chapes, les aubes, les surplis, tous les linges de l'église et une partie du mobilier, furent mis en tas dans l'enclos qui est près de l'église et on y mit le feu. Pendant que ces pieuses dépouilles brûlaient ainsi, des femmes établirent autour du bûcher une danse au chant des airs dits patriotiques.

La même année, le 25 messidor, eut lieu la vente des récoltes sur les terres de messire Nicolas Prince, ci-devant curé d'Estrées, comme prêtre déporté. Cette vente produisit la somme de 338 livres.

BUS

BUS

CHAPITRE PEMIER

Le Village.

Bus (*bois,* en langue picarde *bou*), parait, en effet, tirer son nom de sa situation au milieu des bois. Un dicton en fait souvenir : *enraqué din ché bous ed Bus.* On appelle aussi ce village : Bus-lès-Mézières, à cause du hameau de Mézières, situé à quelques centaines de mètres du chef-lieu, vers Tilloloy.

Quand on parle de quelqu'un qui est dans une mauvaise situation, on dit de lui : *Il est entre Bus et Fescamps.* Autrefois les chemins étaient impraticables de ce côté. A cause des terres fortes, les eaux qui s'y amassaient, formaient des ornières profondes, et rendaient le passage difficile même dans la saison d'été ; et, malheureux était le voiturier qui s'aventurait par ce chemin avec une charge trop lourde. Il était dans un mauvais pas. De là, ce mot appliqué à toute situation fâcheuse : *Il est comme entre Bus et Fécamps.*

Chose remarquable, nous avons trouvé cette locution usitée non-seulement dans notre Picardie, mais au loin :

et bien des personnes la répète sans connaître ni Bus, ni Fescamps.

Ce village s'est formé à l'extrémité des terres données par Sainte-Bathilde à l'abbaye de Corbie. Nous l'avons déjà dit : ces terres avaient une grande étendue ; partant d'Hainvillers, elles allaient au-delà de Bus. Or, presque tout cet immense territoire était couvert de bois. Au centre, s'élevait une montagne dont Frodin était le seigneur. Autour de cette montagne était une population distribuée en plusieurs groupes dont le principal était *la Terrière*. Au midi de la côte de Boulogne se trouvaient des marais souvent remplis d'eau, d'un défrichement peu avantageux, pour ne pas dire inutile. Du côté de Fescamps et de Bus, des terres susceptibles d'être aménagées. C'est là que les moines viendront s'établir lorsque l'abbaye de Corbie sera peuplée, et aura besoin de nouvelles terres pour les travailler.

Travailler la terre, telle, en effet, était la mission des ces religieux. Un auteur a écrit : « Au Moyen-Age, les communautés religieuses, en s'établissant sur notre sol, opérèrent de grands défrichements afin de mieux faire fructifier les terres qui leur étaient données. Des exploitations agricoles, fermes ou granges, s'établirent, et des villages se fondèrent sur l'emplacement des bois défrichés. » (F. Eugène, de Beauvais). C'est ce qui fut fait ici.

Les moines vinrent de Corbie à Fescamps, hameau de quelques maisons bâties à l'époque du camp de Boulogne. Leur première occupation fut de défricher le terrain en face duquel ils se trouvaient. Quand, poussant en avant leur travail, ils eurent défriché un espace de terrain suffisant pour établir une exploitation, ils s'arrêtèrent à la limite de leur propriété, en un lieu solitaire. Une croix y fut dressée et c'est auprès qu'ils construisirent leur demeure. (Cette croix, toujours appelée à Bus, *la Croix de Boulogne*, marque la limite de la propriété de l'abbaye à l'orient.)

On pourrait demander pourquoi les moines établirent leur ferme, plutôt à Bus qu'à Fescamps. La raison en est bien simple. Les religieux aiment la retraite. Fescamps, placé sur une voie publique, n'était pas une solitude suffisante. Mais, à l'entrée de la forêt de Boulogne, auprès d'une fontaine abondante à laquelle ils donneront le nom de leur saint patron, dans un lieu presque sauvage, ils trouvent le calme qui convient à leur état. Une ferme et un oratoire y sont aussitôt bâtis. Alors, les familles dispersées au nord de la montagne, voyant les bons religieux cultiver la terre, viennent demander à travailler avec eux. Peu à peu des maisons se construisirent et le village est formé. Les religieux l'appellent *Saint-Pierre-des-Bois, Saint-Pierre-de-Bus,* et finalement *Bus.*

CHAPITRE II.

L'Abbaye de Corbie à Bus.

Les religieux de Corbie, avons-nous dit ailleurs, tirèrent partie de la donation de la Terrière de plusieurs manières. De bonne heure ils inféodèrent les terres d'Hainvillers au seigneur de Bains, qu'ils établirent comme protecteur de leurs propriétés de ce côté de la montagne. Celles de Boulogne furent affermées à des particuliers et au seigneur de la montagne. Les fiefs nobles et les fiefs secondaires, eurent leurs maîtres tenus à la foi et à l'hommage, tandis que les terres de Bus furent directement exploitées par les moines dans leur établissement. De 662 jusqu'en 1400, des libéralités et des acquisitions continues augmentèrent l'importance de leur propriété.

Au mois d'avril 1224, Nicolas, maire de Popincourt, de Fescamps, de Bus et de Marcaisviller, donna la cinquième partie de ces divers mairies à l'abbaye et lui vendit les quatres autres.

En 1307, en présence de Simon Despaières, maïeur de la ville de Montdidier, plusieurs bourgeois vendirent aussi à l'abbaye ce qui leur appartenait au territoire de Bus. L'acte se termine ainsi : « En témoing de che nous avons ces lettres scellées du scel de le bulette de la ville de Montdidier. »

Dans l'*Histoire de Saint-Riquier*, tome I, page 196, M. Hénocque parlant des premiers religieux Bénédictins de Centule, a écrit ce qui suit :

« Dans ces temps reculés les moines exploitaient leurs

terres de leurs propres mains avec le secours de leurs serfs. La culture produisait la plus grande partie de leurs ressources et des aumônes qu'ils répandaient si libéralement dans le sein des pauvres. De là, toute l'importance d'une culture monastique, les bienfaits qu'elle distribuait dans un canton, le foyer de civilisation chrétienne qu'elle entretenait sur tous les domaines. Les moines se mêlaient aux moissonneurs, aux artisans qui défrichaient les essarts et les bois ; ils surveillaient, ils commandaient, ils exhortaient, ils appliquaient les meilleures méthodes, celles que l'expérience avait éprouvées ou que leurs rapports avec d'autres monastères avaient propagées dans l'immense association bénédictine ; ils étaient partout. instruisant, moralisant et prêchant le royaume de Dieu. » Que nos philanthropes modernes, qui veulent moraliser le peuple, suivent ces exemples des anciens moines.

Le 15 juin 1316, Laurent Bouquel vendit pour 13 livres à Dom Hugues de Vers, religieux de Corbie et prévôt de Bus, tout ce qu'il avait, dépendant et mouvant de la dite prévôté, en terrage, justice, seigneurie et autres choses, sur la terre nommée le Manoir.

Ainsi s'accrurent les possessions de l'Abbaye qui s'étendirent au loin vers Popincourt et Grivillers. En 1330, elle avait 532 journaux de bois vers Fescamps y compris le bois Marotin.

Pour diriger l'exploitation de tous ces biens, l'Abbaye avait à la tête de sa ferme un prévôt ou prieur, et des frères.

Mais vint le quinzième siècle, siècle de malheur pour nos pays, où les ruines furent incalculables. La propriété des moines eut à subir d'effrayants désastres de la part des bandes indisciplinées qui parcouraient les campagnes, pillant et saccageant tout sur leur passage, aussi bien que de la part des Bourguignons et des Armagnacs, toujours en lutte autour de Roye ou de Montdidier. Les maisons des habitants et des moines furent plusieurs fois incendiées ainsi que l'église, le moulin fut détruit et les récoltes furent anéanties. A la suite de ces désastres les terres restèrent incultes plusieurs années.

Lorsque les Anglais eurent été chassés de la France et que l'ordre et le calme reparurent, les supérieurs de

Corbie ne crurent pas avantageux de continuer leur exploitation de Bus. Ils rappelèrent leurs frères et ils affermèrent toutes leurs terres, mais en laissant un prévôt pour surveiller leurs intérêts.

Ce prévôt, bien qu'étant religieux, ou homme de l'abbaye, n'était pas toujours prêtre, puisqu'il avait un chapelain habitant près de l'église. Aux Archives de la Somme nous trouvons, en effet :

« Que le 27 février 1515, l'abbaye de Corbie fit bail au chapelain du prévôt, moyennant un denier de cens par an, d'une masure bâtie sur deux verges et demie d'héritage, située devant l'église, étant en forme de harpe ou triangle et faisant le coin de la grande rue de la prévôté au presbytère joignant à la maison dudit chapelain. »

Aussi longtemps que les moines administrèrent leurs biens par eux-mêmes, la population fut heureuse. Moyennant une légère redevance, les nouveaux ménages obtenaient le droit de bâtir une maison sur les terres de l'abbaye. Des rapports bienveillants existaient entre le seigneur et les vassaux. La propriété était une chose sacrée. Viennent la Commende et la Réforme, et les choses changeront de face. Mais n'anticipons pas.

CHAPITRE III

Prieurs et Curés.

Pour les secours spirituels à donner aux habitants groupés autour de l'église, l'abbaye établit primitivement un prieur. Son logement était dans la grande rue de la Prévôté, au milieu des fidèles. On conçoit que ce prieur, obligé par ses fonctions d'être toujours en rapport avec ses ouailles, ne pouvait demeurer avec ses frères dans la ferme. Pour sa subsistance et son entretien, il avait droit à certaines dîmes sur la grange de l'abbaye, ainsi qu'à des redevances sur des maisons et des jardins. D'une déclaration de 1331, il résulte qu'il avait la moitié des pailles et des fourrages battus à la grange de l'abbaye, et à la moitié des foins et des vesces, outre les dîmes sur quelques pièces de terre.

Mais un jour vint où les religieux durent retourner à leur abbaye et abandonnèrent les terres qu'ils avaient aménagées avec tant de peine. Alors, ils remplacèrent le prieur par un curé, auquel ils concédèrent les mêmes bénéfices, et ils mirent à Fescamps un vicaire perpétuel soumis au curé de Bus. On devine facilement que cet état de chose dût tôt ou tard amener des conflits. En 1661, au retour de la chasse dans les bois de l'abbaye, le curé et le vicaire entrèrent dans un cabaret à Fescamps où, après s'être fortement disputés, ils finirent par se battre. Le 15 septembre suivant, le juge délégué de l'official de Corbie, averti de ce qui s'était passé, commença une information juridique et, le 19, les deux coupables furent interrogés solennellement. Le même jour, intervint une sentence leur interdisant la chasse et l'entrée des cabarets (*Arch. de la Somme*, Ar. 2, L. 59). Le vicaire semble avoir été le moins coupable, car l'abbé sollicita de l'évêque d'Amiens l'érection du vicariat de S. Pierre de Fescamps en cure indépendante (1667).

En 1651, le curé de Bus se vit refuser certaines dîmes par l'abbé commendataire, et il fut obligé d'en appeler à la justice. Le 3 avril, le bailli de Montdidier rendit une sentence qui maintenait Me Jean Capiémont en possession des dîmes de la paroisse, à moins que les religieux ne préférassent lui payer annuellement la somme de 300 livres pour sa portion congrue.

Le curé de Bus avait aussi une dîme à Boulogne, sur un journal de terre à la Crénière, sur trois journaux situés près du chemin de Boulogne à Bains, et sur un journal vers Bus. En 1684, le curé de Boulogne lui contesta ce droit. L'affaire fut portée, le 15 décembre, devant le bailli de Roye qui, après une enquête minutieuse, condamna le curé de Boulogne.

Curés de Bus.

1567. François du Pont. Son nom se trouve au procès-verbal de la rédaction des coutumes de Péronne, Montdidier et Roye.

Les registres de la paroisse ne commencent qu'en 1636. Les premiers actes ne sont pas signés. En 1641 pourtant apparait une signature. Nous croyons lire Delavenne.

1646. Jean Capiémont.

Les actes manquent de 1649 à janvier 1675.

1675. François Bauchy. Il mourut le 28 juillet 1675, âgé de 33 ans, et fut inhumé dans le cimetière par Guillaume Coudun, curé de Fescamps.

1675. Pierre Le Normand. En tête des actes par lui rédigés, on lit :

« Registre des Baptesmes, Mariages et Mortuaires de la paroisse de Bus, de la dépendance jurisdiction spirituelle et temporelle de l'abbaye Saint-Pierre de Corbie, au diocèze d'Amiens.

« Moy soubsigné, Mre Pierre Le Normand, prestre et curé de S. Pierre de Bus, le onzième du mois d'aoust de l'an mil six c [illegible] soixante-quinze, j'ay été pourvu du bénéfice de la c[illegible] par Monseigneur le prince Philippe de Savoye, abbé c[illegible] de Paris.

« Je suis né à Montdidier, le seizième jour de mars de l'an mil six cent cinquante-deux. Mon père, Mre Philippe Le Normand, huyssier royal en station à Montdidier, et ma mère Anne Lefebvre. »

Il mourut le 15 juillet 1705 et fut inhumé par Mre de Lestocq, curé de Fescamps.

1705. C. Mallet signa le 17 janvier un acte comme curé de Bus. Il n'occupa ce poste que jusqu'au 1er octobre de la même année.

Le 28 novembre suivant, un mariage fut célébré dans l'église de Bus par Mathieu Caron, religieux minime, en l'absence de Mre Obert, curé de la dite paroisse. Mais nous n'avons trouvé nulle part que ce curé ait exercé ici son ministère.

1706. Nicolas Michemblé. Nous le voyons remplir ici les fonctions de sa charge le 5 octobre. En 1749, il avait pour vicaire J.-B.-Marie Masson, qui, en 1756, fut nommé à la cure de Boitteau-La Boissière. Pierre Descaves lui succéda dans le vicariat de Bus.

Nicolas Michemblé mourut le 17 janvier 1758, à l'âge de 93 ans. A son enterrement assistèrent Jacques Masson, curé de Fescamps, François Poupée, curé de Grivillers, et J.-B.-Marie Masson, curé de Boitteau-La Boissière.

1758. Pierre Descaves. Il mourut le 26 juillet 1772, à l'âge de 46 ans, et fut inhumé dans le chœur de l'église, à côté de son prédécesseur, par Mre Masson, curé de Fescamps, en présence de Maximilien Villain, curé de Popincourt, d'Ambroise Cuvillier, curé de Dancourt et Tilloloy, de Charles Varé, curé de Courselles es païelle, de J.-B.-Marie Masson, curé de Boitteau-La Boissière, et de François Descaves, laboureur à Grivesnes, frère du défunt.

1772. Louis-Léonard Longuet. Il mourut le 12 décembre 1789 et fut inhumé par Mre Cagnart, curé de Fescamps.

1790. Péchin. En 1792, il signa les actes comme officier de l'état-civil.

CHAPITRE IV

La Prévôté.

Pour gérer leurs biens à Bus et à Fescamps, les religieux de Corbie avaient sur les lieux un prévôt, *prepositus,* ce qui donna naissance à la prévôté, *præpositura*. Quelques pièces de terre avaient bien été données à cens, mais la communauté avait conservé ce qui était nécessaire pour constituer une ferme. En outre, les immenses bois à coupe annuellement demandaient un régisseur résidant, un homme sûr, chargé des intérêts si grands de l'abbaye et de l'abbé commendataire, quand, pour son malheur, celle-ci tomba en commende.

Ce prévôt religieux avait sous ses ordres un bailli, un lieutenant et un sous-lieutenant. Le prévôt commandait ; le bailli, qui était laïc, ainsi que ses subordonnés, prononçait dans les causes et faisait exécuter les jugements. Le bailli résidait à Roye, mais le lieutenant et le sous-lieutenant demeuraient à Bus. Voici comment se pratiquait l'institution de ces deux officiers de justice.

Le prévôt choisissait dans le pays un homme honorable, puis, il faisait part de son choix à l'abbé. Celui-ci, après information, lui délivrait des lettres de nomination. L'élu se rendait ensuite à Roye devant le bailli, qui vérifiait ses pouvoirs et l'instituait dans sa charge. Ainsi investi, cet homme était à Bus le représentant de la justice, chargé d'instruire les procès, de rechercher les coupables et de constater les délits.

Nous avons trouvé aux Archives de la Somme les noms d'un certain nombre de prévôts.

1577. Dom Antoine de Bernetz qui, pour raison des droits de la prévôté intenta à son abbé un long procès.

1590. D. Antoine Gaudissart. Ce fut sous son administration que se termina le procès intenté par son prédécesseur à Louis de Lorraine, abbé de Corbie. La transaction intervenue porte :

« Que le seigneur abbé, désirant bien favorablement traiter le dit Gaudissart, son religieux, a ordonné que, outre les cent écus de pension que le sieur Maupin, fermier dudit seigneur abbé, par son dernier bail est tenu de payer audit Gaudissart, il lui sera encore payé dorénavant la somme de 66 écus et demi, à quoi le dit seigneur abbé a modéré la dite pension de 200 écus, du consentement dudit Gaudissart, attendu la ruine notoire que les guerres et le siège d'Amiens ont apporté au revenu de la dite abbaye de Corbie. »

1610. D. Antoine Hennique.
1626. D. Georges Viole.
1637. D. Thomas Le Roy.
1646. D. Firmin de la Croix.
1666. D. Martin Couturier.
1687. D. Jacques Adnet. Ce fut sous son administration, le 17 août 1696, que Louis Petit, laboureur à Bus, fut, par Jean de Haussy, avocat du Roy *aux sièges royaux* de Roye, et bailli de la prévôté de Bus et dépendances pour l'abbaye de Saint-Pierre de Corbie, reçu lieutenant en la dite prévôté, dont il avait obtenu provision de Monseigneur le cardinal de Forbin-Janson, abbé commendataire de la dite abbaye.
1713. D. Pierre de Lamarre.
1738. D. François Constant.
1771. D. Pierre Bourlier.

CHAPITRE V.

La Seigneurie.

La Seigneurie de Bus appartenait à l'abbaye de Corbie de toute ancienneté, puisqu'elle possédait la plus grande partie du territoire. La maison seigneuriale, tombant de vétusté, fut démolie en 1684. Le domaine, avons-nous dit déjà, était considérable. D'après un bail de 17.. il consistait en bâtiments à usage de ferme, 52 journaux de terre à la sole, 26 journaux de prairies et pâtures, avec 7 autres journaux de terre et 28 journaux de bois taillis à coupe tous les 9 ans, ou 252 journaux au total. Anciennement les bois étaient plus importants, mais une certaine quantité avait été défrichée, puisque en 1331 le bois Audemer et le bois Marotin donnaient à eux seuls 532 journaux. C'était là un lot de terre suffisant pour former une seigneurie. Aussi, ce droit de seigneurie ne fut-il jamais contesté ouvertement à l'abbaye, car il était trop évident.

Mais quiconque possédait une certaine quantité de terre à Bus, se qualifiait de seigneur de ce pays, évitant, comme à Boulogne, de dire *en partie*.

Nous verrons plus loin Antoine de Stanaye et ses successeurs, qui ne possédaient que le fief de Mézières-lès-Bus, s'appeler *seigneurs de Bus*, évitant toujours à dessein d'ajouter *en partie*. Cette usurpation de titre est d'autant plus remarquable que Antoine de Stanaye n'était qu'écuyer d'écurie du prince Louis, cardinal de Guise.

Antoine des Fossés, en 1718, et les seigneurs successifs

jusqu'à la Révolution, préféraient également se qualifier *seigneurs de Bus,* plutôt que de seigneurs de Mézières-lès-Bus. C'eût été, en effet, se reconnaître inférieur à l'abbaye. On se donnait un nom faux pour paraître grand. Mais un jour vint où le niveau égalitaire infligea à ces seigneurs ambitieux un châtiment mérité.

CHAPITRE VI.

Troubles et Dégâts.

Jusqu'au XVIe siècle, l'abbaye ne fut point troublée dans la possession de ses biens. A part les maux qui résultent de la guerre et des calamités publiques frappant tous les individus, leur propriété fut toujours respectée. Mais nous touchons à une époque fatale qui amènera la ruine des plus florissantes abbayes, non pas immédiatement, mais longtemps après Deux causes y contribuèrent simultanément, la Commende et le Protestantisme.

La Commende mit à la tête de l'exploitation de Bus, des personnes dures et exigeantes. Aussi longtemps que l'administration avait été confiée à des religieux, elle avait été paternelle et douce. Lorsqu'il se produisait des conflits ou des convoitises exagérées, la religion les apaisait. Le peuple se trouvait toujours satisfait de la bonté du Père qui, moyennant une redevance insignifiante, donnait des maisons, des jardins et même des terres aux plus nécessiteux. Mais quand la dureté se fit sentir, quand des laïcs vinrent percevoir avec rigueur les termes échus, le peuple comprit que le changement opéré ne lui était pas avantageux. Il y eut alors des actes de représailles, toujours condamnables sans doute, mais qui n'en témoignent pas moins du mécontentement des habitants.

A cette première cause s'en joignit une autre, la Réforme ou le Protestantisme, s'attaquant ici comme ailleurs aux Ordres religieux. Le mécontentement occasionné par les représentants de l'abbé commendataire fut exploité. Dans les environs des pays dont nous écrivons l'histoire, étaient des Huguenots : A Canny, à Roye-sur-Matz, à Boulogne même et à Bains, à Herly, à Liancourt-Fosse, etc. Les seigneurs de ces villages étaient leurs protecteurs. Or, les prêches des protestants excitaient toujours à la haine contre les Ordres monastiques. Eh bien, il est difficile de croire que les principes subversifs de la Réforme n'eurent aucune influence sur les actes de méchanceté que nous allons rapporter. Pour l'admettre, il faudrait dire que les habitants de Bus et de Fescamps n'avaient aucun rapport avec les hérétiques voisins. En réunissant donc ces deux causes, on arrive à expliquer les vexations qu'eurent à endurer les gérants des biens de l'abbaye, les fermiers et les gens de justice. Voici un exemple de ces actes tel qu'il est écrit aux Archives de la Somme.

En 1644, des malveillants pelèrent et écorcèrent à 3 ou 4 pieds de terre, environ 4,000 arbres des bois de Bus, pour les faire périr et ensuite les couper et les emporter comme bois mort.

En face d'un pareil dégât, la justice de la prévôté en référa à Monseigneur l'abbé, après avoir vainement cherché les coupables. Le grand vicaire de Corbie ne crut pas mieux faire que d'en référer à l'évêque d'Amiens (1), le priant de fulminer un monitoire. L'évêque accéda à cette demande, et le 3 janvier 1645, l'official adressa cet acte aux curés des paroisses de l'abbaye. Le dimanche suivant, les curés de Bus, de Fescamps, de Boulogne et de Popincourt, en donnèrent lecture au Prône de la messe paroissiale ; mais les coupables ne furent pas dénoncés. Un jour pourtant, la justice locale fit emprisonner sept habitants de Fescamps, auxquels, faute de preuve, il fallut bientôt rendre la liberté.

Ces dégâts se renouvelèrent souvent, notamment en 1766 et en 1767.

De nombreux procès-verbaux, rédigés par le lieutenant de la justice de Corbie pendant deux siècles, prouvent que la jouissance des biens de l'abbaye à Bus était loin d'être paisible.

Ce fut sans doute pour inspirer la terreur, qu'en 1669,

(1) François Le Febvre de Caumartin, évêque de 1618 à 1652.

le seigneur abbé fit planter des poteaux de justice dans tout son domaine, à Fescamps, à Bus, à Boulogne et à Hainvillers; et de plus il envoya un inspecteur vérifier les poteaux des carcans à Bus, à Boulogne et à Hainvillers. Ledit inspecteur déclara dans son rapport que les poteaux existants ne pourraient guère servir en cas de besoin, et que le mieux serait de les remplacer. Ordre fut immédiatement envoyé au lieutenant de la justice de les refaire à neuf; et les habitants se demandaient pour qui on préparait cette jouissance puisque personne ne dénonçait les coupables. Mais, hâtons-nous de le dire, jamais ces carcans ne furent souillés par l'exposition des mécréants. Et quand en 93 on fit disparaître ces instruments du despotisme monacal, aux applaudissements de la multitude, pour les remplacer par des arbres de liberté, les républicains d'alors firent un contre-sens qui coûta cher à nos populations.

La même année 1669, le 28 septembre, le seigneur abbé de Corbie fit publier et afficher dans nos paroisses une ordonnance portant défense à tous les habitants dépendant de la prévôté de Bus, de porter armes à feu, ni de chasser aux chiens, filets et furets sous les peines portées par les ordonnances royales.

Nos recherches pour déterminer l'endroit où était placé le carcan dans les paroisses dont nous écrivons l'histoire, ont donné les résultats suivants :

Fescamps dépendant de la seigneurie de Bus, n'en possédait pas.

A Bus, il était sur la place publique, auprès d'un grand trou, dit une charte (Arch. de la Somme).

A Boulogne, il était presque en face de l'église, adossé à un talus qui est devant l'entrée de la rue du Mesnil : des arbres abattus il y a quelques années seulement, en marquaient l'endroit. Au-devant du carcan existait un grand trou, qui empêchait les spectateurs d'approcher trop près des malfaiteurs exposés.

A Hainvillers, il était également sur la place publique, à côté de l'église.

CHAPITRE VII

L'Eglise.

Lorsque en 1880, l'architecte chargé de refaire le portail de cette église, présenta son plan à la Commission départementale, il fut de suite rejeté. Ce plan était une imitation de l'architecture du XIIIe siècle, style ogival. Il lui fut répondu qu'il n'était pas possible d'accoler un portail du XIIIe siècle à une église romane du XIIe. Alors fut proposé le plan qui a été exécuté.

C'est qu'en effet l'église de Bus a été bâtie au XIIe siècle. Les parties anciennes le prouvent évidemment. Il est inutile de les signaler ici. Un seul coup d'œil jeté sur le bas-côté nord, suffit pour apercevoir au-dessous des reconstructions du XVe siècle, les parties primitives du XIIe siècle. Toutes les églises du groupe de Corbie nous présentent des parties semblables. Ce qui prouve qu'elles sont toutes de la même époque. A Boulogne, ce sont les fenêtres du chœur et la porte fermée de l'extrémité du bas-côté nord, présentant le même arc et la même maçonnerie ; à Fescamps, c'est l'ensemble de l'église (qui a plus d'un rapport avec celle de Bus) ; et à Hainvillers, la fenêtre du midi que nous avons signalée. On voit le travail du XIIe siècle dans tous ces endroits que nous indiquons (1).

(1) Pourquoi la plupart de nos églises datent-elles généralement du XIIe siècle?

La ferveur religieuse qui poussa les seigneurs et les peuples aux croisades produisit deux courants bien évidents : 1° Il mit

A cette époque, la foi construisait les églises. C'était un élan irrésistible et probablement une nécessité. Nous avons fait observer ailleurs que la plupart des constructions antérieures au XIIe siècle, dans nos contrées, étaient en bois ; de là, nécessité de les rebâtir souvent.

Quand donc les religieux eurent résolu d'ériger une église au poste de Bus, ils tinrent compte et des besoins de la population réunie autour d'eux et des besoins particuliers des frères lais chargés de leur exploitation. Une nef assez vaste pour les habitants de la paroisse avec une chapelle de la Sainte Vierge au côté nord, un chœur pour le service religieux, et une petite chapelle pour les frères. Tel fut le plan adopté. Cette dernière chapelle était exclusivement destinée aux religieux qui y entraient par une porte spéciale que l'on voit encore. La partie méridionale est percée de trois fenêtres cintrées, et la chapelle qui est à droite du maître-autel n'a été construite que trois siècles plus tard pour les besoins du prévôt.

La chapelle des frères était dédiée à Sainte Brigitte.

Quelle est cette Sainte Brigitte honorée à Bus, du temps des moines, et encore aujourd'hui en grande vénération dans nos contrées? La réponse à cette question nous semble intéressante ; c'est pourquoi nous allons lui donner quelques développements. Nous connaissons les raisons

aux mains des moines d'immenses richesses ; 2° Il détermina la formation de nombreuses paroisses où furent bâties des églises.

Sous les Carlovingiens, le nombre des paroisses était fort restreint. Mais aux XIe et XIIe siècles, le nombre s'en accrut beaucoup. Le clergé séculier suivit une progression en rapport avec le grand nombre de monastères fondés à cette époque et aussi avec l'augmentation de la population. Les évêques naturellement favorisèrent cette multiplication des paroisses. C'est ce qui nous explique pourquoi nous avons encore une grande quantité d'églises du XIIe siècle et dont les caractères architecturaux sont indéniables.

Enfin, une dernière raison. Lorsque les communes obtinrent leur charte d'affranchissement, elles eurent à cœur d'avoir quelque chose en commun, un lieu où tous les habitants pourraient s'assembler. Aujourd'hui on bâtirait un Hôtel de Ville ou une Mairie : alors, on bâtissait des églises.

de l'opinion opposée à la nôtre ; nous les examinerons et nous les discuterons sans voiler la vérité.

D'abord observons que les auteurs anciens écrivent indistinctement Brigide ou Brigitte. Le Bréviaire romain traduit Brigitte par *Birgitta*, au 8 octobre. Pour éviter la confusion, nous désignerons toujours cette Sainte par le mot Brigitte.

Le culte rendu à Bus à Sainte Brigitte se rapporte à l'une des trois saintes suivantes : à Sainte Brigide d'Ecosse, ou à Sainte Brigide sœur de Sainte Maure, ou enfin à Sainte Brigitte de Suède.

Nous ne parlerons que pour mémoire, d'une Sainte Brigide martyrisée, dit-on, dans les bois entre Candor et Avricourt. Elle n'a jamais existée. Et un auteur qui, il y a une quarantaine d'années, a recueilli tous les on-dit, a eu tort d'accepter cette légende par trop locale et trop fantaisiste.

Revenons à notre sujet et recherchons quelle est celle des trois saintes citées plus haut, qui est invoquée ici :

1° La vie de Sainte Brigide d'Ecosse, dont la fête est fixée au 1er février, ne nous montre rien qui puisse croire à sa puissance pour guérir les vaches malades, et nous n'avons trouvé, dans aucune histoire, qu'elle ait jamais été invoquée dans ce but, pas même en Ecosse. On dit que sa mère, chassée d'un palais, l'éleva à la campagne et l'employa dans sa jeunesse à la garde des troupeaux. Nous serions tenté de dire que c'est une légende inventée pour les besoins de la cause. Disons encore que le culte de cette sainte est resté confiné dans sa patrie, et que ce n'est pas elle qui est honorée dans le Midi de la France et en Italie surtout, mais une autre sainte que ces peuples méridionaux ont connue et à laquelle ils ont adressé leurs invocations aussitôt après sa mort.

2° Dans l'histoire des deux sœurs Se Maure et Se Brigide, martyrisées à Balagny-sur-Thérain, nous lisons que Se Bathilde voulant transporter à Chelles leurs reliques, les fit mettre sur un char trainé par des bœufs. Mais arrivés en un certain endroit, près de Creil, ces animaux s'arrêtèrent et refusèrent d'avancer. Sainte Bathide, témoin de ce miracle, comprit que Dieu voulait que les précieuses reliques restassent près du lieu de leur martyre. Ce fait serait cause des invocations adressées à Se Brigide en faveur des vaches. Mais, objecterons-nous, pourquoi n'adresse-t-on pas ces supplications aux deux sœurs conjointement? Pourquoi attribue-t-on à la seconde un privilége spécial? Si le fait miraculeux sur lequel on s'appuie, était le fondement de cette dévotion des peuples envers la Sainte, il semble que ce privilége ou cette faveur devrait appartenir à l'aînée des deux sœurs, à la première nommée, à Se Maure. Car, remarquons-le bien, à Nogent-les-Vierges, à Balagny et dans tout le Beauvaisis, on dit toujours *Se Maure et Se Brigide,* et jamais Se Brigide et Se Maure. (Voir les livres liturgiques tant anciens que nouveaux.)

3° Nous arrivons à la Sainte que nous disons être honorée à Bus et dans tous les pèlerinages similaires, et nous allons montrer que c'est bien à Se Brigitte de Suède que les moines érigèrent un autel dans leur église, et que c'est elle que nos populations invoquent pendant la neuvaine qui commence le premier dimanche de mai.

Dans le Midi de la France et en Italie, le pèlerinage, contrairement à l'usage de nos pays, commence le 1er octobre et se termine le 8, jour de la fête de la Sainte, selon le calendrier romain. Pourquoi cette contradiction? Si nous avions pu nous procurer un calendrier ancien de l'abbaye de Corbie, nous y aurions peut-être trouvé la raison. N'y aurait-il pas, au mois de mai, une translation des reliques de Se Brigitte, ou bien une seconde fête de la Sainte? Ou encore, le mois de mai a-t-il été choisi pour époque du pèlerinage, parce qu'en ce mois, les travaux sont dans nos pays moins pressants qu'en octobre? Nous ne pouvons donner d'explication à ce fait qui, au reste, n'a pas grande importance dans notre thèse.

A Candor, où il existe un pèlerinage semblable à celui de Bus, on distribuait, il y a quelques années, des images de la Sainte au bas desquelles était une invitation à se faire inscrire dans la confrérie du rosaire établie dans la paroisse. Or, Se Brigitte est reconnue comme ayant inventé le chapelet: de là, les chapelets brigittés ou brigittains, auxquels sont attachées des indulgences particulières. Cette coïncidence est remarquable et tout à fait à l'avantage de notre opinion. A Candor, comme à Bus, le pèlerinage se fait au 1er dimanche de mai, et les fidèles s'y rendent également pour le même objet.

Allons plus loin.

Pourquoi les religieux érigèrent-ils dans leur église de Bus un autel en l'honneur de Se Brigitte ?

Selon le bréviaire romain, cette Sainte était suédoise. Parvenue à l'âge nubile, son père la maria à un jeune homme fort riche et prudent nommé Ulfe, prince de Méricie. Plusieurs enfants naquirent de cette union. Brigitte les éleva dans la crainte et la piété du seigneur, *in filiorum educatione piissima.* « Etant un jour en travail d'enfant, dit Ribadeneira, elle se sentit en grand danger. Alors elle se recommanda à la Vierge Marie, laquelle s'apparut dans la chambre où elle estait, ayant une robe blanche ; et, l'ayant touchée au corps, elle disparut ; et elle accoucha fort heureusement. » C'est pour cela que dans le Midi de la France, dans l'Italie et dans l'Espagne, toute femme près de son accouchement se recommande à Se Brigitte.

Quoiqu'engagée dans les liens du mariage, notre Sainte vivait aussi chrétiennement dans sa maison que dans un monastère, et son époux la secondait dans toutes ses œuvres de piété et de charité. L'histoire a conservé les lettres qu'elle envoya aux religieux de différents ordres, aux Prélats de l'Eglise, aux Princes, aux Empereurs et au Pape, selon que Dieu le lui commandait par révélation. L'époque où elle vivait était troublée de mille manières ; mais le rôle qu'elle y joua, ne peut-être passé sous silence. Elle prit une part active à tous les événements et elle conseilla à Grégoire IX de quitter Avignon, et de remettre le siège de Pierre à Rome. Ce qu'il fit pour le plus grand bien de l'église. Animée de l'esprit de Dieu, elle persuada un jour à son époux de laisser à leurs enfants leurs biens temporels, afin de s'occuper avec plus d'ardeur du salut de leur âme. Ulfe accéda à ce désir et il entra dans l'ordre de Citeaux où il mourut, Se Brigitte, de son côté, forma un ordre religieux qui fleurit grandement en Suède, en Allemagne et en Angleterre.

Etant dans un de ses monastères, Dieu lui commanda de se rendre à Rome. Elle fit, en effet, ce pieux pèlerinage. De Rome, elle passa en Sicile ; puis, elle alla visiter les saints lieux à Jérusalem, d'où elle revint dans la ville éternelle. C'est là qu'elle mourut le 13 juillet 1373. De nombreux miracles s'accomplirent à son tombeau et S. Antonin dit que dix morts furent ressuscités par son intercession. Le Pape Boniface IX inscrivit son nom au catalogue des Saints, et son corps fut rapporté en Suède au monastère de Saint-Sauveur de Wasthène. On garde encore à Rome, dit notre biographe, une petite robe de Sᵉ Brigitte qui a beaucoup de vertu, *spécialement pour faire délivrer les femmes qui sont en travail.*

Ainsi le culte de cette Sainte est reconnu dans l'église universelle ; il n'est pas confiné dans un monastère, dans une province, ni dans un diocèse. Peut-on en dire autant de Sᵉ Brigide d'Ecosse, ou de Sᵉ Brigide sœur de Sᵉ Maure ?

Après la canonisation de Sᵉ Brigitte, son culte se propagea rapidement dans l'église entière. La réputation de sainteté de la pieuse femme pendant sa vie, les miracles nombreux opérés par son intercession, tout contribua à l'étendre. Et l'ordre de S. Benoit *dans lequel était mort le pieux époux de la Sainte*, lui dédia un autel dans une des églises de l'abbaye de Corbie. Est-il étonnant que ces mêmes religieux lui aient également consacré l'autel de leur chapelle particulière de Bus ? Assurément non, et nous ne voyons pas ce que l'on peut sérieusement objecter à cette preuve évidente.

Dans son hagiographie des Saints du diocèse d'Amiens, l'abbé Corblet, parle deux fois du pèlerinage de Bus, et *il semble dire*, que la Sainte honorée dans l'ancienne église des moines est Sainte Brigide, sœur de Sᵉ Maure. Examinons ses assertions.

C'est dans l'appendice de son ouvrage que le savant abbé parle de Sᵉ Brigitte et de Sᵉ Brigide. Disons de suite notre avis sur cet appendice. En plusieurs endroits nous y avons trouvé des inexactitudes et des contradictions. Ce que nous n'avons jamais rencontré dans le corps de l'ouvrage. Pour nous, cet appendice est un recueil de notes auxquelles l'auteur ne paraît pas avoir attaché d'autre importance. Aussi, écrit-il souvent, *on nous dit, on nous a rapporté.* C'est un écho qu'il ne vérifie pas.

Nous relevons donc cette phrase. « Le souvenir des bœufs conduisant le corps de ces deux vierges martyres (Sᵉ Maure et Sᵉ Brigide) *a sans doute* donné lieu aux invocations qu'on lui adresse (à Se Brigide) pour les vaches. »

Puisque les reliques de ces deux Saintes, répondrons-nous, étaient sur le même char, pourquoi ces invocations ne sont-elles faites qu'à Se Brigide seule ? Et ces mots, *a sans doute*, que signifient-ils ? Ils témoignent au moins de l'incertitude de l'écrivain.

Dans une seconde note, le même hagiographe dit : « la coutume que nous avons rappelée dans l'article précédent (celle de prier Se Brigitte pour les vaches) nous *fait supposer* que c'était Se Brigide et non Se Brigitte que l'on honorait à Corbie. » Sur quoi repose cette supposition ? Il est facile de répondre. Dans ce cas encore, pourquoi les religieux de Corbie auraient-ils élevé dans leur monastère un autel à Se Brigide seule ? Pourquoi mettaient-ils de côté Se Maure sa sœur ? M. Corblet n'a certainement pas vu qu'il se heurtait à un grand obstacle. Il est certain que s'il avait traité *ex-professo*, la question qui nous occupe, lui, si observateur et si clairvoyant, il n'aurait pas été d'un avis différent du nôtre.

Chaque année donc, le 1er dimanche de mai, et pendant neuf jours, de nombreux étrangers, venus de quatre à cinq lieues, affluent dans l'église du village. Les bois et les haies qui commencent à verdoyer leur fournissent des feuillages dont ils tressent des couronnes qu'ils font toucher à l'antique statue de Se Brigitte et à la petite vache placée à sa gauche. Rentrés chez eux, ils les suspendent dans leurs étables. Si une bête devient malade, la couronne est détachée et on mélange quelques-unes de ses feuilles sèches dans la boisson destinée à l'animal. Mais la croyance générale est qu'une couronne touchée à Se Brigitte écarte du lieu où elle est placée, toute espèce de maladies. Des esprits forts appelleront ces pratiques superstitieuses. Les habitants de nos campagnes, obligés, par état, d'élever et de soigner leurs animaux, ne sont pas de cet avis. Nous croyons qu'ils ont raison.

Primitivement, ce pèlerinage avait le même but que ceux d'Italie et de Suède.

En souvenir du miracle opéré par la Se Vierge en faveur de Se Brigitte, les femmes, près de leurs couches, allaient se recommander à la Sainte. A quelle époque, et pour quel motif un changement radical s'est-il opéré dans la dévotion des fidèles ? Nous ne pouvons donner de solution à cette question.

Ces pages étaient écrites lorsque M. l'abbé A. Chrétien, doyen de Ressons-sur-Matz, nous a communiqué le pouillé de l'ancien diocèse de Noyon, contenant les déclarations du revenu des paroisses pour l'année 1688. A l'article Candor, on lit : « Pèlerinage en l'honneur de S[e] Brigitte fréquenté par les femmes, particulièrement pour demander à Dieu par l'intercession de cette Sainte de *pouvoir nourrir par elles-mêmes* leurs enfants sans être obligées de recourir aux nourrices *pour le défaut de lait*. » Voilà qui est décisif.

Il y a 200 ans, le pèlerinage de Candor n'avait donc pas pour but d'attirer la protection de S[e] Brigitte sur les vaches, mais sur les femmes enceintes. Nous disons la même chose du pèlerinage similaire de Bus.

CHAPITRE VIII

Le Fief de Mézières-les-Bus.

Il y a dans presque chaque village un écart, un hameau qui, autrefois, eut ses illustrations. Aujourd'hui cet écart a généralement disparu. On ne voit plus dans la plaine qu'une touffe d'arbres qui le rappelle, ou un reste d'habitation, un puits, une haie, etc. Quel est le voyageur qui, allant de Bus à Tilloloy, par la forêt, après avoir dépassé le Riez, remarque sur la droite le hameau de Mézières, dont il ne reste plus qu'une grange? Quel est même l'habitant qui pourrait raconter à l'étranger l'histoire de ce hameau et du fief noble dont il était le siège? Les traditions et même les monuments disparaissent vite sur notre sol mouvant. La coutume d'un an a succédé à la coutume des siècles, et le peuple dégoûté de tant de changements, ne tient plus à savoir l'histoire du passé.

En 1584, Antoine de Stanaye possédait des terres, des prés, des pâtis et des vignes près du village de Bus, à l'orient de l'église, en un hameau appelé Mézières, qui comptait 75 habitants. Cet Antoine de Stanaye, écuyer, s'appelait aussi sieur de Beauvillé. Par des acquisitions successives, il était devenu propriétaire de 160 à 165 journaux de terre. Comment l'idée d'avoir un titre de noblesse ne viendrait-elle pas à un écuyer d'écurie qui aurait une si grande quantité de terres? D'autres de nos jours le désirent à moins.

Le sieur de Beauvillé fit dans cette année 1584, présenter une requête à l'abbé de Corbie, seigneur temporel de Bus, à l'effet d'obtenir l'érection en fief des 160 journaux de terre qu'il possédait dans sa seigneurie. Le bailli de Bus reçut ordre du procureur fiscal de faire une enquête et de recevoir les dépositions de huit témoins. Ceux-ci déclarèrent uniformément « que le dit de Stanaye demeurait à Bus depuis 15 ans — qu'il avait rendu de grands services aux habitants en éloignant du pays les gens de guerre dont les déprédations avaient été si funestes aux paroisses voisines — qu'il y avait acquis beaucoup d'héritages tenus en roture de la seigneurie, la plupart en friche, et sur lesquelles l'abbaye avait dîme et champart. — Que l'abbaye pouvait plus profiter en les érigeant en fief, parce qu'elle aurait en cas de vente le quint et le requint, 10 livres parisis de relief en ligne directe, suivant la coutume de Roye. Et le même jour, 30 octobre, le bailli et le commissaire de Mgr l'abbé de Corbie, firent la visite des terres, prés et bois déclarés par le sieur de Stanaye, dont procès-verbal fut dressé en bonne et due forme.

Le lendemain 31, le grand vicaire de l'abbé de Corbie, après nouvelle information, donna un avis favorable à l'érection du fief de Mézières. Si, écrivit ledit grand vicaire, l'abbaye perd les droits de champart et de censive, ils seront amplement compensés par les profits du fief.

Tout allait bien selon les désirs du sieur de Beauvillé. Aussi, le 28 février 1583, par lettres spéciales, sur les actes et avis ci-dessus relatés, Monseigneur Charles, cardinal de Bourbon, abbé de Corbie, érigea-t-il en fief, sous le bon plaisir du roy, en faveur d'Antoine de Stanaye, écuyer, sieur de Beauvillé, Mézières-les-Bus, comprenant 160 journaux de terres labourables, prés, pâtis, vignes et bois avec 8 sous que ledit de Stanaye avait à prendre sur un héritage... Nous avons déchargé de cens, rente et champart qu'ils pourraient devoir à ladite seigneurie, sans toutefois préjudicier au droit des dîmes... à condition que ledit de Stanaye tiendra et relèvera de ladite abbaye et comté en foy et hommage... et délivrera chacun an en notre dite abbaye au jour et fête du Saint Sacrement un chapeau de roses rouges qui sera porté à la procession.

Le 5 mai suivant, Louis, cardinal de Guise, nouvel abbé de Corbie, ratifia l'érection faite par son prédécesseur.

N'omettons pas de transcrire cette note des archives de la Somme : « A sa mort, le cardinal de Guise légua une rente viagère de 700 livres à Antoine de Stanaye, son écuyer d'écurie. »

Enfin, en 1586, le roi Henri III, par lettres patentes, confirma à toujours cette érection du fief de Mézières-lès-Bus.

Dans le tènement du fief noble de Mézières-lès-Bus, à Antoine de Stanaye, succéda son fils Louis, chevalier, seigneur de Vaulx et de Beauvillé, chargé du chapeau de roses pour être porté devant le Saint-Sacrement durant la procession qui se faisait à Corbie.

Les huit témoins, entendus dans l'enquête de 1584, avaient allégué à l'appui de la demande d'Antoine de Stanaye, les services rendus par lui aux habitants, en éloignant du pays les gens de guerre. Les choses avaient changé de face sous son fils Louis. Le 19 novembre 1647 fut rédigé un procès-verbal, signé de presque tous les habitants de Bus, pour constater du logement des troupes de cavalerie dans leur village, *attirées par M. de Stanaye*, seigneur du fief de Mézières, lesquelles troupes ayant séjourné plusieurs jours, avaient consommé quantité de vivres, de pailles et de blés destinés pour la semence, en avaient emporté dans leurs chariots et avaient commis de grands dégâts dans les maisons des dits habitants. »

A la mort de Louis, le fief passa aux mains de sa sœur Louise de Stanaye, épouse de Me Antoine des Fossés, chevalier.

Les armoiries de cette dame étaient : *De sable à une moucheture d'hermine d'or*.

A la mort de son époux, Louise partagea ainsi sa succession : elle donna à Antoine des Fossés, son fils aîné, les seigneuries de Mézières-lès-Bus, de Vaulx, de Beauvillé et du moulin de Bus ; et à François des Fossés, son second fils, la seigneurie de Libermont. Le relief en fut fait le 17 février 1818 (1).

(1) Vaulx ou Vaux, paroisse du doyenné de Saint-Quentin, dans l'ancien diocèse de Noyon. Aujourd'hui dans le canton de Vermand (Aisne).

Après la mort de son mari, Louise de Stanaye donna aux pauvres de sa paroisse quatre setiers de bled à perpétuité. (Pouillé du diocèse de Noyon).

A Antoine des Fossés succéda Antoine-Jean-Marie des Fossés, qui en fit le relief le 28 juin 1723. Le nouveau possesseur de ce fief n'hérita probablement pas de la piété de ses pères. Il fit d'actives démarches auprès de l'abbé son seigneur, pour être déchargé de l'obligation d'offrir une couronne de roses rouges au Saint-Sacrement. L'abbé le comprit et il condescendit à un arrangement. Le 26 février 1731, il lui accorda la faculté de faire présenter la dite couronne par une personne de la ville de Corbie.

Antoine-Jean-Marie des Fossés passa en 1757 contrat de mariage avec Marie-Marguerite-Elisabeth de Macquerel de Guémy.

Ce seigneur n'eut point d'enfant, car il transmit la seigneurie à sa sœur, épouse de Mᵉ Jean-Baptiste de Lance, chevalier.

Le 23 octobre 1776, après la mort de son mari, cette dame vendit le fief de Mézières au sieur Florent Philippe de la Rouzée. Nous remarquons que dans l'acte de vente est omise l'ancienne condition, c'est-à-dire, l'offrande du chapeau de roses rouges au Saint-Sacrement. On touchait à l'époque fatale, et celui qui refusait au bon Dieu un chapeau de roses, allait perdre ses biens, ses honneurs et ses droits.

Si j'avais un coin de terre au hameau de Mézières, j'y planterais des églantiers, et, chaque année, le jour de la procession du Saint-Sacrement, je porterai devant le bon Dieu un chapeau de roses rouges pour rappeler l'hommage ancien. *Les mécréants ont passé, Dieu est resté.*

CHAPITRE COMPLÉMENTAIRE

Notes.

L'Abbaye de Corbie avait à Bus un moulin. Le 17 novembre 1512, elle accorda au prévôt la permission d'en bâtir un dans l'endroit le plus commode et de le mettre en bon état ; c'est pourquoi il lui était loisible de prendre pour sa construction tous les bois nécessaires dans les bois de Bus et de Marotin. L'abbaye lui accorda en outre la jouissance de tous les profits du moulin pendant sa vie sans en rien rendre. Mais pour que cette jouissance soit profitable, pouvoir est donné audit prévôt d'obliger tous les habitants de Bus, de Foscamps et de Popincourt, et autres sujets de l'abbaye, d'aller moudre leurs grains audit moulin. Enfin, le dit prévôt aura les amendes et les confiscations prononcées contre ceux qui ne se conformeront pas à cette obligation.

Le 12 octobre 1687, le bailli de Bus donna une saisine au curé et aux marguilliers de l'église qui avaient acquis pour le maître d'école, une maison avec héritage de dix verges, et trois quartiers, faisant partie d'un journal de terre situé vers Popincourt.

Dans le manuscrit de Scellier à l'Hôtel de Ville de Montdidier, on trouve les particularités suivantes :

« On fait fête à Bus le 2 janvier, jour de Saint-Adélard, abbé de Corbie, ainsi que le 30 du même mois, Sainte-Bathilde. Mais en cette année 1756, on a cessé les fêtes pour suivre l'esprit du diocèse d'Amiens, qui, depuis quelques années, a aboli toutes les fêtes simples qui ne font qu'entretenir la débauche du petit peuple et en augmenter la misère.

« L'abbé de Corbie a une dîme à 7 du cent, un cham-
« part à 9, une maison, 10 journaux de bois à coupe,
« 10 journaux de prés, censives, 150 journaux de terre
« affermés 2,260 livres, 6 muids de blé et trois muids
« d'avoine, le tout estimé 2,498 livres. Ce blé et cette
« avoine se paient aux Minimes dits Bons-Hommes,
« proche Compiègne. »

Le lieu dit les Bons-Hommes était un écart de la paroisse de Choisy-au-Bac, près de Francport, dans la forêt de Laigue. Il y avait là autrefois un monastère qui devait son existence aux libéralités des comtes de Vermandois et du roi Philippe-Auguste. En 1609, les Grandmontais qui l'occupaient furent remplacés par des Minimes que l'on appela les Bons-Hommes, du nom du lieu qu'ils habitaient.

Le même manuscrit nous apprend encore qu'il y avait à Bus un fief dit du *Cigne des Essarts*, appartenant en 1756 au sieur Vuarconsin et à son gendre. Il consistait en 28 journaux de terre tout d'une pièce, et en un demi champart avec MM. de Corbie, qui avaient l'autre moitié, sur 70 à 75 journaux de terre. Il relève pour les terres, du fief de Popincourt appartenant à M. de Rangueil, de Montdidier.

FESCAMPS

FESCAMPS

CHAPITRE PREMIER

Le Village.

Ce pays est agréablement situé dans la plaine, à l'extrémité des terres de La Terrière. Au midi, la montagne de Boulogne le domine et lui ferme l'horizon ; à l'est, sont les restes des anciens bois ; à l'ouest et au nord, il est totalement découvert, et, à mesure que l'on avance vers La Boissière, on commence à apercevoir la plaine et les villages du Santerre.

Fescamps n'a qu'une seule rue, très large, formée par la voie ancienne qui descendait de la montagne de Boulogne et conduisait à Villers-les-Roye, par Marquivillers et Léchelle. Les maisons bordent cette rue à droite et à gauche ; au centre est bâtie l'église.

Déjà, nous avons raconté l'origine de ce village, nous ne le redirons pas. Nous ferons néanmoins observer que jusqu'ici aucun débris antérieur à l'occupation romaine n'a été trouvé ici, où pourtant la terre a été constamment remuée. Une découverte de monnaies romaines et de quelques tombeaux, faite récemment du côté de la *fosse à sonnettes* ou *fosse zénette*, ne laisse aucun doute du passage et du séjour des Romains sur ce point. Malheureusement, là comme en beaucoup d'autres lieux, les trouvailles n'ont pas été vérifiées sévèrement, au détriment de l'histoire. Les documents écrits sont peu abondants, ou ne regardent que les temps rapprochés de nous; et les traditions, ainsi que les légendes, disparaissent de jour en jour. Puissions-nous, par ce travail, sauver de l'oubli quelque fait historique concernant cette localité.

Sa formation ne peut donc être reportée au delà de l'époque où les Romains occupèrent la montagne de Boulogne.

En règle générale, nous disent les historiographes, les pays qui ont pour étymologie des mots latins doivent leur origine ou leur extension aux Romains.

Ainsi, dans une Charte de 1112, dont nous parlons plus loin, Fécamp est dit : *Fiscampus*, et dans une autre : *Fisci Campus* ; champ du fisc, lieu où se payaient les contributions imposées par les vainqueurs. Fécamp était une *villa fiscalis*, à l'époque romaine.

On pourrait aussi traduire : Fescamp par : *Festum campi*, fête de la plaine, rentre dans cette catégorie. Quels jeux avaient là les Romains ? Rien jusqu'ici ne nous l'a fait connaître positivement. Les données que nous avons ne suffisent pas pour arriver à des affirmations.

Il y a, croyons-nous, une raison sérieuse dans le fait suivant pour dire que l'établissement de Fescamps est contemporain de l'établissement de Boulogne-la-Grasse (c'est-à-dire de la Montagne et non de la Terrière). Nous le déduisons du caractère, des habitudes et de la manière d'agir des habitants. C'est un fait palpable que des mœurs semblables régissent ces deux peuples constamment en rapport. On dirait que l'habitant de Fescamps se rappelle avec bonheur son origine. Les alliances se font facilement entre les familles, leurs fêtes sont communes. Les deux populations fraternisent volontiers et se soutiennent mutuellement. Nul village n'est en communauté d'usages, d'habitude, de langage et de jeux avec Boulogne, comme l'est Fescamps. Bien des siècles se sont écoulés depuis la séparation des peuplades habitant autour de la Montagne, et cette unité d'origine n'a pas disparu. Aujourd'hui encore, après l'acte qui a attribué ces deux pays à des départements et à des diocèses différents, cette communauté est bien évidente.

A l'époque où les soldats romains habitaient la Montagne, autour d'eux étaient épars des groupes d'ouvriers potiers et tuiliers. Les nombreux fours anciens, dont nous avons signalé l'existence, en sont d'irrécusables témoins. Lorsqu'à la fin du ve siècle, les Romains furent chassés par les Francs, une partie de la population indigène, qui avait pris de l'accroissement, alla se loger dans les habitations du camp ; l'autre partie se répandit au bas de la Montagne, vers Fescamps, et ce furent les ouvriers tuiliers, tandis que les potiers descendirent vers S. Nicaise.

Quand, au viie siècle, les religieux de Corbie vinrent prendre possession des terres de la Terrière, c'est par Fescamps qu'ils arrivèrent, et c'est là que fut leur première demeure, jusqu'à ce qu'ils eussent défriché assez de terrain pour fonder leur établissement de S. Pierre de Bus. Leur arrivée donna encore de l'extension à ce village. De nouvelles familles vinrent s'y établir pour apprendre des religieux l'art de cultiver la terre. Chose surprenante, la fabrication de la tuile et la culture de la terre ont été, depuis douze siècles, les seules occupations des laborieux habitants de ce pays.

La population a constamment été supérieure à celle de Bus. En 1469, on y comptait 30 feux et Bus 26. En 1878, Fescamps 315 habitants et Bus 236. En 1882, Fescamps en comptait 302 et Bus 215.

Les religieux n'ont laissé en ce pays aucun monument, excepté peut-être l'église. On le comprend aisément. Tous leurs efforts devaient se concentrer au lieu de leur résidence. De bonne heure donc, ils affermèrent leurs terres de ce côté, ne se réservant que les droits seigneuriaux.

En terminant ce chapitre, disons que la route sur laquelle était bâti le village, marquait la limite des biens de l'abbaye ; que les maisons du rang de l'église, c'est-à-dire celles vers Bus, faisaient partie de cette seigneurie, tandis que celles du rang opposé appartenaient à d'autres seigneuries, comme nous le dirons plus loin. Ce qui nous fait comprendre pourquoi le vicaire de cette paroisse, et plus tard le curé, étaient sous la juridiction de l'abbé de Corbie, l'église et le presbytère y attenant étant de sa seigneurie.

CHAPITRE II

Les Seigneurs.

Les abbés et les moines de Corbie, devenus seigneurs des terres de la Terrière, étaient par là même seigneurs de Fescamps. Mais les terres situées à l'ouest de la grande rue du village ne leur appartenant pas, différentes seigneuries s'établirent en cet endroit. Toutefois, celle de Corbie fut toujours la principale.

Parmi les autres seigneurs, nous avons Adèle, comtesse de Vermandois, qui, en 1112, par acte passé à Roye, fit droit aux réclamations des habitants qui avaient à se plaindre des exactions et des rudesses de ses officiers. Elle remplaça son droit par un cens annuel de 4 sous par chariot et de 2 sous par charrette.

Nicolas de Popincourt était maire de Fescamps. Au mois d'avril 1224, il donna à l'abbaye le cinquième de sa mairie et lui vendit les quatre autres parts comme nous l'avons dit ailleurs.

Jean Boquet y avait aussi un fief faisant partie de la baronnie de Raineval. Louis d'Ailly, vidame d'Amiens, le vendit le 13 décembre 1561 à Antoine de Bourbon, roi de Navarre, père d'Henri IV.

En décembre 1527, René de Mailly épousa Marie de Hangard, fille d'Antoine de Hangard, seigneur de Remaugies. C'est probablement par ce mariage que cette seigneurie de Fescamps passa dans la maison de Mailly. S'il en est ainsi, il faut compter, au nombre des seigneurs de Fescamps, Thibaut de Mailly, seigneur d'Onvillers et de Remaugies, un des gentilshommes picards qui signèrent la Ligue à Péronne, le 15 février 1577.

Ce Thibaut épousa le 7 juin de la même année Françoise de Belloy, fille de Jacques ou Florent de Belloy, seigneur d'Amy, et de Anne de Ligni-Raré. Le quatrième enfant, issu de ce mariage, fut Jacques de Mailly, seigneur de Mareuil, marié en 1628 à Françoise de Bovelles.

De ce mariage naquirent plusieurs enfants, dont l'aîné, Louis de Mailly, s'intitulait seigneur de Fescamps, de Frénoy, de la Neuville, etc. Une fille de Louis porta plus tard le nom de Thérèse de Mailly de Fescamps. Elle mourut vers 1708, sans avoir été mariée.

Scellier, qui écrivait vers 1756, dit : « Le comte de Mailly-Mareuil a à Fescamps un bien et une maison d'apparence qui lui donne le droit et le titre de seigneur de Fescamps. Cette maison a été démolie en 1754.

Les armoiries de Mailly se rencontrent fréquemment dans notre contrée, soit peintes, soit sculptées. L'empreinte d'un cachet trouvé dernièrement à Conchy-les-Pots, donne : *3 maillets 2 et 1*, et autour : *A. Baron de Mailly et Comte de Gumont.*

CHAPITRE III

Les Biens de Main-Morte.

D'après une déclaration faite par Louis Mallet, curé de Fescamps, le 15 juin 1728, le dit curé avait à recevoir de l'abbaye 200 livres : une dîme de jardinage autrefois affermée, 50 livres, mais comme elle a été abandonnée pour supplément, elle doit être portée à 100 livres ; 18 journaux de bien cure affermés 30 setiers de blé, mesure de Roye, évalués 84 livres. Obits et autres fondations, 30 livres ; casuel, 20 livres ; total, 434. A déduire, 10 livres pour réparations au presbytère. Reste, 434.

Le manuscrit de Scellier donne pour l'année 1756 l'état suivant :

L'abbé de Corbie a une dîme à 7 du cent, un droit de champart à 16 et les censives affermées 2,300 l.

Plus un moulin affermé 300 livres et 32 setiers de blé, le tout estimé 385 livres.

L'Hôpital de Montdidier, des terres affermées 37 livres 10 sols.

L'abbé de Corbie paie au curé 200 livres.

La cure a une dîme estimée 100 livres.

Scellier se trompe : la dîme de l'abbaye était de 8 du cent. Un arrêt du Parlement du 16 mars 1690, le déclare formellement.

Le Pouillé du diocèse d'Amiens de 1301 ne fait pas mention de Fescamps, non parce que ce pays n'existait pas alors, mais parce que le prieur de Bus en était chargé, les deux pays ne formant qu'une seule paroisse. Ce ne fut qu'au départ des religieux de leur établissement, que Bus eût un curé et Fescamps un vicaire perpétuel, soumis au curé de Bus. Nous avons dit ailleurs pourquoi ce vicaire fut plus tard nommé curé.

En 1331, l'abbaye n'avait que les deux tiers de la dîme, sur laquelle un dixième était affecté au prieur de Bus chargé du service de Fescamps, et le Chapitre d'Amiens avait l'autre tiers.

En 1749, Louis Mallet, ancien curé, fit donation à l'église et à la paroisse de Fescamps de 8 journaux de terre, sis audit Fescamps.

CHAPITRE IV.

L'Eglise.

Cette église, bâtie au centre du pays, est située dans l'angle formé par le chemin de Boulogne à Fescamps avec la rencontre de celui allant à Bus. Elle est donc à l'extrémité des terres de la *Terrière*, données par Se Bathilde à l'abbaye de Corbie, puisque ces deux voies en formaient la limite, la première à l'ouest, et la seconde au nord. Le cimetière l'entoure et la maison curiale était auprès, sur les terres de la seigneurie de Corbie.

Comme toutes celles des environs elle fut primitivement construite en pierre de craie, la seule qui se trouve dans la contrée, la seule anciennement employée pour les grands monuments dans cette partie de la Picardie. Le château de La Boissière avec ses hautes murailles, la ferme des religieux à Bus, l'ancien château de Fescamps, etc..., en sont des preuves suffisantes.

La façade occidentale est en briques, à cause d'un accident qui a nécessité, en 1667, la reconstruction de cette partie de l'édifice. Elle est unie, sans ornements. On y trouve une porte (*portail*) et une fenêtre cintrée qui n'ont aucun caractère. Aussi, disons-nous que cette façade est d'un effet disgracieux. Les ouvriers ne connaissaient-ils plus déjà l'art de bâtir? La science architecturale était-elle perdue dans les campagnes à l'époque de sa reconstruction? L'une et l'autre cause ont leur valeur.

Sur la rampe méridionale, était en retraite, il y a quelques années, une petite statue de S. Michel archange. Le vent a enlevé cette décoration de sa base et la statue en pierre, tombant à terre, a été brisée.

Cette église est cruciforme. La nef a conservé ses fenêtres primitives romanes avec allongement dans la toiture, tandis que les deux extrémités du transept ont chacune une fenêtre du XVIe siècle d'une belle décoration.

Intérieur de l'Eglise. — La vue intérieure de cette église est agréable. La grande nef communique avec les deux bas-côtés étroits, qui sont plutôt des déambulatoires, par trois ouvertures ogivales, reposant sur des piliers carrés.

La voûte en plâtre est soutenue par quatre poinçons qui reposent sur des poutres transversales.

Le transept, sur le milieu duquel est placé le clocher, a ses deux extrémités terminées par des chapelles.

Celle de droite est dédiée à S. Christophe. Le petit retable de l'autel est remarquable par ses jolies sculptures. Au milieu, dans une niche, est la statue du Saint portant le Sauveur du monde. S. Christophe est représenté un pied dans l'eau du torrent qu'il vient de traverser et l'autre pied sur la terre où il va déposer son précieux fardeau. Cette statue est en bois, haute de 67 centimètres. Le sujet est bien composé et les figures ne manquent pas d'expression. A droite et à gauche, sont des cariatides gracieuses, et une petite niche renfermant une statuette sans attribut qui puisse faire deviner son nom. Le sommet de ce petit retable porte un bouquet de fruits, relié à deux vases, remplis aussi de fruits, par deux jolies branches chargées de fruits également. Pourquoi ce beau retable ne se r'accorde-t-il pas à la boiserie qui revêt les murs de cette chapelle? Parce qu'il a été apporté là après la démolition d'une ancienne chapelle de S. Christophe située à l'entrée du village, dans l'angle formé par la jonction du chemin de Beuvraignes avec celui de Boulogne (1).

S. Christophe a toujours été en grande vénération dans cette paroisse, bien qu'il ne soit qu'un patron secondaire. Le véritable patron est S. Pierre. On sait que les moines

(1) A cet endroit est encore debout une pierre quadrangulaire qui marquait la limite des trois seigneuries : celle de Corbie, celle de Fescamps et celle de Remaugies. Sur la façade orientale est la date 1574; sur la façade opposée, est écrit : Catarrinne, 1574.

de Corbie avaient pour habitude de dédier exclusivement, au Prince des Apôtres, les églises qu'ils érigeaient sur leurs terres. Aussi longtemps que la chapelle particulière de ce Saint exista à l'entrée du village, les peuples voisins y venaient en pèlerinage le 25 juillet, et, pendant la neuvaine, ne manquaient jamais d'aller boire de l'eau à la fontaine S. Christophe qui coule un peu plus loin, sur le chemin de Bus. Depuis la Révolution, le pèlerinage a disparu avec la chapelle et les habitants de Fescamps célèbrent seuls la fête de celui que l'on invoque généralement contre la foudre et la grêle.

La chapelle du nord est sous l'invocation de la S^e^ Vierge. L'autel a un retable dépourvu de sculptures, n'ayant pour ornement qu'une niche dans laquelle a été placée une statue en plâtre polychromée. Quand donc cessera-t-on d'enlever de nos églises les vieilles statues en bois, devant lesquelles ont prié nos aïeux, pendant tant de siècles, pour les remplacer par des statues en plâtre? Les boiseries qui décorent cette chapelle sont en tout semblables à celles de la chapelle S. Christophe.

Le chœur est élevé de deux degrés au-dessus du pavé de la nef. Cinq fenêtres l'éclairent; celle du milieu, la sixième, étant condamnée par le retable de l'autel.

La première, à droite, est du style flamboyant. Elle est divisée en deux baies surmontées d'un cœur qui a conservé des débris d'anciens vitraux aux brillantes couleurs.

La deuxième et la troisième, ainsi que les deux d'en face, sont romanes.

Le maître-autel, d'un style médiocre, a un retable au milieu duquel est placé un tableau représentant Saint-Pierre, patron de l'église. Cette toile est signée *Jossieux, peintre à Rosières, 1835.* Cette signature paraît plutôt celle d'un restaurateur que d'un auteur. Le Saint est représenté debout, la main droite levée pour indiquer le ciel et la gauche étendue horizontalement portant les deux clefs traditionnelles. La figure est belle et expressive; voilà pourquoi nous croyons ce tableau antérieur à 1835.

Ce retable, accompagné de deux colonnes cannelées, est couronné d'un fronton grec portant dans son échancrure supérieure une statue de Saint-Christophe qui ne manque pas d'originalité. Les deux pieds du saint sont dans l'eau du torrent : Le Sauveur est placé à califourchon sur les épaules de celui qui le porte, et le porteur retient avec sa main droite l'enfant par un de ses petits pieds. Contrairement à l'usage, Saint-Christophe n'est pas appuyé sur son long et gros bâton. Cette statue provient aussi, dit-on, de la chapelle dont nous avons parlé plus haut.

La voûte du chœur est en plâtre, soutenue, comme la nef, par quatre poinçons appuyés sur des poutres transversales.

Cette église possède deux objets dignes d'être signalés.

D'abord, en face de la chaire est placée, contre un pilier, une châsse monumentale en bois, magnifiquement décorée. C'est l'œuvre d'un enfant du pays, qui a voulu, par ce présent, orner l'église auprès de laquelle s'est écoulée son enfance. Que Dieu le récompense.

Le second objet, plus digne d'intérêt, ce sont les fonts baptismaux. Malheureusement leurs belles sculptures disparaissent avec le temps, à cause du peu de dureté de la pierre qui se désagrège facilement.

Mesure intérieure de l'édifice :

Longueur totale, 40 mètres 20.

Largeur de la nef, y compris les deux déambulatoires, 9 mètres 32. Largeur du transept, 14 mètres 95. Largeur du chœur, 5 mètres 30.

Saint-Christophe.

Ce que raconte la *Légende dorée* sur Saint-Christophe, deuxième patron de cette église, est assez curieux et instructif pour être raconté ici.

Christophe *(Christum ferens)* était un homme d'une haute stature et d'une force surhumaine. Encore païen, il voulut s'attacher au plus puissant monarque de la terre ; et longtemps il chercha, pour lui offrir ses services, quelqu'un dont la puissance n'eût pas de rivale. Il s'arrêta quelque temps à la Cour d'un roi dont la renommée l'avait attiré ; mais un jour, ce roi ayant déclaré devant lui qu'il craignait le démon, Christophe le quitta aussitôt. Il apprit ensuite que le démon lui-même redoutait la puissance de Jésus-Christ, et c'est Jésus-Christ qui fut, dès lors, l'objet de ses recherches ; car il ne le connaissait pas encore.

Un ermite auquel il s'adressa satisfit son désir, et l'instruisit avec soin dans la foi chrétienne. Christophe, désormais fixé, se voua au service de Jésus-Chrit. Mais ne pouvant se plier aux exigences de la vie cénobitique, au jeûne, à l'abstinence, à l'oraison prolongée, le néophyte demanda qu'il lui fut assigné un genre de vie plus en rapport avec sa force et son énergie. L'ermite lui dit (suivant la légende) : « Ne connais-tu pas « tel fleuve, où périssent beaucoup de ceux qui essayent « de le passer ? Et Christophe dit : « Je le connais. » Et « l'ermite lui dit : Comme tu es grand de taille et « robuste, si tu te tenais près du bord de ce fleuve, et si tu « passais les voyageurs, tu ferais une chose fort agréable « à J.-C. que tu désires servir, et j'espère qu'il se mani-« festerait à toi. Et Christophe lui répondit : Voilà un « service auquel je puis me consacrer, et je te promets de « faire ce que tu me dis là. Il alla donc près de ce fleuve, « et il s'y construisit une demeure, et il se mit à passer « sans relâche tous les voyageurs, s'étant muni d'un « bâton avec lequel il se soutenait dans l'eau. Et bien des « jours s'étant passés, comme il se reposait dans sa « demeure, il entendit comme la voix d'un enfant qui « l'appelait et qui disait : *Christophe, sors et passe-moi.* « Et Christophe sortit, mais il ne trouva personne ; et, « rentré dans sa demeure, il lui arriva la même chose « une seconde fois. Appelé une troisième fois, il trouva « au bord de l'eau, un enfant, qui le pria de lui faire « passer la rivière. Et Christophe, ayant mis l'enfant sur « ses épaules et s'étant muni d'un bâton, entra dans « l'eau. Et l'eau s'élevait peu à peu, et l'enfant pesait « sur les épaules de Christophe d'une manière excessive, « et son poids augmentait toujours, de sorte que Chris-« tophe commença à avoir peur. Et, quand enfin, il eut « passé le fleuve et qu'il eut déposé l'enfant sur la rive, « il lui dit : *Tu m'as mis dans un grand péril, enfant,* « *et tu m'as surchargé d'un si grand poids, qu'il me sem-* « *blait que si j'avais le monde entier sur mes épaules,* « *je n'aurais pas un plus lourd fardeau.* Et l'enfant « répondit : Ne t'en étonne pas, Christophe, car non-« seulement tu as eu sur tes épaules le monde entier,

« mais encore celui qui a créé le monde ; car je suis le « Christ, celui pour l'amour duquel tu as entrepris cette « œuvre. »

Le culte de S. Christophe, répandu dès les premiers siècles en Orient, devint au Moyen-Age éminemment populaire en Occident. Le nombre des églises qui lui furent dédiées est immense. Son image, partout vénérée, était plus volontiers reproduite dans les porches des églises. Sa légende merveilleuse charmait nos aïeux, parce qu'elle leur rappelait le triomphe de la religion sur la force brutale.

Ribadeneira, un de nos plus anciens hagiographes et le plus légendaire, ne raconte pas la vie de S. Christophe comme la *Légende dorée*. Nous abrégeons son récit.

Ce saint, après sa conversion, vint prêcher l'Evangile dans la province de Lycie. C'était un homme de belle, haute et éminente stature. Il portait un bâton à la main, lequel ayant été une fois fiché en terre, reverdit et fleurit soudain comme un arbre ; ce qui convertit à la Foi un grand nombre de spectateurs. Mais les conversions qu'il opérait furent cause de son arrestation pendant la persécution de l'empereur Decius. Après avoir enduré des tourments nombreux et cruels, il eut la tête tranchée le 25 juillet 254. Avant d'être exécuté, « il pria Dieu humblement, que ny gresle, ny pierre, ny feu, ny faim, ny peste n'endommageassent le lieu où son corps serait enterré. » (Ce qui explique l'usage où l'on était jadis à Fescamps, de sonner la cloche toutes les fois qu'un orage s'élevait à l'horizon, afin de prévenir les habitants de se recommander à la protection de S. Christophe, pour qu'il écarte la grêle de leurs récoltes, et dans les pays voisins on disait : *Nous ne serons pas grêlés, nous avons entendu la cloche de Fescamps*). Les temps sont changés mais les malheurs ne diminuent pas.

L'hagiographe que nous avons cité, termine la vie de S. Christophe par les réflexions suivantes : « On peint « communément S. Christophe avec le petit Jésus sur « l'espaule, qui passe une rivière, il veut dire par là, « que S. Christophe traversa de grandes eaux, des tour- « mens et des travaux, avec la force qu'il reçut de Dieu. « Quant à ce que l'on le met aux hauts lieux, ce doit

« estre à cause de la grâce que Nostre Seigneur lui « octroya contre la greslé, la tempête et le tonnerre. »

Note

Près du portail est une croix monumentale, qui porte sur le devant une petite table de pierre sur laquelle est une inscription devenue illisible, elle date de 1615. Le fût de la colonne est semé de fleurs de lys ; au milieu, est un cartouche qu'un vieillard vénérable, à longue barbe, tient de ses deux mains devant sa poitrine, et sur lequel on lit : « Aime ton Dieu sur toute chose, 1615, et ton prochain comme toi-même ». Sur la croix qui surmonte cette colonne, est un christ sculpté dans la pierre. Généralement, dans toutes les croix semblables qui se trouvent dans un grand nombre de cimetières, au côté opposé au Christ, on voit la Se Vierge ; ici, elle n'y est pas ; on peut croire qu'elle a été enlevée lors d'une restauration évidente.

Des archéologues pensent que les tables placées ainsi, devant ces croix monumentales des cimetières, servaient de tables d'autels pour y célébrer à certains jours le saint sacrifice en faveur des défunts inhumés autour. Si cette opinion a une valeur pour certains endroits, elle n'en a aucune pour la croix de Fescamps. Comment, en effet, le célébrant aurait-il pu se tenir debout et se retourner sur les degrés de la base? Comment aurait-il pu en outre placer le missel et le calice sur une table si exiguë ? Il est plus probable que cette table avait son utilité lors des processions solennelles pour y poser la châsse des reliques, à la station devant le crucifix.

Cette croix est d'un beau travail. Puissent les habitants veiller à sa conservation.

NOTES

ET PIÈCES JUSTIFICATIVES

N° 1.

Donation de la Terrière à l'abbaye de Corbie. Charte de Clotaire III et de Se Bathilde.

662.

Clotarii III. Rex Francorum, vir inluster.

Admercedem nostram in Dei nomine credimus perlucere, quiquid pro animæ salute locis sanctorum conferimus, ut ibidem perenniter proficiat, et gloriam Deo auxiliante habere mereamur. Igitur dum nos et præcelsa genetrix nostra, domna Baldechildis Regina, Monasterium in honore Sanctorum Petri et Pauli Apostolorum et sancti Stephani protomartyris, super fluvium Somna, in loco qui dicitur Corbeia, quem Guntlandus quondam possederat, et ad fiscum nostrum pervenerat, ubi præest venerabilis vir Tesdefridus Abba, pro æterni numinis intuitu ædificari præcepimus, ut Monachi sub sancta regula ibidem debeant conversari. Cognoscat strenuitas vestra quod nos ipsam villam Corbeiam ad ipsum Monasterium cum adjentiis suis in integrum : seu et alias villas nuncupantes Folicto, Gentilla, Cipiliaco, Fortiaca-villa, vel reliquas adjentias earum ad integrum, Albiniaco cum adjentiis vel appendentiis suis, quantum ibidem fiscus noster tenuit, ad integrum, in pago Ambianense, seu et Monciaco, Walliaco, Bellirino, cum adjentiis earum, in pago Atravatense : immoque et villam quæ vocatur Templum Martis, sitam in pago Ambianense, ad integrum, cum pagena de silva, de foreste nostra Windegonia, hoc est per loca denominata, a fine Cartainse usque in Dominico laceo, per Siccasi derude, percervorum Marcasio, per Bagusta, per via publica usque ad Frandehario exsarto. Similiter et portionem in loco qui vocatur TACEACO, quem Frodinus de Ursino dato pretio comparavit, et ad fiscum nostrum ipse Frodinus in compensationem pro alia re dedit, in ipso pago Ambianense, a die presenti sub integra immunitate, absque introïtu judicum, visi fuimus concessisse. Proinde per hanc præceptionem specialius decernimus esse mansurum, ut tam ipsum locum Corbeiam, quam et suprascriptas villas, una cum terris, domibus, mancipiis, ædificiis, vineis, sylvis, pratis, pascuis, farinariis, et cunctis appenditiis, vel quod ibidem videtur adspicere, pars ipsius Monasterii, vel omnis congregatio de ipso Monasterio valeat possidere vel dominari. Et nullus quilibet de judicibus, nec ad ipsum Monasterium, nec ad homines suos, nec in curtos suas, quicquid a die præsenti ibidem contulimus, et quod a nobis, vel a succedentibus domnis Regibus, vel a Deum timentibus hominibus inibi fuerint collatum, nec ad causas audiendum, nec freda exigendum, nec mansionem faciendum, nec paratas requirendum, nec ullas redhibitiones in villis superius nominatis; quicquid tempore præsenti videtur possidere, aut adhuc, ut diximus, a nobis vel a succedentibus Regibus, vel a Deum timentibus hominibus inibi additum vel delegatum fuerit, ipsa judiciaria potestas non præsumat ingredi; sed pars ipsius Monasterii, vel omnis congregatio ibidem consistens, absque introïtu judicum, ut diximus, sub integra immunitate possidere valeat vel dominari. Et ut præceptio nostra perenni tempore firmiorem obtineat vigorem, nos et præcelsa genetrix nostra domna Baldechildis Regina Signaculis manus nostræ subster decrevimus affirmare.

Cette Charte ou Diplôme se trouve :

1. Au Cartulaire blanc, f° 116.
2. Au grand Cartulaire, f° 33.
3. Au Cartulaire noir, f° 256.
4. Au Cartulaire appelé Esdras.
5. Dans la collection des Conciles de France du P. Sirmond, tome I, page 500.
6. Dans celle du P. Labbé, t. 1, col. 525.
7. Dans le recueil des historiens de France de Dom Bouquet, t. IV, page 642.

N° 2.

1469. — Déclaration des villes champêtres avec le nombre des feux étans en icelle des pays de Monseigneur de Bourgogne, dont les comptes se rendent en la chambre des comptes à Lille.

PRÉVOSTÉ DE ROYE :

Bus XXVI.
Fescamps XXX.
Hainviller XXX.
La Neuville-lès-Ressons XXXII.
Mareuil XLII.
Roye-soubz-Mas LII.
Rikebourg XXXVIII.
Ressons C.

PRÉVOSTÉ DE MONTDIDIER :

Biermont XII.
Boutiaux (Boitteau) XXVIII.
Boissier (La Boissière) V.
Fescamps XXII.
Hainviller XX.
Mortemer XII.
Ourviller L.
Ressons IX[xx] (9 fois 20 = 180).
Roollot XXXII.
Sorel VI.

Boulogne n'est point compris dans cette liste à cause de son exemption inscrite dans l'acte de donation de 662.

N° 3.

Saint-Arnoult de Crépy.

Raoul II, comte de Crépy, fonda, vers 949, dans la chapelle de son château, un chapitre, pour honorer les reliques de S. Arnoult, qu'il y déposa. Un prêtre, que l'historien de la translation nomme Constance et dit originaire du Valois, étant employé dans l'église du pays chartrain, où le corps du martyr reposait, s'empara de ces restes précieux, et les rapporta à Rocquemont d'abord, puis à Vez, où ils opérèrent quelques miracles. Le comte Raoul, en étant informé, obtint de Constance la cession des reliques, qui furent transférées avec grande pompe à Crépy. Le nouvel établissement fut doté de la terre d'Auger-S.-Vincent et reçut bientôt des fidèles de nombreuses donations.

Gautier-le-Blanc, fils de Raoul, transporta ce chapitre au fief des Bordes, près d'une chapelle dédiée à S. Etienne. Il lui substitua ensuite des moines de l'ordre de S. Benoit, en faveur desquels il bâtit des lieux réguliers, leur donnant pour chef un religieux nommé Girard, tiré de l'abbaye de Rebais. On commença, vers 1006, la nouvelle église, dont la construction, qui dura plus de soixante ans, fut achevée par le comte Raoul III. Girard, premier supérieur du monastère de Crépy, et Hugues, troisième abbé, ont été mis au nombre des saints.

Le corps du comte Raoul, qui avait été inhumé à Montdidier, fut solennellement rapporté à S. Arnoult, au mois d'avril 1076. Simon, son fils et son successeur, donna, dans cette occasion, la terre de Bonneuil avec d'autres présents au chapitre. Le même seigneur soumit ensuite la communauté à l'ordre de Cluny. Hugues, général de l'ordre, venu à Crépy pour procéder à la réforme, changea le titre de prieur en la dignité d'abbé, fixa le nombre des profès à vingt-huit, et régla divers services, entre lesquels on remarque une messe fondée pour le roi de Sicile.

Adèle de Vermandois, veuve de Hugues le Grand, comte de Crépy, donna en 1118 aux bénédictins tout ce qu'elle possédait dans Feigneux, Vez et Largny, en les chargeant de prières pour son mari et ses enfants. Dès 1119, le prieuré avait aussi dans sa dépendance ceux de Francières et de S^e Agathe à Crépy, l'église de Verneilles au diocèse de Meaux, le prieuré de Mormoutier (Maresmontiers) près Montdidier, l'église S. Germain près Pontoise, le prieuré de S. Leu-d'Esserent et d'autres bénéfices.

Thibaud, prieur de S. Arnould vers 1162, devint successivement abbé de Sainte-Basle, de S. Crépin-le-Grand de Soissons, supérieur de l'ordre de Cluny, et enfin cardinal.

Le pape Lucius III, par une Bulle du 20 mai 1184, confirma toutes les possessions de ce monastère. La comtesse Eléonore y ajouta, en 1187, un droit d'usage dans la forêt de Retz.

Les revenus de ce prieuré, qui s'élevaient à huit mille livres au quinzième siècle, en valaient à peine deux mille cinq cents en 1789. (Graves).

N° 4.

12 juillet 1217. — Ego Guillelmus dm loco notum facio præsentibus et futuris quod campum terræ qui dicitur *de Fornellis* quem Rohardus maior vendidit Domno Hugoni presbytero, ipsi Hugoni et fratribus domus de Sancti Eligii fonte concessi perpetuo pacifice possidendum, salvo terragio meo et juribus aliis. Verum ne de concessione mea suboriri posset in posterum calumpnia, eam in litteris præsentibus notari volui sigilli mei munimine roboratis. Actum Incarnati Verbi Anno M° CC° VII° X° Quarto Idus Julii. *(Archives de l'Oise.)*

N° 5.

Mars 1229. — Ego Decanus de Montedesiderii omnibus præsens scriptum visuris, salutem in Domino. Noverit universitas vestra quod Evrardus Trapin et Odelina hujus uxor de Onviller in nostra præsentia constituti recognoverint se vendidisse domni de Sancti Eligii fonte tres minas et dimidium terræ sementivæ sitæ in territorio de Onviller, juxta terram Vermondi de Onviller. In qua terra dicta Odelina dotalium reclamabat. Ipsa autem in nostra præsentia constituta quicquid dotalii in eadem terra se habere asserebat, nulla vi vel metu coacta, set spontanea manu nostra resignavit, recipiens a marito suo propter hoc sufficientem commutationem V ... minas terræ sementivæ pirum vineæ. Creantavit etiam mulier supradicta, fide data cum juramento, quod dictam domum de Sancti Eligii fonte vel fratres ejusdem per se vel per alium super prænominita terra nunquam de cetero molestare præsumeret. Nos vero de dotalitio in manu nostra resignato, prout superius expressum est, ad petionem mulieris supradictæ, domnum investivimus ante dictam. In quibus rei testimonium præsens scriptum sigillo nostro roboravimus. Actum anno Dni M° CC° XX° nono, mense Martio.

FIN

ADDITIONS

La date exacte de la construction de l'église de Boulogne est 1144.

La plantation de l'arbre de liberté en 1792, donna lieu à quelques incidents de la part de certains citoyens, qui ne se bornèrent pas à des protestations. La cérémonie fut troublée et l'arbre brisé. Aussitôt, l'actif et turbulent procureur de la commune, se rendit à Ressons et fit sa déclaration contre sept habitants de la commune qu'il visait plus particulièrement, et le juge de paix envoya la cédule suivante, que nous transcrivons avec son orthographe :

DÉPARTEMENT DE L'OISE. — DISTRIQE DE NOYON.
CANTON DE RESSONS.

Nous Louis Antoinne Joseph Delanoisse, juge de pais et officier de la pollyce correctionnelle du canton de Ressons.

A Jean Villin paire, Isidore Villin son fils, Jean Charles Aux Enfant, Charle Duvielle Guerbigni son fils, Honoré François Duvieul Guebigny, Jean Baptiste Delatte ménager, et Paul Villin, tous habitant de Boulongne la Grasse,

Le procureure de la commune dud. Boulongne la Grasse nous a apri que le Mardi second feste de la pentcotte, les officiers municipaux, le Conselle de la commune et le peuple de Boulongne ayant arrêté de planté l'arbre de la liberté insi qu'ant nont usé les commune voisine, cet arbre fut amené de Bains audit Boulongne il fut posé dans landroit creusé pour le rescevoir, il fut armé de ruband, les offic., le conseille généralle, le peuple, le clergé de Boullongne quantitté de personne des village voisin était ensemble pour la sérémonni que vous avez troublez tous la fette et enpeché une sérémonni ofet faisait le desire de tous que vous vous ette jetté sur larbre de la liberté vous Bisé (pour vous avez brisé) vous avez araché pri et enporté le rubant qui lornoit, que par la vous avés manqué au respect que vous avez à l'Assemblée que vous y avés jetté le trouble et le désordre, que vous avés excité la colère et la fureur de beaucoup et exposé à une sédition qui aurait eu des suites funestes sy les personnes que vous offênciers sy cruellement les officiers municipaux (n'avaient) employé leur autorité qui fut autant respectté par la multitude quelle fut méprisé par vous, que vous avés encouru par cette voye de fait leur peine prononcée par la loy sur la police correctionnelle.

Pourquoy il demande que vous soyés condamné aux peines quelle porte et aux dépens et que défense vous soyent faitte de récidiver.

Sur cela nous vous citons à comparoitre devant nous au tribunal de la police correctionnelle que nous tiendrons en la maison commune de Boullongne le mardy dix neuf de ce mois à onze heure du matin.

Donné a Ressons en notre demeure le quatorze juin mil sept cent quatre vingt douze. Signé Delannoise.

Notiffié la cédulle cy dessus et de l'autre part transcrite aud. Paul Villain par nous huissier ayant étude résidant à Ressons soussigné ce jourd'hui quinze juin mil sept cent quatre vingt douze.

GAUCOURT.

A quelle époque fut planté le gros tilleul de la Terrière ?

Nous ne pouvons mieux faire pour répondre à cette question que de citer M. Mien, dans son *Histoire du Canton de Rosoy-sur-Serre*, page 208.

« On prétend que les arbres antiques qu'on rencontre quelquefois sur les places publiques et les points culminants ont été plantés par ordre de Sully, ministre de Henri IV, pour servir de repère à des opérations de mesurage et de triangulation de la France. Mais l'*Abbevillois*, journal de la Somme, donne à ces vieux témoins de trois siècles écoulés une origine qui se rapporte à une de nos grandes dates locales. C'est au traité de paix signé en 1598, à Vervins, entre Henri IV et Philippe II d'Espagne qu'il faut, suivant ce journal, attribuer la cause de cette plantation qui fut générale. Partout, la nouvelle de cet arrangement qui mettait fin à la Ligue et à la guerre civile est accueillie avec enthousiasme. Les populations plantèrent en grande pompe, au milieu des fêtes et de l'allégresse, des arbres, la plupart du temps des tilleuls qui devaient perpétuer le souvenir d'un événement si heureux. »

Notre pays est un de ceux qui souffrirent le plus de cette guerre avec l'Espagne. Il n'est pas impossible que notre vieux tilleul ait été planté à la conclusion de la paix, au milieu de l'allégresse générale.

TABLE

BOULOGNE-LA-GRASSE

BAINS

HAINVILLERS

BUS

FESCAMPS

Compiègne. — Imprimerie A. Mennecier, rue Pierre-Sauvage, 17.

www.ingramcontent.com/pod-product-compliance
Ingram Content Group UK Ltd.
Pitfield, Milton Keynes, MK11 3LW, UK
UKHW020558230726
13926UKWH00005B/2091

9 782019 211295